Stöver · Drei Tage in Rom

Hans Dieter Stöver

Drei Tage in Rom

Land- und Stadtleben zur Zeit Caesars

Artemis Verlag Zürich und München

Illustrationen von Hans-Herbert Römer

Artemis Verlag Zürich und München
Printed in Germany
ISBN 3 7608 0742 9

Inhalt

Erster Tag: **Auf dem Hof**

Personen des ersten Tages:

Aulus Flavius Iustus, Patronus senior. 68 Jahre alt. Geschwächt von Alter, Rheuma, Gicht und Fieber
Manlius Flavius Iustus, sein Sohn, 38 Jahre alt. Schwarzhaarig, Stirnglatze. Braune Augen. Ruhig, selbstbewußt
Lucilia, Matrona, Frau des Manlius. Tochter des Cn. Lucilius Rufus, eines Gutsherrn aus Bovillae. Sie ist 30 Jahre alt, energisch und zupackend
Kinder:
Lucius, 14 Jahre alt
Flavia, 13 Jahre alt
Marcus, *60, † 58
Lucilia, *58, † 57
Marcus, 7 Jahre alt
Sklaven: 13 männliche Sklaven, 3 Sklavinnen, 1 Sekretär:
Pakoros, Parther, Vormann der Knechte, 48 Jahre
Krixos, Gallier aus dem Gebiet der Belger, 35 Jahre
Gallus, Gallier aus dem Gebiet der Arverner, 31 Jahre
Divico, Gallier aus Aquitanien, 34 Jahre
Iberus, Spanier, 27 Jahre
Tiribazos, Perser, 45 Jahre
Timon aus Rhodos, 47 Jahre
Malchis, Araber aus Damaskos, 25 Jahre
Nestor, Grieche aus Theben in Thessalien, 24 Jahre
Ochos, Perser, 43 Jahre
Dardanos, aus Dardanos, Perser, 41 Jahre
Jugurtha, Numider, 19 Jahre
Kassandros, Makedone, 34 Jahre
Arete, aus Syrakus in Sicilia, 58 Jahre
Lydia, aus Lydien, 25 Jahre
Berenike, aus Thessalien, 21 Jahre
Eudoxos, Grieche, Freigelassener, aus Korinth, 36 Jahre

Außerdem: Publius Probus, ein Unternehmer.

Unsere Geschichte spielt in den fünfziger Jahren vor Christus, als Caesar in Gallien Krieg führte.

Mane – in der Frühe

Das Feuer loderte mächtig auf, seine Hitze nahm zu, das Rotgelb der Flammen wandelte sich in strahlendes Gelb, Gelbweiß, schließlich Weiß, dessen Intensität kaum noch zu ertragen war. Aber er hatte keine Angst. Das kam ihm seltsam vor – und er öffnete die Augen. Der Winkel, den die Wände rechts am Fußende seines Bettes bildeten, schien zu brennen. Das Weiß der Tünche flimmerte. Die Ecke war voll getroffen von den ersten Sonnenstrahlen des Tages.

Lucius lächelte und betrachtete eine Weile das Spiel des Lichts, beobachtete, wie die Schatten, die die Vorhänge des Fensters warfen, unscharf flimmerten, wie sie ganz allmählich, kaum erkennbar nach rechts, auf ihn zu wanderten. Er gähnte. Er gähnte noch einmal. Streckte sich. Entspannte den Körper. Es war noch kühl. Die Fallwinde von den Albaner Bergen brachten die kalten Lüfte der Nacht zu Tal, zum Meer hin.

Lucius kannte dies aus langer Erfahrung. So war es immer im März und April. Aber die Kühle würde bald der Sonnenwärme weichen. Es war Anfang April, und von Tag zu Tag wurde es wärmer, hielt sich die Wärme auch länger am Abend. Dennoch zog er sich die dicke Wolldecke höher und kuschelte sich hinein. Sechs Wochen lang hatte er es entbehren müssen, das Erwachen in diesem Zimmer bei Sonnenaufgang. Der Raum, in dem er auf dem Hof seiner Tante bei Casinum geschlafen hatte, war nur halb so groß, muffig und dunkel gewesen, mehr eine Kammer als ein Zimmer. Eigentlich war Cassia nicht seine Tante, sondern die Großtante, denn sie war eine Schwester seines Großvaters, des Vaters seiner Mutter. Er hatte ihn nie gekannt. Aber Tante Cassia war für ihn beinahe wie eine Großmutter. Darum war er auch gerne mit Mutter nach Casinum gefahren, um sich um die alte Frau zu kümmern. Sie hatte die gesamte Verwandtschaft ihrer Generation überlebt. Und da sie nie geheiratet hatte, fehlten Kinder, die sich nun im Alter um sie kümmerten. Darum war Mutter mitten im Winter bei eisigen Winden zusammen mit Lucius hingefahren, um sie zu pflegen, als es schien, es gehe mit ihr zu Ende. Doch dank Mutters Pflege erholte sie sich wieder und konnte weiter für sich selbst sorgen. Der Hof wurde ohnehin von einem Verwalter kontrolliert. Darum waren sie, Mutter und er, gestern zurückgekehrt.

Er legte sich auf die linke Seite. So konnte er das ganze Zimmer überblicken. Es war sehr groß, beinahe so groß wie das Schlafzimmer der Eltern. Gegenüber, an der zweiten schmalen Wand, stand das Bett von Marcus. Sein Bruder schlief noch fest. Er war der Jüngste, erst sieben Jahre alt – und wurde von Mutter verzogen, wie alle Jüngsten. Er sah ihr auch sehr ähnlich, obwohl er blondes Haar und blaue Augen hatte, während Mutters Haar braun war und ihre Augen zwischen Hellbraun und Grün schimmerten. Aber das konnte sich ändern. Auch er, Lucius, sollte als Kind blonde Haare gehabt haben. Nun waren sie dunkelbraun, wie seine Augen.

Ihm fiel ein, daß sein Bruder im April Geburtstag hatte. Wann war das noch? Am ... am sechsten? Am achten? – Nein, am neunten! Am neunten April! Dann wurde er acht. Was sollte er ihm bloß schenken? Wenn er Mutter fragte, hieß es: «Das fällt dir ja wieder mal sehr früh ein! Es ist jedes Jahr dasselbe!» Dabei hatte er ihm bisher noch immer etwas geschenkt, worüber er sich freute.

Lucius wurde in seinen Gedanken gestört, denn unten, auf dem Hof, waren die Knechte schon auf den Beinen und entfernten sich zu ihren verschiedenen Tätigkeiten. Lange hatte er die vertrauten Geräusche entbehrt. Nun, als er sie wieder hörte, suchte er sich vorzustellen, wer da unten sprach und was im einzelnen vorging.

Er hörte die tiefe Baßstimme von Pakoros, dem Parther, dem Ältesten aller Sklaven. Er war achtundvierzig. So behauptete er jedenfalls. Er konnte auch schon über fünfzig sein. Aber er hatte ein Gesicht, das sich in zehn Jahren wenig veränderte. Lucius sah es vor sich: den schwarzen Bart, der sich gepflegt um Kinn und Wangen zog, kurz geschnitten und gekräuselt. Menschen aus dem Osten hatten oft solche Bärte. Er war schon seit Urzeiten auf dem Hof. Er war schon hier, als Manlius Flavius, sein Vater, noch ein Kind war. Und er war zehn Jahre älter als Vater. Mindestens! Vater vertraute ihm und hing an ihm, wie umgekehrt Pakoros an Vater hing.

«Heh, Mann!» hörte Lucius seine sonore Stimme. «Wenn du deine Hände suchst, du hältst sie gerade auf dem Rücken, klar!»

Lucius hörte das Kichern anderer Sklaven in der Nähe, und er mußte ebenfalls schmunzeln. Pakoros hatte eine unverwechselbare Art, wie er redete, wie er vor allem tadelte, und das durfte er, denn er war der Älteste. Die andern wußten, welches Gewicht sein Wort bei Manlius Flavius hatte, und auch beim Alten, beim Patron, dem Großvater von Lucius. Ob er noch im Bett war? Lucius lauschte zur Tür hin. Großvater schlief im Nebenraum. Aber es war still. Das hieß, entweder war er schon vor Sonnenaufgang aufgestanden, was er fast immer tat, oder er schlief noch. Er lauschte angestrengt: nichts. Kein Atmen, kein Schnarchen, kein Seufzen oder Stöhnen. Dann war er also schon unten. Es ging ihm nicht gut. Er trug schwer an allerlei Gebrechen des Alters, hatte die Gicht in Händen und Füßen, das Rheuma in der Schulter und den Hüften, und er wurde hin und wieder heimgesucht von Fieber und Frösteln, beides im schnellen Wechsel. Und das zehrte an den Kräften. Einmal hatte Lucius durch eine nicht ganz geschlossene Tür gehört, wie Vater zu Mutter geäußert hatte: «Er macht's nicht mehr lange ...» Aber das war schon ein halbes Jahr her, kurz vor Winterbeginn; und dann machte er's doch wieder, denn er war zäh. Freilich war er mit den Jahren launisch geworden, er klagte oft und nörgelte über alles, besonders über das, was sein Sohn Manlius, des Lucius Vater, machte. Nur mit Marcus kam er aus. Und Marcus nutzte dies aus, wo er nur konnte. Großvater steckte ihm bei weitem mehr zu als Lucius oder Flavia.

War Flavia schon unten? Wahrscheinlich nicht, denn das Fenster ihres Zimmers ging nach Südwesten. Die Sonne erreichte es erst am frühen Nachmittag. Jetzt war es dort noch nicht so hell. Aber Mutter würde auch sie bald wecken, denn es war kein Feiertag, niemand hatte Geburtstag. Lucius hörte, wie sich unten die ersten Wagen in Bewegung setzten, wie die Ochsen mit derben Schlägen angetrieben wurden. Also waren Krixos und Gallus oder Divico und Iberus schon unterwegs. Beide Paare hatten sich um je ein Joch Ochsen[1] zu kümmern. Aber manchmal erledigten sie ihre Arbeiten auch zusammen, und man konnte meinen, daß sie wie ihre beiden Ochsen mit einem unsichtbaren Joch verbunden waren. Sie hielten zusammen in guten wie in schlechten Zeiten. Und wenn einer von ihnen krank war, konnte man mit dem zweiten wenig anfangen. Es hatte auch wenig Zweck, einen Ersatzmann an die Stelle des Kranken zu stellen, denn er konnte tun und lassen, was er wollte, er machte dem anderen alles falsch. Aber zur Zeit waren alle vier wohlauf und gesund. Lucius sah sie vor sich: Krixos, groß, mächtig, breit und bärenstark. Er redete kaum etwas. Aber keiner verstand sich wie er auf die Ochsen. Und es schien, als ob er selbst im Laufe der Jahre etwas von deren Trägheit und Unbeirrbarkeit übernommen hätte. Krixos stammte aus Gallien, aus dem Norden, wo der große Stamm der Belger wohnte[2]. Großvater hatte es ihm erzählt, auch das andere: daß Gallus aus Südgallien, aus dem Stamme der Arverner komme, dessen Führer Vercingetorix[3] erst vor kurzem von Caesar besiegt worden war. Man nannte ihn einfach Gallus, den Gallier, weil sein keltischer Name für Römer und auch die andern unaussprechlich war[4]. Gallus war seit fünf Jahren hier, sprach kaum Lateinisch, war noch wortkarger als Krixos, an den er sich hielt, wenn er etwas vom Patron wollte.

Die beiden andern Ochsentreiber waren schon länger auf dem Hof, sprachen beide akzentfrei Lateinisch und waren aufgeschlossener. Divico stammte aus dem Südwesten Galliens, aus dem wasserreichen Aquitanien, Iberus, wie der Name schon sagte, aus Iberien oder Hispanien. Diese beiden waren schon eher zu Späßen aufgelegt als das Paar Krixos–Gallus, und man mußte immer ein Auge auf sie haben, damit sie alles recht machten.

Die neun übrigen Knechte stammten durchweg aus den östlichen Provinzen des Reiches oder sogar darüber hinaus. Da waren die beiden Perser, Tiribazos und Ochos, beide etwa Mitte vierzig. Sie waren schon vor fünfzehn, sechzehn Jahren als Kriegsgefangene nach Italien gekommen. Damals rang der große Feldherr Pompeius den König Mithridates von Pontos nieder[5]. Mithridates träumte von einem riesigen Reich wie vor ihm Alexander der Große. Aber es ließ sich nicht wiederholen, denn mittlerweile war Rom zur stärksten Macht des Mittleren Meeres aufgestiegen. Damals aber kämpften Männer aus all den verschiedenen Stämmen und Völkern der großen Halbinsel Asia[6], auch Parther und Perser, und so waren Tiribazos und Ochos in Gefangenschaft geraten, Pakoros freilich schon Jahre vorher; Mithridates hatte im ganzen drei Kriege gegen Rom geführt.

Lucius überlegte, ob die übrigen auch in dieser Zeit ... Ja, Dardanos wahrscheinlich, denn auch er war Perser. Aber von den übrigen wußte er es nicht. Er kannte sie nur von ihren Namen her: Timon aus Rhodos[7], der einzige Grieche – nein! da war noch Nestor aus Theben![8] Dann Kassandros aus Makedonien[9]. Er war auf dem Hof geboren. Seine Mutter war schon vor zehn Jahren gestorben, sein Vater noch früher. Beide stammten aus einer makedonischen Familie, die schon vor hundert Jahren hierhergekommen war.

Zwei hatte er vergessen. Jugurtha den Numider[10] und Malchis den Araber. Jugurtha war der Jüngste. Er war als Kind hierhergekommen. Man hatte ihn auf dem Sklavenmarkt gekauft. Und Malchis? Lucius wußte es nicht. Vielleicht war er ebenfalls in den Wirren der Mithridatischen Kriege in Gefangenschaft geraten. Jugurtha war erst neunzehn. Nur fünf Jahre älter als er, Lucius. Er versuchte sich vorzustellen, wie das sein könnte, wenn man als Sklave zum Kauf angeboten wird. Man war unter fremden Menschen, deren Sprache man nicht verstand. Also war man einsam. Ob er wohl weinen würde? Aber er würde ja nie Sklave werden, denn er war... ein Römer! wollte er denken – doch in diesem Augenblick wurde die Zimmertür geöffnet, und Flavia erklärte sachlich und ohne Umstände:

«Aufstehen!»

Er seufzte. Immer wenn man schöne Gedanken hatte, wurde man gestört. Zur Sicherheit fragte er aber nach, wie er es immer tat:

«Wer sagt das?»

«Mutter!»

Das genügte. Er seufzte noch einmal. Da war jeder Widerstand zwecklos. Er sah, wie Flavia zu Marcus ging, um auch ihn zu wecken:

«Na, du Siebenschläfer!» Sie streichelte seine Wange. «Aufstehen!»

Aber es klang anders, so, als ob man das Wort singen würde: Erst hoch, dann tief. «Auf-stehen...» Und außerdem wurde über die Wange gestrichen. Immer dasselbe! Immer dieses Verzärteln! Er seufzte zum drittenmal. Was war nur so Besonderes an den Jüngsten! Er war nicht eifersüchtig, dazu war er nicht fähig, denn er war von Natur aus gutmütig. Aber er wurde jedesmal zornig, weil es ihm ungerecht erschien, daß jemand nur aufgrund seines jüngeren Alters Vorteile und besondere Zuwendung erhielt, und das sogar von Flavia, die doch selbst sehr fleißig und genügsam war.

Sie war dreizehn. Und sie war dreizehn Monate jünger als er. Er liebte sie sehr. Ihr Haar war heller als seines, fast blond, und sie hatte graublaue Augen. In der Tür blieb sie stehen, wandte sich noch einmal um, zu Lucius.

«Beeil dich! Mutter will abräumen!»

Der Ton ihrer Stimme verriet, daß Mutter an diesem Morgen nicht der besten Laune war. Das war zwar selten, aber es kam eben vor. Um sich zu vergewissern, fragte er die Schwester: «Hat sie was?»

«Hm. – Ich weiß nicht.» Es klang gedehnt.

Also doch! Er erhob sich, zog seinen Lendenschurz an[11], während seine Schwester noch meinte: «Vielleicht hat Großvater sie geärgert.»

Er nickte stumm. Das war durchaus möglich. Der alte Mann fing manchmal ohne Grund Streit an. Wurden alle alten Männer so? – Er nahm die braune Tunica vom Hocker neben dem Bett und streifte sie über, legte den schmalen Gürtel an. Auch Marcus war nun auf und kleidete sich an. In seinen Augen war noch der Schlaf. Er schaute mit großen Kinderaugen um sich, zwinkerte dabei mehrmals und langsam, und Lucius registrierte sehr wohl, wie Flavia es wieder einmal rührend fand, denn sie lächelte Marcus zu: «Nun beeil dich, ja?!»

Lucius preßte die Lippen zusammen. Wieder dieser Singsang in der Stimme. Bei ihm hätte das ganz anders geklungen, so wie bei der Armee: «Fertigmachen, klar! Beeilt euch! Los, los! Raustreten!» – Er hatte das einmal gehört, als eine Kolonne marschierender Legionäre bei ihnen auf dem Hof Rast gemacht hatte, und der Centurio die Soldaten zum Weitermarsch antreten ließ[12]. Aber als er dann selbst zu Marcus hinschaute, konnte er nicht leugnen, daß auch er von der Unschuld des kleinen Jungen angerührt wurde. Und natürlich mochte er ihn sehr, denn Marcus verehrte in ihm den großen, allwissenden und starken Bruder, der ihn schützte. Er selbst hatte sich immer einen älteren Bruder gewünscht. Nun war er es selber. Aber das war auch schön. Man wurde früher für voll genommen, und er wollte für voll genommen werden. Vielleicht würde er in anderthalb Jahren schon die Knabentoga ablegen[13].

«Dann komm!» Er wartete geduldig, bis Marcus sich ganz angezogen und seine Sandalen[14] angelegt hatte. Er half ihm dabei nicht, denn er hatte ihm vor längerer Zeit schon erklärt, wie man die Riemen der Sandalen legte. Er konnte es auch allein.

Gemeinsam gingen sie durch Großvaters Schlafraum zum Flur und zur Treppe. Wie immer quietschte die dritte Stufe, und die fünfte knarrte. Als sie das Erdgeschoß erreichten, kamen sie am Zimmer vorbei, in dem Eudoxos schlief. Die Tür war angelehnt. Lucius steckte den Kopf hinein, aber der Raum war leer und aufgeräumt. Natürlich, denn Eudoxos war fast immer derjenige, der am frühesten vom Lager aufstand. Eudoxos war des Vaters rechte Hand, sein Sekretär, und er kümmerte sich um alles, was auf dem Gelände des 200 Joch großen Gutes stattfand. Wahrscheinlich war er schon irgendwo unterwegs. Eudoxos war kein Sklave mehr. Der Patron hatte ihn schon vor Jahren freigelassen. Seit damals bekam er ein festes monatliches Gehalt, und damit mußte er zurechtkommen. Lediglich Essen und Wohnen waren frei. Für alles andere hatte er zu bezahlen. Auch für seine Kleidung und das Schuhwerk.

Lucius trat nach draußen, unter das weit überstehende Dach, das an zwei Seiten über den Innenhof ragte und ihm im Sommer Schutz vor der Sonne gewährte und die allzu starke Hitze fernhielt. In den feuchten Winter- und Frühjahrsmonaten konnte man trockenen Fußes alle Räume des Erdgeschosses im Wirtschaftsteil erreichen. Das eine wie das andere war zu seiner Zeit nicht unwichtig und sorgte für eine gewisse Behaglichkeit, die alle Bewohner zu schätzen wußten.

Lucius trat also unter das Dach, vorbei an der großen Regentonne, und er wollte mit schnellen Schritten die Küche in der Nordecke des Hauses erreichen, als er Großvaters Stimme von rechts, vom Hof her hörte. Er schimpfte mal wieder vor sich hin, und das Letzte verstand Lucius:

«... krempeln sie um! Alles krempeln sie um! Alles! Aber noch bin ich der Herr im Haus! Ich! Wo kommen wir denn hin!? Was sind das denn für Zeiten!? Was für Sitten!?»

Und plötzlich blieb er stehen, richtete sich auf, schaute zur Seite in einen Raum, wo Sklaven bei einer Arbeit waren, die Lucius nicht erkennen konnte.

«He!» rief der Alte. «Was machst du da? Ich will eine Antwort!»

Von drinnen kam eine Stimme, sie konnte Jugurtha gehören: «Ich flechte Körbe, Herr.»

«Körbe? Soso ... Also Körbe ...» Er ging in den Raum, und Lucius folgte der weiteren Unterhaltung, wenn man das, was nun folgte, so nennen wollte:

«Was sind denn das für Körbe, he? Das sind doch keine Körbe! Das sind doch ... das sind Nester!»

«Ja, Herr. Ich flechte Nistkörbe.»

«Wozu?»

«Zum Ausbrüten.»

«Wozu sonst, du Naseweis! Aber wir haben doch Nistkörbe. Haben wir sie nicht?»

«Gewiß, Herr. Aber ...»

«Was aber?»

«Nicht genug.»

«Nicht genug?» Die Stimme wurde lauter und zorniger.

«Nein, Herr.»

«Wie denn das, he?»

Nun schwieg Jugurtha, und dann schallte es, als ob der Patron ihm rechts und links eine Ohrfeige gegeben hätte. Ja, es waren Ohrfeigen. Lucius kannte das Geräusch nur zu gut aus eigener Erfahrung, wenn Mutter ihm schon mal eine gab.

«Du willst also nicht antworten, du Lump!»

«Doch, Herr.»

«Also dann, wer hat dir das befohlen?»

«*Patronus iunior, filius tuus, domine!* – Der junge Patron, dein Sohn, Herr!»

«Aha!» Längeres Schweigen folgte. Großvater schien sich den oder die Körbe näher anzuschauen. Dann, als ob er seine zornige Reaktion zurücknehmen wollte, erklärte er, nun leiser und scheinbar wieder besänftigt:

«Gute Arbeit, mein Junge. Du bist doch ...»

«Jugurtha, Herr.»

«Jaja, der Numider. Mach weiter!»

Und schon wandte er sich um und verließ durch das Haupttor den Hof. Lucius aber und Flavia, die die Szene gemeinsam verfolgt hatten, warfen sich einen besorgten Blick zu und holten tief Atem, als ob sie sich entspannen müßten.

«Das kann ja heiter werden heute», erklärte Flavia, und Lucius, nach einem Nicken: «Was kann denn Jugurtha dafür! Ausgerechnet ihn muß er schlagen!» Sie mochten den jungen Numider sehr, denn er tat ihnen gerne jeden Gefallen. Er wiederum wußte, daß die beiden Geschwister ihn mochten und ihn deckten, wo immer es möglich war.

«Geh!» rief Lucius leise. «Geh schon in die Küche! Ich komme nach.» Schnell huschte er nach rechts in den Korridor und in den großen Raum, in dem im Herbst der Wein gekeltert wurde. Es war hell hier, denn die Sonne schien durch das große Fenster herein und traf voll den jungen Sklaven und seinen Arbeitsplatz. Er hielt einen halbfertigen Korb in Händen, betrachtete ihn, rührte aber keinen Finger. Er blickte auch nicht auf, als Lucius im Türrahmen erschien. Und Lucius wußte, warum.

Er ging hinein, blieb vor Jugurtha stehen, schwieg eine Weile und erklärte dann: «Ich hab's gehört. Es war ungerecht. Es tut mir leid.»

Jugurtha blickte auf und schaute Lucius an, dem dies sehr unangenehm war, denn noch nie hatte er so traurige Augen gesehen. Am schlimmsten war, daß Jugurtha schwieg. Aber er blickte traurig herüber, ruhig, aber traurig, ohne dabei irgendeine Bewegung zu machen oder eine Regung zu zeigen, so daß es Lucius war, als ob ein Tier ihn anschaute. Hunde konnten so blicken, wenn man sie irgendwo angebunden und ihnen so die Bewegungsfreiheit genommen hatte, und sie sehnsüchtig auf die Rückkehr ihres Herrn warteten. Aber sie jaulten dabei oft, winselten auch. Doch Jugurtha schwieg.

«Ich ... eh ...» Lucius brachte kein Wort hervor. Er nickte Jugurtha nur zu. Dann schluckte er und ging.

Er war noch nicht auf der Toilette gewesen. Sie war gleich neben der Küche. Er zwängte sich an seiner Mutter vorbei.

«Wo bleibst du denn so lange?»

«Ich komme! Ich muß noch ...»

An der Rückwand des Closetts befand sich die Wasserrinne, die von einer Abzweigung des Caiabaches gespeist wurde. Darüber befanden sich steinerne Sitzbänke mit Öffnungen, auf die man sich setzen konnte. Das stetige Nachfließen des frischen, sauberen Wassers verhinderte, daß sich üble Gerüche verbreiteten. Als er sein Geschäft erledigt hatte, griff er nach dem Stil der Bürste, die in Reichweite in einem großen mit sauberem Wasser gefüllten Behälter stak. Er schüttelte etwas Wasser ab und säuberte mit der nassen Bürste sein Hinterteil, wiederholte den Vorgang mehrmals, nachdem er die Bürste im Wasser gesäubert hatte.

«Wann kommst du endlich?» rief Mutter aus der Küche.

«Komme ja schon!» Er ging bewußt langsam hinüber, denn er empfand Mutters Hektik als übertrieben und unnötig. Dann nahm er auf seinem Hocker vor dem Wandtisch Platz. Flavia saß ihm gegenüber, kaute auf ihrem Brot herum, trank Wasser und steckte sich ein Stück harten Ziegenkäse in den Mund. Dabei schaute sie Lucius in einem fort fragend an. Doch Lucius hob nur resignierend die Schulter. Marcus war voll mit dem Essen beschäftigt und steckte gerade eine zuckrige Feige in den Mund, leckte die klebrigen Finger ab und schmatzte drauflos.

«Kannst du nicht was leiser essen!» tadelte Lucius den Bruder, und sofort hakte Mutter ein: «Mecker' nicht an deinem Bruder herum, weil du schlechte Laune hast! Sieh zu, daß du fertig wirst. Eudoxos hat nach dir gefragt.»

«Eudoxos?»

«Ja, Eudoxos!» Das konnte alles mögliche bedeuten: irgendeine Arbeit draußen, Tiere beaufsichtigen, Eudoxos helfen; oder: Schreibübungen machen, weil Vater es befohlen hatte. Lucius biß lustlos in das Brot, trank Wasser, kaute den harten Käse, lutschte zwei Feigen und war in Gedanken nicht bei dem, was er gerade machte.

«Kann ich deine Feige haben?» fragte Marcus.

«Wie?» Lucius schaute auf die hölzerne Schale. Sie war leer. Nur er hatte noch die dritte Feige auf seinem Teller liegen. «Hier!» Das war zwar wieder typisch Marcus! Aber nun war es egal. Der Morgen hatte schlimm begonnen, warum sollte es nicht so weitergehen. Es kam Trotz über ihn, aber der Trotz war gemischt mit Selbstmitleid. Er hätte heulen können.

Er stand auf, schob den Hocker unter den Tisch und trank im Stehen seinen Becher leer. Flavia räumte den Tisch ab. Sie hatte eine

sehr geschickte Art, im rechten Augenblick zu schweigen und doch alles um sich herum wahrzunehmen. Sie würde Mutter in der Küche oder sonstwo helfen. Zu tun war immer etwas. Vielleicht würde Arete ihr auch beim Weben helfen.

«Wo ist Arete, Mutter?»

«Oben. Sie sortiert mit den Mädchen Wäsche. Einiges muß geflickt und erneuert werden.»

Auch Marcus war aufgestanden, leckte sich die Lippen und wischte das, was er nicht erreichte, mit dem Handrücken ab. Natürlich hatte auch er längst bemerkt, daß Lucilia, die Mutter, nicht bester Laune war, und so erklärte er, ohne Lucius zu fragen: «Ich ... ich geh mit Lucius.»

«Meinetwegen. Aber mach dich nicht schmutzig!»

«Nein, mach ich nie!» Das war zwar glatt gelogen – er konnte stundenlang nach einem Regen in Schlamm und Lehm buddeln –, aber Mutter ließ es diesmal durchgehen. Also verließen die beiden Jungen die Küche. Auf dem Hof schon begegnete ihnen Eudoxos, und Lucius sprach ihn an, sagte, daß er sich bei ihm melden sollte.

«Ach ja», nickte der Grieche. «Dein Vater möchte dich sprechen.»

«Sonst nichts?» fragte Lucius ungläubig zurück.

«Nein, warum?»

«Ach, nur so. Wo ist Vater denn?»

«Beim Stall. Warte, ich gehe mit.» Er blieb unvermittelt stehen, öffnete den Codex[15], das Bündel Schreibtäfelchen, das er die ganze Zeit über in der Hand hielt, und las irgendwelche Notizen, wobei er stumm seine schmalen Lippen bewegte. Dann klappte er den Block wieder zu, ging weiter und murmelte immer noch etwas Unverständliches vor sich hin. Er machte dabei so große Schritte, daß Marcus kaum folgen konnte. Sie hatten den inneren Hof des Hauses durch das große Tor verlassen, das sich genau unter dem Zimmer von Marcus und Lucius und dem von Flavia befand. Der äußere Hof war größer als der Grundgriß des gesamten Gutsgebäudes. Während der innere Hof ganz mit glatten Steinplatten ausgelegt war, bedeckte den äußeren eine dicke Schicht von fester, körniger Asche, wie man sie überall in den Albaner Bergen finden konnte. Sie war dunkelrot, vermischt mit schwarzen Bröckchen, und sie war äußerst widerstandsfähig, so daß man sie in der ganzen Gegend zur Befestigung von Hofflächen benutzte, denn das Verlegen von flachen Platten war sehr teuer. Im übrigen mußten dann auch unterirdische Rohre zum Abfluß des Regenwassers gelegt werden, während die Asche das Wasser durchsickern ließ. Sie lag schon seit vielen Jahrzehnten, wenn nicht Jahrhunderten, und in der Nähe des Hauses wuchs bereits wieder Gras und allerlei wildes Kraut zwischen den Körnern. Es störte nicht nur niemanden, sondern es sah sogar hübsch aus. In der Mitte freilich, besonders dort, wo die Wagen das Areal passierten, mußte immer wieder Asche nachgeschüttet werden. Und zu diesem Zweck hatte Vater immer einen größeren Vorrat an der Rückwand des Hauses bei der Tenne liegen.

Sie wandten sich nach links, nach Osten, und gingen am großen unbedeckten Raum vorbei, in dem die gewaltigen Tonfässer mit dem Wein in der Erde steckten. Man konnte sie durch die Ritzen in der Mauer sehen. Diese Ritzen hatten die Aufgabe zu verhüten, daß sich im Hochsommer die Hitze im Innenhof und über den Fässern staute. So konnte die Luft immer zirkulieren. Bei der Tenne, dem freien

Dreschplatz für das Getreide, bogen sie nach links ein, und Lucius sah, wie mehrere Sklaven beschäftigt waren, auf hölzernen Schubkarren den Mist aus dem Stall und zum ersten Dunghaufen zu fahren, während dort zwei andere dabei waren, den zweiten Haufen mit Wasser zu übergießen.

«Warum machen die das?» fragte Marcus, und fachmännisch erklärte Lucius: «Er darf nicht trocken werden. So kann das Stroh besser verfaulen. Alles Nasse fault. Und das Faule ist gut für den Boden.»

Die Jauche lief durch eine Rinne aus dem zweiten Haufen ab und sammelte sich unterhalb in einem verdeckten Bassin. War dieses voll, lief es über und gab die Brühe an den Bach unterhalb des Teiches ab. So hatte man im Herbst und im Frühjahr, wenn bestimmte Pflanzen gedüngt werden mußten, immer reichlich Gülle zur Verfügung. Die Lage der beiden Misthaufen war mit Überlegung gewählt, denn während der heißen Monate, wenn die Winde meist aus Süden und Südost wehten, wurden die unangenehmen Düfte vom Wohnhaus weggetragen. Im Winter spielte dies keine Rolle, denn der Fäulnisprozeß wurde durch die Kälte verlangsamt.

«Gut so!» lobte Eudoxos die Antwort von Lucius, und Lucius freute sich darüber. Er spürte, wie seine schlechte Laune allmählich hier draußen verflog. Dann sah er drüben beim Stall seinen Vater stehen. Neben ihm Pakoros. Etwas abseits Tiribazos und Ochos, die beiden Perser. Eudoxos ging sogleich auf Vater zu, öffnete wieder seinen Codex und erklärte:

«Also, Herr, es ist natürlich ein großer Unterschied, ob du die Umhegung in Holz oder in Stein aufführen willst. Der Preis bei Stein ist erheblich größer als bei Holz, nicht wahr.»

«*Bene scio.* – Weiß ich natürlich!» brummte Vater. «*Age!* – Fahr' fort!»

«Wenn du dich für eine Mauer als Umhegung entscheidest, müßtest du dir als nächstes darüber klar werden, ob du sie von fremden Leuten oder von eigenen bauen läßt. Die Fremden hätten natürlich Fachleute zu sein, während . . .»

«*Non est opus!* – Das haben wir nicht nötig! Wir bauen das Ding selbst! Was meinst du, Pakoros?»

«Klar, Herr. Wird den Jungs mal ganz gut tun, in die Hände zu spucken. Sollten nur das Nötigste kaufen. Die Brüder bescheißen einen sowieso. Also, wir bräuchten die entsprechende ... die entsprechende Menge Kalk. Und Steine. Willst du in Ziegeln mauern, Herr?»

«Was meinst du?»

«Hat was für sich, Herr. Ist sauberer! Akkurater! Muß nur gut im Fundament liegen. Könnte mit Balken alle zehn Fuß gestützt werden. Könnte auch verputzt werden.»

«Also, du ziehst Ziegel vor?»

«*Sic est, domine.* – So ist es, Herr.»[16]

«Was brauchen wir noch? Ochos! Tiribazos! Denkt nach!»

Die beiden fühlten sich sehr geehrt, an den Vorüberlegungen teilnehmen zu dürfen, kratzten sich am Kopf, und schließlich meinte Tiribazos:

«Ich denke, du solltest Netze über ganzen Innenhof spannen, Herr. Wegen Raubvögel!»

«Also Netze!» nickte Manlius Flavius, und Eudoxos notierte sie.

«Was noch?»

«Holz, Herr!» fuhr Tiribazos fort. «Bretter, Balken, Dübel, Nägel.»

«Was haben wir denn noch?» fragte Vater.

«Für sonstigen Gebrauch genug, Herr. Aber nicht dafür!» Er wies auf den leeren Platz vor dem Stall, und Lucius kam aus dem Staunen nicht mehr heraus. Also wollte Vater irgend etwas Größeres hier bauen. Aber was?

«Also, hört mal her!» schloß Vater die Gesprächsrunde ab. «Ihr geht heute morgen mal alle Vorräte an Holz, Eisen, Dübeln und Ziegeln durch. Eudoxos wird das alles notieren. Und am Nachmittag wird sich Pakoros mit ihm zusammensetzen und anhand des Plans so genau wie möglich feststellen, was noch gebraucht wird und was wir kaufen müssen. Denkt dabei immer an den Leitsatz des alten Cato: So wenig wie nötig kaufen! So viel wie möglich verkaufen! Ist das klar?»

«*Scilicet!* – Natürlich!» beeilte sich Eudoxos zu antworten, und Pakoros und die beiden Perser nickten eifrig. Man sah ihnen an, wie sehr sie sich freuten, bei dieser Aufgabe beteiligt zu sein. Es zeigte ihnen vor allem, wie sehr der Herr sie schätzte.

Nun erst nahm Manlius Flavius seine Söhne Lucius und Marcus wahr. Er lachte auf einmal selbst wie ein Junge und sagte: «Das wird eine tolle Sache werden!»

«Was, Vater?» fragte Lucius.

«Ein großer Gänsestall!»

«Ein Gänse- . . .?»

«Ja. Soll eine Überraschung werden!»

«Für wen? Für Mutter?»

«Für wen sonst?»

Da war sich Lucius nicht ganz sicher, denn er dachte an die Szene vorhin in der Küche. Sie würde sicher nur die negative Seite der Sache sehen. Marcus aber fragte: «Darf ich auch eine haben?»

«Was?»

«Eine Gans!»

«*Certo.* – Sicher.»

«Darf ich die mit in mein Bett nehmen?»

«Nein.»

«Warum nicht?»

«Tja, weil . . . Sie würde dir ins Bett machen. Und . . .» Den Rest vergaß er.

«Also, warum ich dich habe rufen lassen«, wandte sich Vater an Lucius. «Du kannst dabei eine Menge lernen, was ein Gutsherr wissen muß. Solltest dich an Pakoros halten. Der wird's dir erklären. So, ich muß noch nach Aricia[17]. Willst du mit, Marcus?»

«Au ja!» Er sprang in die Höhe. Eben kam Malchis mit dem leichten offenen zweirädrigen Wagen aus dem Schuppen neben dem Stall, holte dann eins der vier Maultiere und spannte es davor. Flink war Marcus auf den Wagen geklettert und konnte es kaum erwarten, daß Vater ihm folgte. Wenige Augenblicke später war das Gefährt schon über die Brücke zwischen den beiden Teichen und fuhr den steilen Weg aufwärts, auf Aricia zu. Bis dorthin waren es dreieinhalb Meilen[18], sie würden in einer knappen Stunde dort sein.

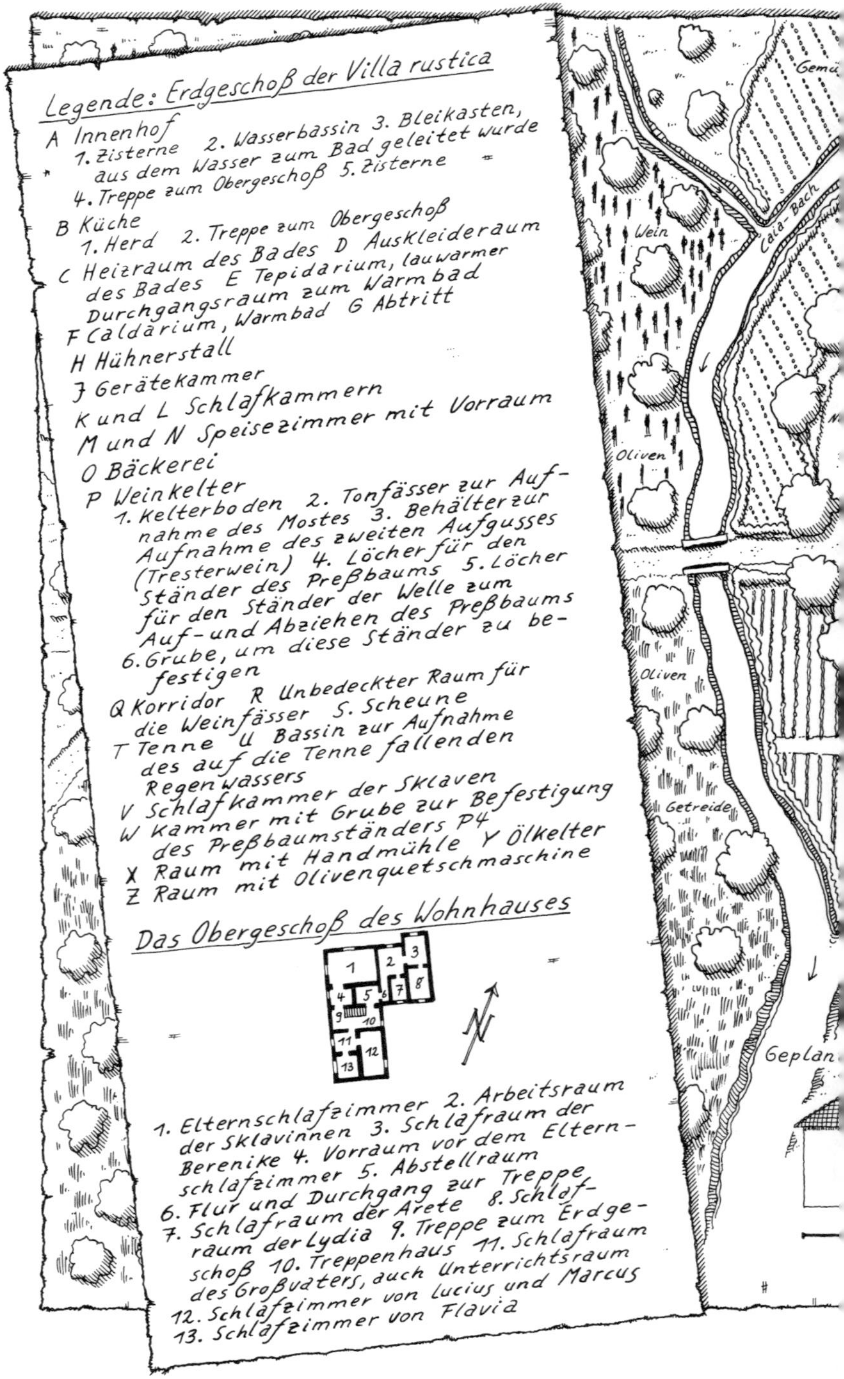
Legende: Erdgeschoß der Villa rustica
A Innenhof
1. Zisterne 2. Wasserbassin 3. Bleikasten, aus dem Wasser zum Bad geleitet wurde
4. Treppe zum Obergeschoß 5. Zisterne
B Küche
1. Herd 2. Treppe zum Obergeschoß
C Heizraum des Bades D Auskleideraum des Bades E Tepidarium, lauwarmer Durchgangsraum zum Warmbad
F Caldarium, Warmbad G Abtritt
H Hühnerstall
J Gerätekammer
K und L Schlafkammern
M und N Speisezimmer mit Vorraum
O Bäckerei
P Weinkelter
1. Kelterboden 2. Tonfässer zur Aufnahme des Mostes 3. Behälter zur Aufnahme des zweiten Aufgusses (Tresterwein) 4. Löcher für den Ständer des Preßbaums 5. Löcher für den Ständer der Welle zum Auf- und Abziehen des Preßbaums
6. Grube, um diese Ständer zu befestigen
Q Korridor R Unbedeckter Raum für die Weinfässer S. Scheune
T Tenne U Bassin zur Aufnahme des auf die Tenne fallenden Regenwassers
V Schlafkammer der Sklaven
W Kammer mit Grube zur Befestigung des Preßbaumständers P4
X Raum mit Handmühle Y Ölkelter
Z Raum mit Olivenquetschmaschine
Das Obergeschoß des Wohnhauses
1 2 3 4 5 6 7 8 9 10 11 12 13
N
1. Elternschlafzimmer 2. Arbeitsraum 3. Schlafraum der Berenike 4. Vorraum vor dem Elternschlafzimmer 5. Abstellraum
6. Flur und Durchgang zur Treppe
7. Schlafraum der Arete 8. Schlafraum der Lydia 9. Treppe zum Erdgeschoß 10. Treppenhaus 11. Schlafraum des Großvaters, auch Unterrichtsraum
12. Schlafzimmer von Lucius und Marcus
13. Schlafzimmer von Flavia
Wein
Caia-Bach
Oliven
Oliven
Getreide
Geplan

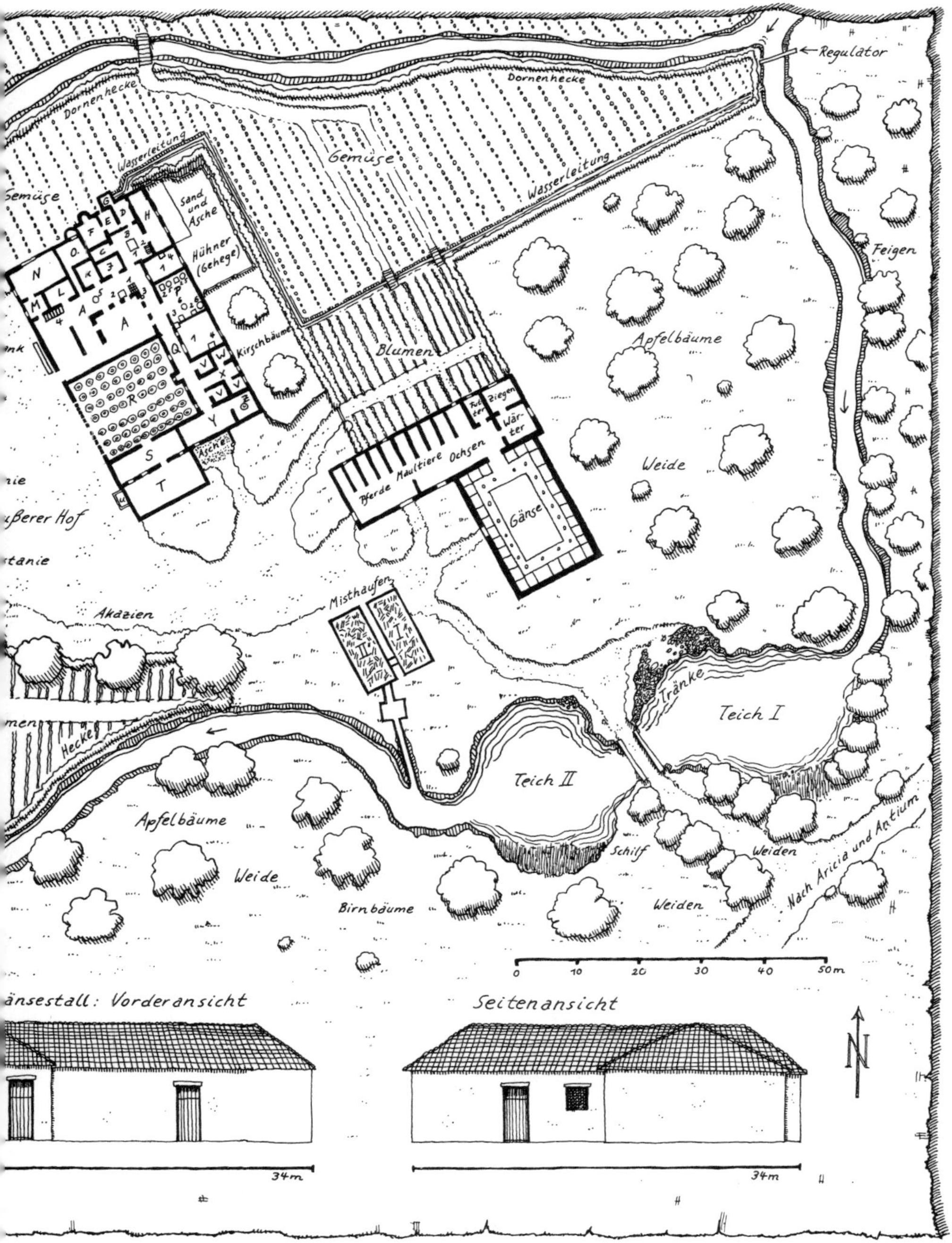

Regulator
Dornenhecke
Dornenhecke
Wasserleitung
Gemüse
Wasserleitung
Gemüse
Sand und Asche
Hühner (Gehege)
Kirschbäume
Blumen
Apfelbäume
Feigen
Ziegen
Wärter
Pferde Maultiere Ochsen
Gänse
Weide
Asche
Misthaufen
Akazien
Tränke
Teich I
Teich II
Hecke
Apfelbäume
Weide
Birnbäume
Schilf
Weiden
Weiden
Nach Aricia und Antium
0 10 20 30 40 50m
änsestall: Vorderansicht
Seitenansicht
34m
34m

Ad meridiem – vor Mittag

Lucius wäre zwar selbst gerne mit nach Aricia gefahren, aber es war wohl interessanter, zu Pakoros zu gehen und ihn über den geplanten Gänsestall auszufragen. Er fand ihn im Stall, in dessen mittleren Teil, der den Ochsen und Kühen gehörte. Er stand in Gedanken versunken an der Tür, die nach draußen, zum oberen Teich hin führte, stützte den linken Ellbogen in der rechten Hand auf und hielt mit der linken Hand das Kinn. Er sagte nichts, schüttelte aber mehrmals den Kopf. Dann drehte er sich um und ließ den Blick wandern über die leeren Boxen der Ochsen und Rinder, die alle draußen waren. Kassandros und Dardanos waren gerade dabei, den Stall zu säubern.

Pakoros schaute ihnen dabei ziemlich unbeteiligt eine Weile zu, dann reckte er sich auf einmal und erklärte: «Alles raus, klar! Da darf nichts mehr an den Wänden hängen! Holt euch Bürsten und Spachtel! Heute abend seid ihr fertig, klar! Ich sehe nur blitzsaubere Wände!»

«Mit a-a-a-llen Ställen?» stotterte Kassandros, der von Geburt an diesen Sprachfehler hatte.

«*Certo.* – Sicher. Werde sie mir genau ansehen, klar. Also, haltet euch dran!»

«S-s-s-ollen wir s-s-sie dann auch streichen?»

«Wie? – Mal sehen. Wenn ihr euch nicht zu dämlich anstellt, klar!»

«A-a-aber n-n-nicht mehr heute – oder?»

«Das liegt an dir», lachte Pakoros kurz auf. «Kannst sie auch noch heute streichen, wenn du willst.»

«Ich b-b-b-in doch nicht verrückt, wie!?»

«Sagt ja auch keiner. Also, dranhalten!»

Pakoros ging langsam durch den Gang hinter den Ständen der Tiere, begutachtete den Boden, fand hier und da eine lockere Platte und nannte sie Kassandros, der das fachmännisch nickend zur Kenntnis nahm. So erreichten sie schließlich den hinteren Teil des Stalles, in dem die Ziegen untergebracht waren. Auch sie waren nun draußen auf einer der Weiden. Pakoros nickte, betrachtete auch hier genau die Außenwand, die zum oberen Teich hin lag und fixierte lange das kleine Fenster, das in Kopfhöhe angebracht war. Wieder nickte er mehrmals, schüttelte zwischendurch den Kopf, so daß Lucius nicht mehr an sich halten konnte und endlich fragte:

«Sag mal, Pakoros, ist das wirklich wahr, das mit dem Gänsestall?»

«*Certo,* mein Junge, *certo.*»

«Und warum schaust du dir hier so genau die Wände an?»

«Hm. – Weil ich überlege, ob wir hier die Tür lassen sollen oder ob wir sie zumauern. Der Gänsestall soll nämlich vor diesem Stall liegen. Wegen dem Wasser, klar.»

«Und die Tür...?»

«Ja, man könnte beide Ställe miteinander verbinden. Das hätte Vorteile. Im Winter würde die Wärme besser zusammengehalten. Man könnte leicht von beiden Ställen einen zentralen Raum erreichen, klar.»

«U-u-u-nd hat der Herr denn schon b-b-bestimmt, wer das m-m-machen soll?» Neugierig war Kassandros nähergekommen.

«Was?»

«D-d-das mit den Gänsen?»

«Nein», erklärte Pakoros. «Du jedenfalls bestimmt nicht.»

«W-w-warum nicht?»

«Weil du hier genug zu tun hast.»

«Das könnte doch ein anderer m-m-machen.»

«Schluß damit! Das ist Sache des Herrn. Geh an deine Arbeit zurück!»

«Schon gut. W-w-war ja nur 'n-n-ne Frage.» Er ging zurück an seine Arbeit.

«Wieviel Gänse will Vater denn halten, Pakoros?»

«Nun, mein Junge, wir werden erst mal mit achtzig, hundert anfangen. Wir müssen Erfahrungen sammeln. Wenn alles gut geht, werden wir mehr anschaffen. Unser Ziel in ein zwei Jahren wären so an die zweihundert. Vielleicht mehr.»

«Zweihundert?» staunte Lucius. «Wer... wer soll die denn alle...» Er wollte sagen: essen? Aber dann verbesserte er: «Wer soll die denn alle kaufen?»

«Rom!»

«Rom?»

«*Certo*. Der Bedarf an Geflügel wächst dort von Jahr zu Jahr, klar. Immer mehr Leute wollen zartes Gänsefleisch essen. Und Hühner!»

«Soll denn auch ein neuer Hühnerstall gebaut werden?»

«Ja.»

Lucius war sprachlos. Warum hatte man ihm davon nichts gesagt. Aber er dachte sich seinen Teil: Wahrscheinlich war Großvater dagegen! Und als ob er Gedanken lesen könnte, schlurfte der alte Mann auf einmal in den Stall. Er stützte sich auf seinen Stock, den ihm die Kinder vor einem Jahr geschenkt hatten. Er blieb bei Kassandros stehen. Und wie immer spielte sich die gleiche Szene ab. Er tippte den Sklaven, von dem er was erfahren wollte, mehr oder weniger unsanft mit seinem Stock an; dann hatte der so Angesprochene auf der Stelle seine Tätigkeit zu unterbrechen, er mußte aufstehen – falls er saß – und sich ganz dem Patronus senior zuwenden. So auch nebenan, im Rinder- und Ochsenstall, wie Lucius durch die offenstehende Tür erkannte. Und dann hieß es:

«Was machst du da?»

«Ich s-s-säubere d-d-den Stall!« erklärte der aufgeregte Kassandros.

«Das seh ich, Trottel. Was machst du mit der Wand?»

«Ich kratze a-a-allen Dreck ab, Herr.»

«Warum?»

«Sie soll neu getüncht w-w-werden.»

«Wer hat dir das gesagt?»

«Eu-d-d-doxos und P-P-Pakos, Herr.» Er verstümmelte in seiner Aufregung den Namen des Vormannes aller Sklaven.

Jetzt würde sich's entscheiden, ob dem Alten diese Erklärung paßte oder nicht. Nach einer Weile hieß es: «Guter Gedanke! War nötig! Weitermachen! Hier!»

Lucius traute seinen Augen nicht: Der Patronus holte seinen Lederbeutel hervor, öffnete ihn umständlich, entnahm ihm ein Geldstück und gab es dem Kassandros, der es mit einer tiefen Verbeugung entgegennahm. Es war schon seltsam, zu welchen Menschen – gleich ob Freier oder Sklave – sich der alte Mann hingezogen fühlte. Den Kassandros hatte er schon immer allen anderen vorgezogen. Wußten die Götter, warum. Vielleicht erinnerte er ihn an seine guten, starken Zeiten vor dreißig und mehr Jahren, denn Kassandros war auf dem Gut geboren. Daß er stotterte, schien diese Sympathie überhaupt nicht zu stören, im Gegenteil.

Dann wandte sich der Alte um und ging weiter den Gang entlang, näherte sich Lucius und Pakoros, die beide so taten, als ob sie es nicht bemerkten. Schon hob er den Stock und tippte Pakoros damit an.

«Was machst du da?»

Doch anders als Kassandros drehte sich Pakoros ganz ruhig, ja gemächlich zum Patronus senior um und sagte langsam mit seiner sonoren Baßstimme:

«Ich überlege, ob wir diese Tür zumauern oder verlegen sollen.»

Auf der Stelle lief das Gesicht des alten Mannes vor Zorn rot an.

«Was soll dieser Unsinn? Wer hat gesagt, daß diese Tür zugemauert wird! Türen sind zum Gehen da! Wer hat das angeordnet?»

Doch Pakoros zögerte mit der Antwort. Lucius schaute gespannt von einem zum andern. Zog Pakoros es mit Absicht in die Länge? Endlich erklärte er ruhig: «Dein Sohn hat es angeordnet.» Dabei sah er den Patron offen an, ohne irgendeine Regung, und Lucius schloß daraus, daß die Sache zwischen Pakoros und seinem Vater schon lange abgesprochen war.

Wie würde Großvater reagieren? Würde er dem Pakoros wie Jugurtha eine Ohrfeige geben? Das war undenkbar, auch weil Pakoros seinen Herrn um Hauptes Länge überragte. Vor allem aber, weil er nicht vor Pakoros, vor Lucius und auch Kassandros seinen Sohn bloßstellen durfte.

Was tat er also? Er gab einen undefinierbaren Laut von sich, machte kehrt und humpelte schnell davon. Damit war die Sache nicht aus der Welt. Er würde sich am Abend an Manlius Flavius, seinen Sohn, halten.

Pakoros blickte ihm nach. Dann seufzte er und meinte: «Schade. Früher war er nicht so. Früher konnte er noch lachen. Habe ihn lange schon nicht mehr lachen sehen.»

«Hast du», fragte Lucius vorsichtig, denn er wollte es wissen, «schon lange mit Vater darüber gesprochen?»

«*Certo.* So was kann man ja nicht aus der Luft schneiden.»

«Und warum habt ihr es dem Patron nicht gesagt?»

«Wir haben es versucht. Auf Umwegen und sehr vorsichtig: daß man jetzt mit Hühnern und Gänsen in Rom sehr viel verdienen kann.»

«Und?»

«Er schnitt das gleich ab. Nichts da! Das hätte nichts mehr mit Landwirtschaft zu tun. Er hätte den Hof von seinem Vater und der von seinem Vater geerbt. Und die hätten auch nicht Gänse gezüchtet. Wohl zwei, drei, für den Hausgebrauch. Und 'n paar Hühner, klar. 'n paar. Wir hätten genug zu tun mit dem Wein, mit den Oliven, mit dem Gemüse. Schluß mit dem neumodischen Kram! hat er gesagt.»

«Und Vater? Und du?»

«Junge, was sollten wir machen? Kennst deinen Großvater!»

Plötzlich stand Kassandros neben ihnen: «Schön und g-g-gut, n-n-nicht-wahr, aber ihr springt mit dem a-a-alten Mann um, a-a-als ob er 'n Fremder wär, n-nicht wahr! Hä-hä-hättet es ihm doch vorsichtig beibringen können. Hätte bestimmt m-m-mitgemacht, wenn ihr es ihm v-v-vorsichtig ...»

«Halt's Maul!» kam es von Pakoros. «Du weißt ja gar nicht, worum's geht. Mach, daß du an deine Arbeit kommst. Oder ich lasse dich bis Mitternacht den Stall tünchen!»

«Ha-ha-hab's nur gut gemeint, nur gut! Aber das interessiert hier ja k-k-keinen! ... Schon gut ...» Beleidigt zog er sich wieder zurück.

Pakoros und Lucius gingen nach draußen, und Pakoros besah sich noch einmal das Gelände, auf dem in Kürze ein großes Gänsegehege stehen sollte. Lucius' Neugier war geweckt: «Sag, Pakoros ...»

«Ja?»

«Was weiß Kassandros nicht?»

«Wie?»

«Du hast zu ihm gesagt: Du weißt ja gar nicht, worum es geht.»

«Kann er auch nicht wissen, weil er nur den kleinen Kram sieht, den er täglich erledigt. Und zu mehr reicht's bei ihm wohl nicht. Also, es ist so: Schon seit langem lohnt sich hier der Getreideanbau nicht mehr ...»

«Wieso nicht? Wir bauen doch Getreide an!»

«*Certo.* Aber fast nur für Eigenbedarf. Was übrigbleibt, können wir nur unter dem Marktpreis loswerden.»

«Das verstehe ich nicht. Die andern Bauern müssen doch unter den gleichen Bedingungen Getreide anbauen!»

«Eben nicht.»

Lucius verstand überhaupt nichts mehr, und er bat Pakoros, es ihm genauer zu erklären. So fuhr Pakoros fort: «Früher, noch vor fünfzig, sechzig Jahren, da war es noch lohnend. Aber heute nicht mehr. Der Grund ist einfach. Die großen Staatsgüter auf Sizilien können den Weizen unter günstigeren Bedingungen anbauen als wir hier. Ihre Felder sind erheblich größer. Außerdem ist es den Pächtern oder Verwaltern egal, wieviele Arbeiter dabei vor die Hunde gehen. Sie bekommen ja sofort neue. Der einzelne galt und gilt da unten sehr wenig. Du kannst dir nicht vorstellen, unter welchen Bedingungen diese Leute schuften müssen. Manche von ihnen tragen ihr Leben lang eine Kette zwischen den Füßen. Ich war mal da unten. Ich kenne das.»

Lucius entnahm diesen Worten, daß Pakoros viel von der Welt gesehen hatte, ja daß er vielleicht selbst in seinen jungen Jahren auf Sizilien als Sklave gearbeitet hatte. Daher seine Kenntnisse. Aber das hieß auch, daß er gerne hier, auf dem Gut der Flavier, war, daß er den Patronus senior trotz allem mochte, denn der Alte hatte ihn noch nie geschlagen. Und Lucius ahnte, daß zwischen seinem Vater und diesem großen klugen Mann aus Persien eine Freundschaft entstanden war. Mit niemandem sonst würde Vater im Geheimen etwas besprechen, das gegen Großvater gerichtet war. Aber er verstand auch, daß Vater Unterstützung brauchte, und daß gerade Pakoros der richtige Mann war.

«Pakoros ...»

«Was ist noch, Lucius?» Er war schon wieder in Gedanken bei dem noch nicht vorhandenen, aber in seiner Phantasie bereits existierenden Gebäude.

«Wie groß soll der Stall denn werden?» Pakoros zeigte nach rechts, zum Haus hin:

«Das kann dir Eudoxos genau zeigen. Er hat nämlich den Plan dabei.»

Mit eiligen Schritten näherte sich Vaters Sekretär, wie immer im Gehen lautlos irgend etwas vor sich hin murmelnd, denn er war stets mit einer seiner Meinung nach wichtigen Sache beschäftigt. Er blieb stehen und schaute um sich.

«Was ist?» fragte Pakoros.

«Wie? Ich suche eine ... eine Unterlage, wo ich den Plan ...»

Gleich in der Nähe stand am Ende des Stalls ein leerer Leiterwagen. Dorthin ging Eudoxos, Pakoros und Lucius folgten. Eudoxos breitete den gefalteten Plan auseinander.

«Vier Steine!» forderte er, denn der Wind hob die Ecken des großen Papyrusblattes an[19]. Pakoros und Lucius hoben sie auf und legten sie auf die Ecken des Blattes. Lucius drängte sich ganz nahe heran. Zum erstenmal konnte er einen Blick auf den Plan werfen. Er zeigte den neuen Stall von verschiedenen Seiten, außerdem im Längs- und Querschnitt, und sogar in der Draufsicht, so als ob man wie ein Vogel auf ihn blicken würde. Sogar ein Teil des Gutshauses war gezeichnet. Wichtiger waren freilich die Dinge auf der anderen Seite.

Auch Pakoros betrachtete die Zeichnung mit großem Interesse, und Eudoxos fragte: «Kennst du den Plan?»

«Den Plan ja, aber nicht die Zeichung. Laß sehen!»

«Also», begann Eudoxos. «Der Gänsehof – wenn ich ihn einmal so nennen darf...»

«Du darfst!» brummte Pakoros und stieß Lucius an, der kaum an sich halten konnte, wenn Eudoxos so gestelzt daherredete.

«Wie? – Ah–ja ... Also, der Gänsehof wird abseits von allen anderen Haustieren eingefriedet, nicht wahr...» Wieder stieß Pakoros Lucius an, aber sie mußten auch aufpassen. «Er wird mit einer neun Fuß hohen Mauer umgeben, wobei an irgendeiner Stelle der Mauer natürlich eine Stube für den Wärter angebracht wird, nicht wahr. Ja, das könnte hier sein ... oder hier... oder hier.» Er zeigte verschiedene Positionen, und Pakoros meinte: «Am besten in der Nähe vom Stall, klar!»

«Wie? – Ja, natürlich. Wo war ich stehen geblieben ... Im Innern, an der umgebenden Mauer, nicht wahr, werden überdachte Vorhallen, eine Art überdachter Umgang sein, ja. Unter diesem Dach werden quadratische Koben[20] aus Bruchsteinen oder Ziegeln errichtet, für die eine Ausdehnung von drei Fuß in jeder Richtung ausreicht, ja, und die je einen Eingang mit festgefügten Türen haben sollen.»

«Warum?» fragte Lucius.

«Wie? – Ja, weil sie während der Brutzeit der... der...»

«... der Gänse!» nickte Pakoros.

«Ja natürlich! Der Gänse! – Also, wenn ihr mich dauernd unterbrecht... Wo waren wir stehen geblieben...»

«Bei den Türen!» nickte Pakoros.

«Gewiß, ja. Also, sie müssen feste Türen haben, weil sie während der Legezeit sorgsam verschlossen sein müssen. Ganz wichtig ist es, daß außerhalb des Geheges, nicht weit vom Stall entfernt, ein Teich oder Fluß vorhanden ist! Denn dann braucht man sich nicht um ein anderes Gewässer zu bemühen, ja. Andernfalls muß man nämlich einen Teich oder ein größeres Gewässer erstellen, nicht wahr.»

«Ja», brummte Pakoros. «Aber das haben wir ja.»

«Gewiß, ja. Sie wollen nämlich täglich schwimmen und tauchen. Aber ohne diese Voraussetzungen können sie ebensowenig leben wie ohne festes Land. Ferner weist man ihnen ein feuchtes, mit Gräsern stark bewachsenes Grundstück zu, baut aber auch andere Futterpflanzen für sie an, wie Wicken, Dreiblattklee, Hornklee, vor allem eine Endivienart. Aber das» – er wies zu dem Wiesenstück hinter dem Stall – «haben wir ja schon, nicht wahr.»

«Sag mal», fragte Lucius keck, «woher weißt du das alles, Eudoxos?»

«Wie? Woher ich das...?» Er reckte sich. «Das habe ich mir bei verschiedenen Autoren zusammengesucht. Besonders bei Mago dem Punier!»[21]

«Kannst du denn Karthagisch?»

«Nein. Aber es gibt ja eine gute Übersetzung seines Buches über die Landwirtschaft. Außerdem steht uns der kluge Varro immer wieder mit seiner Schrift über die Landwirtschaft zur Verfügung.»[22]

Lucius hätte das besser nicht gefragt, denn nun kam für ihn das dicke Ende. Eudoxos wandte sich ihm zu und erklärte: «Dein Vater ist übrigens der Meinung, daß es nicht nur nichts schaden, sondern am Ende nur nützen könne, wenn du so früh wie möglich, nicht wahr, mit den theoretischen und praktischen Gegebenheiten der Landwirtschaft, also wenn du sie kennenlernst, ja.»

Lucius ahnte Schlimmes. Und da kam es: «Du wirst also bis zum

Mittag einen kleinen Abschnitt aus meinen Aufzeichnungen abschreiben und den Inhalt des Ganzen auswendig lernen. Ich werde dich abhören. Wie gesagt, es ist dies, nicht wahr, ganz und gar im ... eh ... im Sinne deines Vaters, des Herrn, ja!»

Pakoros klopfte Lucius auf die Schulter und dröhnte: «Es ist noch kein Meister vom Himmel gefallen. Nun geh und erledige es. Außerdem ist es auch interessant.»

Eine Viertelstunde später saß Lucius in seinem Zimmer an dem großen Tisch, der vor dem Fenster stand. Nach einigem Hin und Her hatte er sich mit Eudoxos so geeinigt. Erstens: den Text lesen! Zweitens: seinen Inhalt lernen! Drittens: eine bestimmte Stelle als Schreibübung abschreiben!

Er legte die Rolle, die ihm sein Lehrer gegeben hatte, auf die Schräge des Lesetisches und öffnete sie. Die rote Überschrift lautete: «De anseribus et anatibus», Über die Gänse und Enten. Dann hieß es: «Ex certis auctoribus liber de re rustica haec continet», also: Von verschiedenen Autoren ein Buch über die Landwirtschaft, es enthält ... und dann folgten die einzelnen Überschriften, darunter das meiste über die Haltung von Geflügel, über Hühner, die Verwahrung der Eier, das Mästen der Hühner, über Tauben und Taubenhäuser, über Drosseln, über Pfauen, und endlich über Gänse und Enten, zum Schluß gar noch ein Kapitel über die Herstellung von Fischteichen und die Zucht von Fischen. Die Stelle, die Lucius lesen sollte, war durch ein schmales Holzstäbchen gekennzeichnet. Es dauerte freilich eine ganze Weile, bis er die Buchrolle so weit gedreht hatte, daß das Stäbchen frei vor ihm lag: «Kapitel dreizehn: Über Gänse und Enten.»

Er machte sich an die Lektüre. Sie war nicht einfach, weil die Schrift von Eudoxos an manchen Stellen eigene Formen entwickelte, wie es bei Erwachsenen so oft geschah, wenn sie viel schrieben. Die Wörter konnte er alle verstehen, und die Sätze, die bestimmt nicht von Eudoxos stammten, waren in einem flüssigen, schönen Lateinisch verfaßt. Interessante Sätze las er: «Die Gans ist bei den Landwirten beliebt, weil sie einerseits wenig Pflege fordert, andererseits aufmerksamere Wache leistet als ein Hund; denn durch ihr Geschrei

verrät sie Eindringlinge, wie ja auch die geschichtliche Überlieferung weiß, daß bei der Belagerung des Capitols durch die Gallier eine Gans die Ankunft der Feinde meldete, während die Hunde schwiegen ...»[23]

Er kannte diese Geschichte. Großvater hatte sie ihm, als er noch klein war, einmal erzählt. Heute erzählte er kaum noch, und Lucius bedauerte es sehr.

Es folgte die Beschreibung der Lage und des Aussehens des Gänsestalls, und diese Stelle hatte Eudoxos vorhin fast wörtlich wiedergegeben. Lucius staunte über sein gutes Gedächtnis. Dann fand er die genaue Erklärung dafür, warum man die legenden und brütenden Vögel von den übrigen absondern sollte: «Wenn die Legezeit naht, kann man mit den Fingern die Eier spüren, weil sie am Ausgang der Gebärmutter sitzen. In diesem Fall muß man die Gänse zum Koben bringen und einsperren, damit sie ihre Leibesfrucht ablegen. Es genügt, dies bei jeder Gans ein einzigesmal zu tun, da sie immer wieder dorthin zurückkehrt, wo sie einmal gelegt hat ...»

Wie wunderbar! dachte er. Wie wunderbar ist doch alles in der Natur geordnet! Er las weiter:

«Für die Ausformung und das Schlüpfen der Junggänse sind dreißig Tage nötig, wenn es kühle Tage sind: an warmen Tagen genügen auch fünfundzwanzig. Solange sie noch klein sind, werden sie in den ersten zehn Tagen im Koben mit der Mutter eingeschlossen gefüttert. Dann führt man sie, wenn es ein heiteres Wetter erlaubt, auf die Wiese und zu den Wasserbecken. Man muß darauf sehen, daß die junge Gas nicht von den Haaren der Brennesseln gestochen wird oder hungrig auf die Wiese gelassen wird, sondern sich vorher mit kleingeschnittenen Salatblättern sättigt. Denn wenn ein noch ungekräftigtes Tier hungrig auf die Weide kommt, zerrt es an Stauden und zäheren Kräutern so hartnäckig, daß es sich den Hals bricht. Auch Hirse oder Weizen, mit Wasser vermischt, läßt sich gut füttern. Ist die Gans etwas kräftiger geworden, dann wird sie in die Herde der Gleichaltrigen eingegliedert und mit Gerste ernährt.

Es empfiehlt sich nicht, mehr Jungtiere in einen Koben zu sperren als zwanzig. Vor allem darf man sie nicht mit größeren vereinen, weil Stärkere die Schwächeren umbringen. Die Räume, in denen sie brüten, müssen völlig trocken sein und als Unterlage Stroh oder, falls nicht vorhanden, möglichst dickes Heu haben. Alles übrige muß man so vorsehen wie bei den anderen Kückenarten. Es darf nicht vorkommen, daß eine Schlange, ein Frettchen oder eine Katze sich an sie heranmacht, denn diese Schädlinge reißen sie zu Tode, wenn sie noch im zarten Alter sind.»

Längst hatte Lucius vergessen, daß er diesen Text als eine aufgezwungene Übung lesen sollte. Er war fasziniert von dem, was er las. Und am liebsten hätte er alles abgeschrieben. Vielleicht würde er's tun. Aber weiter!

«Manche setzen den brütenden Gänsen aufgeweichte Gerste vor und lassen die Muttertiere immer wieder das Nest verlassen. Danach werfen sie den ausgebrüteten Gänschen in den ersten fünf Tagen eingeweichtes Mehl und Polenta[24] vor wie den Pfauenkücken. Einige geben auch kleingeschnittene Kresse mit Wasser, und diese fressen sie mit besonderer Vorliebe.

Wenn sie dann vier Monate alt sind, wählt man die größten für die Mast aus, weil dieses junge Alter für diesen Zweck als das geeignetste gilt. Die Mast dieser Vögel ist sehr einfach; man muß nur dreimal am Tag Polenta und Feinmehl und sonst nichts geben, sofern sie nur reichlich Möglichkeit zum Saufen und keine Gelegenheit zum Umherlaufen bekommen. Dabei sollen sie in einem warmen und dunklen Raum sein. Dies alles fördert die Bildung von Fett sehr. Auf solche Weise werden in zwei Monaten selbst alte Tiere gemästet; Jungtiere werden oft schon in vierzig Tagen fett.»

Hier endete das Kapitel über die Gänse. Es folgte das über die Enten, aber es war nur ganz kurz, und schon am Anfang hieß es, daß sich die Entenzucht im Vergleich zur Gänsezucht weniger lohne, weil Aufwand und Kosten höher seien, der Verdienst also geringer. Nun, er würde es später lesen. Er machte sich zunächst daran, anhand der Angaben einen Grundriß des Gänsestalls zu zeichnen, wobei ihm die Erinnerung an den Plan von Eudoxos zu Hilfe kam. Es gelang recht gut, und er schmückte das Gebäude mit allerlei schattenspendenden Bäumen aus, malte den Teich daneben und zeichnete ein paar Gänse mit ihren Jungen. Dann schrieb er den dazugehörigen Text ab und lernte ihn auswendig. Das war leichter als er gedacht hatte, weil er die Zeichnung als Hilfsmittel hatte – und weil er es tatsächlich behalten wollte!

Darüber war es Mittag geworden. Er hörte, wie der Wagen mit Vater und Marcus aus Aricia zurückkehrte und in den Hof einfuhr. Er legte die Rohrfeder in die hölzerne Schale zu den anderen, schloß das Tintenfaß, nahm seine Zeichnung und ging nach unten[25]. Vater war in der Küche, und Lucius hörte, wie er guter Dinge war, denn er berichtete Mutter allerlei, was er gesehen hatte oder was er vorhatte.

Wo war der Großvater? Um diese Zeit kam er immer nach Hause, um sich über Mittag für zwei Stunden hinzulegen. Wahrscheinlich war er wie immer auf dem Gelände des Gutes unterwegs, um die Sklaven bei ihren Arbeiten zu kontrollieren. Vielleicht wollte er auch nicht kommen, weil er seinen Zorn nicht loswerden konnte.

Aber da kam er! Lucius stand im Schatten des Überdaches bei der Küche und lehnte sich gegen einen Holzpfosten. Großvater sah nicht gut aus. Er schien Schmerzen zu haben. Die Lippen hielt er fest aufeinandergepreßt und er stützte sich schwer auf seinen Stock. Er starrte beim Gehen vor sich auf den Boden, murmelte dabei Unverständliches, und Lucius hatte in diesem Augenblick großes Mitleid mit ihm. Großvater ging nicht in die Küche, wie sonst üblich, sondern wandte sich gleich nach links, zur Treppe ins Obergeschoß, als er Lucius gewahrte. Er blieb stehen und brummte:

«Bring mir einen Schluck Wasser!»

Eifrig nickte Lucius. «Sonst noch . . .?»

«Nein!» kam es abrupt zurück. Dann stapfte der Alte davon und die Treppe aufwärts. Lucius hörte das erwartete Quietschen und Knarren der beiden oberen Stufen. Nun preßte er einen Augenblick lang die Lippen aufeinander, löste sie aber schnell wieder und seufzte. Es war nicht einfach, mit dem alten Mann auszukommen! Großvater war immer schon ganz anders als sein Sohn, Lucius' Vater, gewesen. Neigte der Vater bei aller sachkundigen Strenge in Haus und Hof zu einer humorigen Fröhlichkeit, die sich nicht so leicht verscheuchen ließ, so kannte Lucius seinen Großvater seit seiner frühesten Kindheit nur als einen sehr ernsten, gesetzten, selten lachenden Mann. Nun, wo zu den Beschwernissen des Alters auch noch der Ärger mit seinem Sohn kam ... Aber vielleicht konnte man doch einmal in aller Ruhe mit ihm darüber reden!

Entschlossen ging Lucius in die Küche.

«Großvater möchte einen Becher Wasser!»

Er registrierte, wie Vater und Mutter sich kurz anblickten.

«Will er sonst nichts?» fragte Mutter.

«Nein.»

Sie griff nach einem Becher im Wandregal, ging in die andere Ecke des Raumes, wo auf dem Anrichtetisch stets ein großer Krug mit frischem, kühlem Wasser vom Brunnen stand, und goß daraus ein. Dann stellte sie den Becher auf einen hölzernen Teller, legte ein paar Feigen daneben und reichte alles Lucius, ermahnte ihn, daß er vorsichtig damit gehen sollte, besonders auf der Treppe. Er nickte und entfernte sich mit allem. Mutter wollte Marcus mitschicken, damit er die Tür öffnete, doch Lucius bestand darauf, allein zu gehen. Vater, der das stumm verfolgt hatte, warf noch einmal Lucilia einen kurzen Blick zu und erklärte: «Ich leg' mich eine Weile hin. Weck mich in einer halben Stunde!»

Er ging in den Raum gleich neben der Gerätekammer, der eigentlich als Schlafraum für Gäste gedacht war. Dort standen zwei einfache Betten. Und dort pflegte Vater seine Mittagsruhe zu halten. Mutter verließ ebenfalls die Küche, um oben mit den drei Frauen über weitere wichtige Arbeiten zu sprechen. Es war auch ein Großreinemachen des ganzen Hauses fällig.

Höflich klopfte Lucius an die Tür von Großvaters Zimmer. Statt eines «*Intra!* – Tritt ein!» hörte er nur einen längeren Brummton, und der bedeutete das gleiche. Großvater hatte den Vorhang vorgezogen, um

Licht und Mittagshitze draußen zu halten. So war es dämmrig, und Lucius, der aus dem hellen Tag kam, brauchte einige Augenblicke, um sich auf das Halbdunkel umzustellen. Der Großvater hatte sich angezogen auf sein Bett gelegt und schien die Augen geschlossen zu halten. Lucius näherte sich dem kleinen Tischchen neben dem Kopfende des Bettes und stellte den hölzernen Teller mit dem Becher und den Feigen dort ab. Dann blieb er neben dem Bett stehen und betrachtete die liegende Gestalt des alten Mannes. Er erkannte die schweren Knochen, und obwohl Aulus Flavius nie füllig gewesen war, wirkte sein Körper gewichtig, breit, stark. Es kam von seinem Knochenbau, dem breiten Brustkorb, den großen, starken Händen, den stämmigen Beinen, so daß man dem alten Mann beim ersten Anblick durchaus zutrauen würde, er könne noch Bäume ausreißen. Doch der zweite Blick zeigte sein wahres Alter: Da waren Krampfadern an den Beinen, dunkle Pigmentflecke auf den Händen; alle Haare seines Körpers waren schneeweiß, nicht nur die auf dem Kopf, auch die an Armen, Beinen, auf der Brust. Die Finger hielt er immer etwas gekrümmt, und Lucius wußte, daß dies eine Folge der Gicht war. Wenn das Wetter umschlug, wußte Großvater es immer schon einen Tag vorher, so daß Vater, Pakoros und Mutter sich tatsächlich darauf verließen und die Tätigkeiten ordneten, wenn es im Sommer etwa darum ging, vor einem starken Regen das reife Korn zu schneiden oder vor einem Sturm die Oliven von den Bäumen zu schlagen.

Lucius wich nicht von der Stelle. Er wollte ein Gespräch mit dem Großvater erzwingen. Und er wußte, daß dies die Stunde war, in der man ihn am ehesten zum Reden bringen konnte. Nur versuchten Vater und Mutter es immer seltener.

«Großvater...» Er sagte es so freundlich, wie er nur konnte, mit diesem Singsang in der Stimme, mit dem er ansonsten Mutter anredete, wenn er von ihr etwas wollte. Doch der Alte zeigte keine Regung. Also wiederholte er es: «Großvater...»

Er hielt die Augen weiterhin geschlossen, brummte aber, und das war ein gutes Zeichen. So brummte er, wenn er kurz vor dem Einschlafen war. Aber das war Lucius nun egal. Er würde auch gleich wieder schnell einschlafen. Ganz vorsichtig begann Lucius:

«Hast du, als du noch ein Junge warst, einen Hund gehabt?»

Lucius wußte, daß er nun eine List gebrauchen mußte, um einem zornigen Schimpfen wegen der gestörten Mittagsruhe vorzubeugen.

Zunächst keine Antwort, keine Regung, keine Bewegung. Er würde jetzt Szenen aus seiner Kindheit vor sich sehen, und sie würden ihn milde stimmen. Lucius hoffte, daß es so sei. Er wartete geduldig. Und da schlug Großvater die Augen auf, zwinkerte ein paarmal und schaute gegen die Decke. Lucius nutzte gleichsam den offenen Türspalt: «Wie hieß dein Hund?»

«Argos», kam es leise und beinahe zart von seinen Lippen. «Wie der Hund des göttlichen Odysseus hieß er... Ar...gos...»

Nun war der Bann gebrochen, und Lucius holte den Becher mit dem kühlen Brunnenwasser vom Tischchen, reichte es dem Großvater, und er hielt den Kopf hoch, ergriff das Gefäß und trank es mit einigen Zügen leer. Lucius stellte es zurück.

«Danke, mein Junge!»

Lucius lächelte glücklich. Also war es ihm gelungen, eine Bresche in den Panzer zu schlagen, der den Patronus senior unsichtbar umgab. Und schon begann er: «Ja, ich hatte immer einen Hund. Ich meine einen, der mir, nur mir gehörte, und das war dieser Argos. Wir hatten ja mehrere Hunde. Aber mir gehörte der Argos. Er hörte auch nur auf meine Befehle. Nur auf meine...»

«Was war das für ein... für eine Rasse?»

«Ein Molosser! Ein ungeheures Tier! Schwerer als ein Mann!» Und dann beschrieb er ihn genau, seine Stärke, seine Treue, seine Klugheit, seine Wachsamkeit.

«Großvater...»

«Hm...»

«Ich... könnte ich nicht auch einen Molosser haben?»

Zum erstenmal seit langer Zeit sah er den Patronus senior lächeln. «Du? Einen Molosser?» Machte er sich lustig? Er neigte den Kopf zur Seite, damit er Lucius besser sehen konnte, fixierte ihn einen Augenblick lang, und dann erklärte er: «Ja, warum denn nicht!?» Und nun leuchteten seine Augen. Er schien wieder in die Freuden seiner Jugend versetzt zu sein, während er Lucius anschaute. Er legte die Rolle, die als Kopfkissen diente, doppelt, damit sein Kopf höher ruhte, und dann hieß es:

«Eine ausgezeichnete Idee! Ein Molosser! Wir hatten lange keinen Molosser mehr! Wir könnten gut einen gebrauchen.»

«Wo kriegt man denn einen!» fragte Lucius, der es kaum fassen konnte, daß er einen Molosser bekommen sollte. Hoffentlich würde das nicht gleich wieder ein Grund zum Streit sein mit seinem Vater, denn Vater bevorzugte mittelgroße Rassen und behauptete, sie wären wachsamer.

«Meinst du, daß Vater...» entfuhr es Lucius, und im gleichen Augenblick bereute er den Satz. Doch Großvater, immer noch mit diesem jungenhaften Schalk im Gesicht, rief auf einmal: «Das wollen wir ja mal sehen! Du bekommst deinen Molosser! Wenn sich die da ihre lächerlichen, ihre quasselnden Gänsehorden anschaffen, dann werden wir wohl einen Molosser kaufen können! Verdammt noch mal! Noch bin ich hier der Senior!»

Besorgt schaute Lucius zum Gesicht des Großvaters, und er glaubte entdecken zu können, daß dieser letzte Satz irgendwie im Gegensatz zu seiner Mimik stand. Er hatte ihn mit einer gewissen Selbstironie, halb ernst, halb heiter, gesprochen. Und mit einem Mal begriff Lucius, daß der Alte sich längst damit abgefunden hatte, daß also Gänse in großer Zahl auf den Hof kamen. Was er gegenüber manchen Sklaven wie Jugurtha oder Pakoros an den Tag legte, waren offenbar nur noch Rückzugsgefechte, um seine Würde, seine Ehre, besonders seine Autorität nicht zu verlieren, wenigstens ihren Schein aufrechtzuerhalten. Und als er dies begriffen hatte, wagte Lucius die Frage, die ihn seit Stunden beschäftigte:

«Großvater...»

«Hm.»

«Warum bist... warum warst du eigentlich gegen die... die Gänse?»

Das Erstaunliche geschah: Das Gesicht des alten Mannes verfinsterte sich nicht. Er überlegte nur eine Weile, dann sagte er leise:

«Weißt du, mein Junge... Auch ich war einmal so alt wie du es jetzt bist, und auch ich habe damals erlebt, wie mein Vater mit seinem Vater lange Zeit einen Kampf führte.»

«Warum? Worum ging es denn dabei?»

«Nicht um Gänse. *Per deos!* – Bei den Göttern, nein! Damals ging es um das Getreide. Mein Vater wollte kein Getreide mehr in den gewohnten Mengen anbauen. Es lohnte sich nicht mehr. Die großen Staatsgüter im Süden produzierten billiger und mehr. Aber mein Großvater erklärte, das würde er nicht zulassen. Aber natürlich mußte er es zulassen. In der ganzen Gegend hier begann ja damals das große Bauernlegen!»

«Das Bauernlegen?»

«Ja, so nennt man es, wenn die Höfe, einer nach dem andern, kaputtgehen. Dabei mußt du wissen, daß es nicht nur die Konkurrenz der billigen Preise aus dem Süden war. Damals herrschten in ganz Italien große Unruhen. Ich weiß nicht, ob du schon einmal von den Brüdern Tiberius und Gaius Gracchus[26] gehört hast?»

«Doch», nickte Lucius, «aber verstanden hab' ich nicht viel davon.»

«Also paß auf. Beide Brüder hatten bei ihren Reisen in verschiedenen Gegenden Italiens gesehen, wie verelendet überall die Bauern waren.»

«Wie kann denn ein Bauer so arm werden? Er hat doch alles, was er zum Leben braucht!» warf Lucius ein.

Aulus Flavius lächelte. «So war es einmal vor langer Zeit, mein Junge. Vor siebzig Jahren aber ... Damals sagte Tiberius Gracchus in einer Rede vor der Volksversammlung: Die Tiere, die Italien bewohnen, haben ihre Höhlen, und jedes von ihnen hat sein Lager und seinen Unterschlupf, die Männer aber, die für Italien kämpfen und sterben, haben nur Luft und Licht und weiter nichts, sondern ohne Haus und Wohnsitz irren sie mit Weib und Kind umher. Die Feldherrn lügen, wenn sie vor der Schlacht die Soldaten auffordern, für ihre Gräber und Heiligtümer zu kämpfen. Keiner hat einen väterlichen Altar und einen Grabhügel seiner Vorfahren von so vielen Römern, sondern für fremden Prunk und Reichtum kämpfen und sterben sie, die sogenannten Herren der Welt. Und haben keine einzige Scholle Landes zu eigen ...»

Staunend nahm Lucius das eben Gehörte zur Kenntnis, zum einen, weil der Inhalt dieser Sätze eine große Anklage war, zum andern, weil ausgerechnet sein Großvater, den er nur als großen Schweiger kannte, eine so lange Stelle auswendig zitieren konnte.

Und als ob er die Gedanken des Jungen hätte lesen können, fügte der Alte noch an: «Mein Großvater war damals dabei, als Tiberius Gracchus diese Rede hielt. Er hat diese Stelle nie vergessen, viele andere haben sie auch nicht vergessen, und sie gehört ja heutzutage zum Allgemeingut unserer Geschichtsschreiber. Auch du solltest dir diesen Satz gut einprägen. – Ja, aber du fragtest, warum ...»

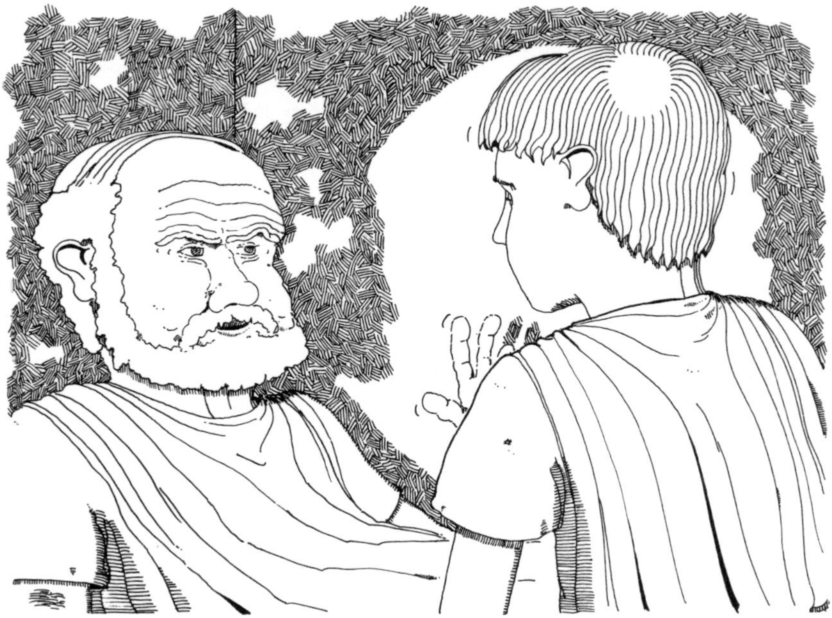

Er machte eine Pause, räusperte sich und überlegte, wie er den komplizierten Sachverhalt wohl am einfachsten erklären könnte.

«Damals gab es hier, in der Campania von Latium[27], noch zahlreiche Einzelhöfe. Sie waren viel kleiner als unser Gut. Du weißt doch, wieviel *iugera,* wieviel Joch wir besitzen?»

«Zweihundertundzwanzig.»

«*Recte.* – Richtig. Ganz genau sind's zweinhunderteinundzwanzig. Aber damals war der Hof viel kleiner. Er war weniger als achtzig Joch groß.»

«Und wieso ...?»

«Wie ich dir schon sagte, begann mein Vater gegen den Willen meines Großvaters, weniger Getreide und mehr Oliven, mehr Obst, mehr Wein anzubauen. Er stellte ihn eines Tages vor die Wahl: Entweder er ließe ihn das machen, oder er würde zur Armee gehen. Er war in den Bürgerkriegen bis zum Centurio aufgestiegen, und er war noch nicht zu alt, es noch einmal zu machen. So mußte mein Großvater schließlich nachgeben. Es war unser Glück! Viele unserer Nachbarn, die in den Kriegen gewesen waren, kamen nicht mehr zurück. Manche fielen, viele wurden verwundet und verkrüppelt. In der Zeit ihrer Abwesenheit verkam das Land, verwilderten die Kulturen.»

«Aber sie hatten doch Sklaven! Und Sklaven dürfen nicht mit in den Krieg ziehen!» rief Lucius, der das einmal von Vater gehört hatte.

«*Recte.* Aber dann brach ja vor mehr als zwanzig Jahren der große Sklavenkrieg aus. Unter der Führung des Spartacus[28] zogen seine Horden plündernd, raubend und mordend durch ganz Italien. Die Ackerknechte entliefen ihren Herren zu Tausenden. Besonders die, die von ihren Besitzern wie Tiere geschunden worden waren.»

«Bei dir auch?»

«Nein, mein Junge!» Energisch richtete Aulus sich auf. «Ich weiß wohl, daß man ein wachsames Auge auf sie haben muß, aber ich würde nie einen Sklaven mißhandeln, ihn grundlos schlagen!»

«Aber du hast heute morgen den Jugurtha geschlagen!» entfuhr es Lucius. Sogleich bereute er diesen Satz. Andererseits sagte ihm sein Gerechtigskeitssinn, daß es gut war, dies zur Sprache zu bringen. Und nun war die Gelegenheit dazu einmal günstig.

Der Patronus schwieg eine Weile. Dann wandte er sich Lucius zu und erklärte: «Ich weiß, es war ein Fehler. Ich werde es wieder gutmachen. Du hast recht, mich daran zu erinnern. Er handelte nur im Auftrag von meinem Sohn, deinem Vater.»

Wieder räusperte er sich, und es ging in ein längeres Husten über. Endlich, nachdem sein Atem sich wieder beruhigt, und Lucius ihn nicht weiter ausgefragt hatte, setzte er seine unterbrochene Erzählung fort:

«Ja, damals wurden viele Höfe von umherstreunenden Trupps des Spartacus niedergebrannt.»

«Unserer auch?»

«Nein. Er war aus Stein und nur schwer entzündbar. Außerdem

ließ er sich leicht verteidigen. Aber ich habe noch gut in Erinnerung, wie die ganze Gegend abends vom Feuerschein brennender Gehöfte erleuchtet war. Als der Aufstand nach drei Jahren endlich niedergeschlagen war, hatte sich vieles verändert. Überall gab es brachliegendes, nicht bebautes Land. Spartacus hatte den betroffenen Bauern nur noch den Rest gegeben; die Krankheit, das Sterben hatte schon lange vorher angefangen. So kauften nach und nach römische Senatoren[29] Land auf. Sie mußten ja die Gelder, die sie in den verschiedenen auswärtigen Kriegen und später als Statthalter und hohe Beamte in den Provinzen verdient hatten, gewinnbringend anlegen. Das Gesetz verbietet aber einem Senator, Geldgeschäfte zu machen. Also kauft er Land. Aber er hat, weil er sich vornehmlich um die städtische Politik kümmern muß, gar keine Zeit, die neu erworbenen Güter selbst zu bewirtschaften. Also wird er einen Verwalter hinsetzen und ihn in seinem Namen wirtschaften lassen. Es gibt hier in der Nachbarschaft Güter, die eine Größe von tausend und mehr Joch haben! Wir sind, soviel ich weiß, die einzigen, die darunter liegen und die gut davon leben können. Und weißt du auch, warum?»

«Nein.»

«Weil ich vor Jahren mich entschieden habe, Gemüse anzubauen. Eine Stadt wie Rom mit siebenhunderttausend Menschen braucht Unmengen an Gemüse. Wir verdienen das meiste Geld mit unserem Gemüse. Wir haben Stammkunden unter den römischen Großhändlern, die uns ganze Ernten abkaufen.»

Sie schwiegen beide, und Lucius ließ sich das alles noch einmal durch den Kopf gehen. Er sah, daß Großvater wieder müde wurde, daß er schon gähnte und wohl bald einschlafen würde. Darum wagte er noch die entscheidende Frage: «Großvater...»

«Hm...»

«Warum bist du gegen... gegen die Gänse?»

Ohne zu zögern kam die Antwort: «Weil das Risiko sehr groß ist, Lucius. Wir haben keine Erfahrung mit diesen Vögeln. Sie können krank werden. Salat kann nicht krank werden. Schnecken kann man weglesen. Gegen Karnickel und Hasen kann man Zäune und Hecken bauen. Aber gegen Tierseuchen kannst du wenig machen. Sie raffen alles mit einem Schlag hinweg.»

«Und was ist, wenn ... wenn Vater es dann doch macht?»

Der Alte seufzte: «Ich weiß, er wird's machen. Er ist ein Dickschädel! Ich war auch einer. Und er ist verantwortlich. Sicher, dem Namen nach und vor dem Gesetz ich ... Ohne mein Einverständnis kann er zum Beispiel keinen Sklaven freilassen. Aber ich bin alt, krank, kraftlos. Mir bleibt nur noch das Zugucken und Meckern.»

Da rief Lucius: «Aber du könntest ihm doch helfen! Dann wäre das Risiko kleiner!»

Da lächelte der Alte und nickte zweimal. «Laß mich erst mal darüber schlafen.»

Eine gute Antwort, dachte Lucius. Er stand auf und verließ leise den Raum.

De meridie – nach Mittag

Auf dem Hof war es still, als er wieder nach unten kam. Fast alle Knechte waren draußen und ruhten über Mittag irgendwo im Schatten eines Olivenbaumes. Sogar Eudoxos hatte sich in seiner Kammer für eine Stunde hingelegt. Sie befand sich gleich neben der des Vaters und war nur durch den Gang zum Backraum davon getrennt. Vater schnarchte. Lucius war froh, daß sein Schlafraum nicht gleich neben dem der Eltern lag. Aber er wußte, daß Mutter nachts oft wach wurde, wenn er zu laut schnarchte. Dann hatte er sie schon schimpfen gehört. Das Schnarchen verstummte dann für einige Zeit, setzte aber irgendwann wieder ein, und Mutter schimpfte erneut.

Mutter war nicht in der Küche. Er hörte weibliche Stimmen von oben, aus einem der Fenster. Sie sortierte mit den Frauen Wäschestücke. Wahrscheinlich war seine Schwester auch dabei. Marcus war nirgends zu sehen. Er spielte wohl am Bach. Während er noch unschlüssig vor dem Eingang zur Küche stand, hörte er von draußen, vom Vorplatz, männliche Stimmen.

«Vorsichtig, Jungs! Vorsichtig!» Das war Pakoros. Was war da los? Lucius lief schnell über den Innenhof zum großen Tor. Über den

Platz näherten sich von links vier Männer. Krixos und Gallus gingen langsam und stützten zwischen sich einen Mann mittleren Alters, der das linke Bein leicht angezogen hielt, damit es den Boden nicht berührte, und humpelte nur auf dem rechten. Dabei ersetzten die beiden Männer das offensichtlich verletzte Bein. Sie trugen ihn mehr als daß er ging. Pakoros hielt sich seitlich von ihnen und achtete darauf, daß sie nicht zu schnell waren.

«*Consistite!* – Halt!» kommandierte er wie ein Centurio der Armee, als er sah, wie sich das Gesicht von Timon vor Schmerzen verzerrte. Alle sahen ihn an, und sein Leiden spiegelte sich auf ihren Gesichtern, denn unwillkürlich ahmten ihre Züge die seinen nach.

«Ich kann nicht mehr», hauchte Timon und blickte einen Augenblick zum blauen Himmel, als ob von dort Linderung käme. Da geleiteten sie ihn zur Seite, zu der Bank, die neben dem Tor an der Wand des Hauses stand. Vorsichtig ließen sie ihn nieder. Timon war etwa so alt wie Pakoros. Er stammte von der Insel Rhodos und war in jungen Jahren wie so viele andere in den Kriegen des Mithridates gefangen und nach Italien gebracht worden. Diese Männer, die alle das gleiche Schicksal hatten, hielten zusammen wie Brüder, besonders, wenn einer von ihnen körperlich Schaden genommen hatte.

Lucius ging hinüber, blieb vor dem halb liegenden, halb sitzenden Timon stehen und schaute auf sein linkes Bein. Es war am Fußknöchel dick geschwollen, die Haut war prall gespannt wie eine Schweinsblase, und sie hatte sich bläulich verfärbt. Pakoros kniete vor Timon nieder.

«Das muß runter!» Er meinte die Sandale, und Timon nickte ergeben. Mit einer Vorsicht, die man den großen breiten Händen des Parthers nicht zugetraut hätte, begann Pakoros die Riemen zu lösen, dabei immer mit einem Blick zu Timon registrierend, ob es ihm weh tat. Endlich hatte er die Sandale in der Hand.

«Wie ist das passiert?» fragte er.

«Er ist vom Baum gefallen», sagte Krixos, und Gallus nickte dazu. Doch Pakoros: «Das kann er mir ja wohl selbst erzählen, wie!»

Die beiden schwiegen und preßten beleidigt die Lippen aufeinander. Pakoros konnte sich diesen Ton erlauben, denn er war der Vormann aller Knechte. Timon berichtete: Er habe trockene Äste von den

Bäumen gesägt, sei damit fertig gewesen und habe auf den Boden springen wollen. «Dabei kam ich unglücklich auf einem faustdicken Feldstein auf, den ich nicht gesehen hatte und knickte um.» Nun verfolgte er mit großen Augen, wie Pakoros sich daranmachte, den Fuß, vor allem den Knöchel zu untersuchen, und man sah seinem gespannten Blick an, daß er jeden Augenblick mit einem stechenden Schmerz rechnete. Pakoros tastete vorsichtig weiter.

«Au! Ja, da! Verdammt!« stöhnte Timon. Pakoros fragte: «Kannst du den Fuß bewegen?»

Timon versuchte es. Aber die Schmerzen waren zu groß.

«Also dann ...» Pakoros stand auf und wandte sich an Gallus: «Wasser holen! Kaltes! Aus dem Brunnen!» Gallus nickte und eilte davon.

«Und du ...» wandte er sich an Krixos. «Suche ein paar glatte, schmale Hölzer ohne Splitter! Zum Schienen! Du weißt schon.»

Krixos ging. Pakoros wandte sich an Lucius: «Ich brauche Binden! Die Frauen ...»

Lucius verstand und eilte davon, hastete die Treppe aufwärts und kam atemlos bei den Frauen an. Sie waren alle in dem großen Raum vor den Kammern der Sklavinnen mit der Wäsche beschäftigt. Lydia nähte auf einigen Tuniken Flicken auf. Berenike, die jüngere, faltete Tücher und stapelte sie in einer Truhe. Arete begutachtete zusammen mit Mutter verschiedene Stoffe, um sie entweder zu flicken oder auszusondern, und Flavia schaute dabei zu.

«Wir brauchen Binden! Timon hat was am Fußknöchel!»

«Ist wohl wieder mal vom Baum gefallen!» bemerkte Arete trokken mit ihrer tiefen Stimme. Lucius sah auch ihr leicht amüsiertes Lächeln und die Barthaare auf der Oberlippe. Aber er mochte sie. Sie war zu ihm wie eine Großmutter. Seine eigene, die Mutter seines Vaters, hatte er nie kennengelernt.

«Ja, er hat sich beim Sprung vom Baum den Knöchel verletzt!» bestätigte Lucius. Darauf Arete, ohne von ihrer Arbeit aufzuschauen: »Sagt' ich's doch! Also dann ...» Sie zeigte auf einen Stapel Tücher. «Die könnt ihr haben. Könnt sie in Streifen reißen. Aber nicht alle. Ich brauch' sowas in der Küche. Hier!» Sie griff nach einem Stück und reichte es Lucius. Es war etwa die Hälfte einer verschlissenen Toga[30].

«Danke!» Und schon eilte er wieder davon.

Unten hatten sie Timon nun ganz auf die Bank gelegt, damit er das verletzte Bein ruhig halten konnte. Krixos war auch wieder da mit verschiedenen dicken, breiten und langen Hölzern.

«Zeig mal!» Pakoros nahm das Tuch und riß es in handbreite Streifen. Ein breiteres Stück faltete er und legte es in das kalte Wasser, das Gallus gebracht hatte. Während sie noch hantierten, trat Vater aus dem Tor. Er war wohl durch das Reden draußen geweckt worden und hatte noch die großen, verschlafenen Augen nach dem Mittagsschlaf.

«Was is'n?» knurrte er ungehalten, als er näherkam. Pakoros klärte ihn auf, und da rief Manlius: «Verdammt! Und das ausgerechnet jetzt, wo jeder Mann gebraucht wird! Hat er was gebrochen?»

«Kann man so nicht sagen», meinte Pakoros. «Kann eine Stauchung sein. Ist meist schmerzhafter als ein Bruch.»

«Und? Schmerzhaft?» Das war an Timon gerichtet, der leise antwortete: «Nur wenn ich lache, Herr!»

«Also doch!»

Pakoros hatte nun den feuchten Verband um das Gelenk gelegt, suchte passende flache Hölzer und brachte sie parallel rechts und links an den nachgebenden feuchten Verband. Dann umwickelte er das Ganze reichlich und so straff, wie Timon es aushalten konnte, mit den Streifen, die er am Ende sauber verknotete. Dann stand er auf:

«Wenn die Schwellung bleibt und noch praller wird, müssen wir morgen den Arzt holen. Wenn sie zurückgeht und blaugrün wird, ist es eine Prellung oder Verstauchung. Aber auch die braucht lange Zeit zur Heilung.»

Vater nickte dazu. Ein Grund für schlechte Laune war es nicht, denn es gab schlimmere Dinge.

«Bringt ihn zu Jugurtha!» Vater wies zum Tor. «Irgendwas kann er ja mit den Händen machen. Was meinst du, Pakoros?»

«*Certo.* Kann hübsche kleine Körbchen machen.» Er grinste. «Däumchen drehen kann er dann am Abend noch genug.»

Timon fand das gar nicht lustig, und er fluchte leise in seiner Muttersprache vor sich hin. Dann ließ er sich von Krixos und Gallus stützen und humpelte zum Tor. Eudoxos kam gerade heraus.

«Was Schlimmes?» fragte er nur, denn leichte Verletzungen kamen oft vor. Krixos wollte es ihm denn auch umständlich nach seiner weitausholenden Art erklären, aber Vater rief: «Quasselt nicht rum! Könnt ihr heute abend besser! Eudoxos, hast du alles notiert?»

«*Scilicet, domine!* – Natürlich, Herr!» Er kam näher. «Allerdings habe ich damit», er wies auf Timon, «nicht gerechnet. Das bedeutet nämlich, daß wir... daß wir...» Er faltete ein Blatt auseinander: «... daß wir mindestens noch einen Sklaven kaufen müssen.»

«Was?» rief Manlius. «Aber du hast mir doch erst heute morgen erklärt, daß wir eben nicht mehr als ...»

«*Certo, domine! Certo!* Aber da ging ich davon aus, daß alle wohlauf und kerngesund sind! Aber das sind sie ja nun, nicht wahr, allerdings nicht mehr, nein!»

«Hm.»

«Ja. Und mit solchen Fällen muß man immer wieder rechnen, Herr!»

«Hm. Du meinst also, wir müssen zwei weitere ...?»

«*Sic est.* – So ist es. Wenn du Hühner *und* Gänse, nicht wahr... Wenn es nur die Gänse oder nur die Hühner, nicht wahr... Aber du willst ja beides!»

«Also zwei neue Sklaven?»

«*Sic est. Duo!* Und ...»

«Was denn noch?»

«Es müssen, wie soll ich sagen, es müssen Fachleute, in der Geflügelhaltung und Zucht erfahrene Männer sein, unbedingt, ja! Fehler kämen dich teuer zu stehen.»

Manlius Flavius Iustus schaute seinen Sekretär eine Weile ernst an. Er konnte dazu noch nichts Abschließendes sagen, denn am Abend mußte er darüber mit dem Patronus senior reden.

In diesem Augenblick kam Kassandros um die Ecke der Tenne. Er hielt noch seine Bürste in der Hand, sein Gesicht war weiß vom Abkratzen der alten Farbe, und er begann:

«Ich b-b-bin f-f-fertig, Herr. Soll ich jjetzt m-m-mit dem Tün ... mit dem Tünchen anfangen?»

Manlius Flavius überlegte: «Ja, wenn du bis morgen fertig wirst.»

«Das g-g-geht nicht, Herr. Frühestens bis übermorgen.»

«Egal. Fang schon damit an. Dann kann Jugurtha morgen weitermachen. Du fährst mit nach Rom.»

«Ich? Rom?» Die pure Freude stand ihm im Gesicht. Es kam selten vor, daß der Herr jemanden mitnahm in die Hauptstadt. Und nun ihn! Ausgerechnet ihn!

Der Herr winkte ihn näher heran: «Du kennst dich doch gut mit den Hühnern aus – oder?»

«*Cer-cer-certo!* Legen bei mir doppelt!»

«Eben. Wirst dir morgen genau die in Frage kommenden Leute ansehen und sie ausfragen. Ich erklär's dir morgen früh auf der Fahrt. Nun geh an die Arbeit und pinsel den mittleren Stall noch fertig, damit sich die Ochsen heute nacht drin wohlfühlen. – Und sag dem Jugurtha Bescheid, daß er morgen weitermacht!»

«*Gratias, domine!* Danke, Herr!» Und weg war er.

Suprema – Nachmittag und früher Abend

Großvater und Vater gingen sich im weiteren Verlauf des Nachmittags aus dem Wege. Aber Lucius war sich sicher, daß es an diesem Abend zu einer Aussprache zwischen beiden kommen würde – kommen mußte! So konnte es nicht weitergehen. Man durfte den Großvater nicht übergehen bei einer so wichtigen Frage, und Lucius hatte ohnehin den Verdacht, daß der eigentliche Grund für Großvaters harte Reaktion einfach darin lag, daß Vater ihn nicht zuerst wegen des Plans einer Gänsezucht angesprochen hatte. Großvater mußte nach dem bisherigen Verlauf der Vorgeschichte den Eindruck haben, daß er dabei überflüssig sei. Lucius hatte dies unter anderem aus jenem einen Satz geschlossen, der Großvater herausgerutscht war: «Wenn sich die da ihre lächerlichen, ihre quasselnden Gänsehorden anschaffen, dann werden wir wohl einen Molosser kaufen können!» – Dieser Satz verriet eine ganze Menge. «Die da», das war also nicht nur Vater, dazu gehörten Eudoxos, Pakoros und wer weiß noch alles. «Wir», das waren Großvater und Lucius! Und als er das dachte, da wurde es ihm ganz warm ums Herz, denn es war das erstemal, daß Aulus Flavius Iustus, der von allen wegen seiner Härte gefürchtete *patronus senior,* ihm, seinem Enkel, ein Gefühl der Zuneigung zeigte. Und er wußte, er würde diese Szene im Dämmerlicht von Großvaters Schlafraum nie vergessen. Und wenn er selbst einmal Großvater wäre, dann würde er seinem Enkel darüber berichten. Beim Hercules! Das waren bis dahin noch mindestens fünfzig Jahre!

Dies aber nahm sich Lucius vor: Sollte Vater, bevor er mit seiner Begleitung nach Rom aufbrach, nicht mit dem Großvater über die Angelegenheit reden, dann würde *er* es zur Sprache bringen. Aber er hoffte, daß das nicht nötig wäre. Man würde erklären, das gehe ihn nichts an! Er sei doch noch grün hinter den Ohren. Woher er denn den Mut nehme, so mit erwachsenen Männern zu reden!? Lucius seufzte. Aber er würde es versuchen.

Vater war den ganzen späten Nachmittag über mit Eudoxos in den Plantagen und auf den Äckern unterwegs, um an Ort und Stelle zu prüfen, ob er irgend etwas übersehen hatte, was aus Rom mitzubringen wäre. Er hatte vergessen, seinen ältesten Sohn Lucius mit einer bestimmten Tätigkeit oder Arbeit zu beschäftigen, weil er – so dachte Lucius – wohl annahm, daß er für den Rest des Tages mit dem Text über die Geflügelzucht zu tun hätte. Aber das war längst erledigt. So ging Lucius hinüber zu Jugurtha und Timon, die immer noch im Kelterraum saßen und Körbe flochten.

«Tut's noch weh?» fragte er Timon.

«Besser. Kann's aushalten.»

Er schaute ihnen eine Weile zu und stellte fest, daß Jugurtha entschieden schneller hantierte. Er besaß mehr Geschick im Umgang mit den widerspenstigen Ruten. Die Körbe stapelten sich schon hinter ihm. Er machte Timon auch auf Fehler aufmerksam, und der Rhodier nickte auch eifrig. Aber es fiel ihm schwer. Seine Hände waren nicht so schmal, nicht so flink wie die von Jugurtha. Naja, es war auch nur vorübergehend, solange, bis sich sein Fuß gebessert hatte.

Lucius ging wieder, denn auf die Dauer war das Zuschauen langweilig. Wo war Marcus? – Er verließ den Innenhof, überquerte den großen Vorplatz, sah, daß die Kastanien ihre Knospen öffneten. Rechts hinter der hohen Hecke hörte er Stimmen. Da waren Nestor und Malchis bei der Arbeit im Garten. Kürbis und Gurken mußten gesät werden. Weiter oben Basilikum. Auf der andern Seite des Caiabachs waren Dardanos und Tiribazos dabei, Schnittlauch zu ernten und in größeren und kleineren Büscheln zusammenzubinden. Sie mußten möglichst frisch auf den Markt kommen. Noch heute nacht würde ein Wagen mit Salat, Schnittlauch und frühen Zwiebeln nach Rom gehen. Am Tage war das Fahren mit den Wagen in der Stadt verboten. Vor Sonnenaufgang mußten sie die Stadttore wieder passiert haben.

Lucius ging über die Brücke. Der Hang auf der andern Seite stieg steil an. Weil er seine Fläche nach Osten und Südosten neigte, erhielt er die pralle Morgen- und Mittagsonne. Darum gediehen dort der beste Wein und die schmackhaftesten Oliven.

Er fand Marcus oberhalb der Stelle, wo ein kleiner Nebenbach in den Caiabach mündete. Er war dabei, ein Wehr aus Steinen, Kies, Sand und Holz zu bauen, um das Bächlein zu einem See zu stauen.

«Vater fährt morgen nach Rom», sagte Lucius und half, einen schwereren Felsbrocken in die richtige Position zu bringen.

«Darf ich mit?» fragte Marcus.

«Weiß ich nicht.»

«Fährst du mit?»

«Wahrscheinlich.»

«Großvater auch?»

«Ich glaube, nicht.»

«Warum nicht?»

Was sollte er darauf sagen? Marcus konnte den komplizierten Hintergrund noch nicht verstehen. «Ist ihm wahrscheinlich zu anstrengend.» Das konnte durchaus so sein.

«Glaub' ich nicht», bemerkte Marcus ohne aufzublicken, und Lucius staunte. «Warum nicht?»

«Hat Krach mit Vater.»

«He? Wieso?»

«Hab's gesehen. Redet nicht mit ihm. Motzt 'rum!»

Darauf schwieg Lucius. Sie bauten weiter stumm an der Staumauer und beobachteten die Wasserläufer, wie sie elegant und flink über die Oberfläche eilten, wie ihre kleinen Füße nur leicht das Wasser eindrückten, so als ob man auf die Haut des heißen Griesbreis mit dem Finger drückte, ohne daß die Haut zerstört wurde. Hatte denn Wasser auch eine Haut?

Natürlich würde Marcus zu Großvater halten. *Scilicet!* Er war ja sein Liebling!

«Ich will aber mitfahren!» rief Marcus trotzig. Und das klang so, als ob Lucius ihn dabei unterstützen sollte.

Lucius erklärte: «Wenn Großvater mitfährt, ist es doch klar, daß du mitfährst.»

«Und wenn er nicht mitfährt?»

«Ich werde Vater fragen.»

«Ehrlich?»

«*Faciam tua gratia.* Dir zuliebe werde ich es tun.»

Marcus schaute auf und strahlte. «Willst du mein Schiffchen haben?» Er hatte es in den letzten Tagen aus der Rinde alter Pinienstämme gebaut, ein rundes Hölzchen in die Mitte gesetzt und aus einem Tuchfetzen ein Segel gemacht. Es sah hübsch aus. Aber Lucius spielte den Großmütigen:

«Sehr schön. Aber behalt es! Ist doch selbstverständlich, daß du mitfährst.»

«Flavia auch?»

«Weiß ich nicht.»

«Und Mama?»

«Glaub' ich nicht.»

«Warum?»

Immer diese Warum-Fragen! Er holte Luft und erklärte: «Weil sie keine Zeit hat.»

«Aber sie hat doch eine Schwester in Rom, Tante Lucilia Secunda!»

Das war richtig. Es konnte durchaus sein, daß sie ihre jüngere Schwester besuchte. Sie hieß wie Mutter Lucilia, zur Unterscheidung mit dem Zusatz *Secunda,* die «Zweite»[31]. Frauen hatten immer nur den Familiennamen ihres Vaters oder ihrer Mutter, manchmal auch den ihrer Großeltern. Wenn dann mehrere Töchter den gleichen Namen hatten, numerierte man sie der Reihe nach durch.

Lucius nickte dem Bruder zu: «*Certo.* Es ist möglich, daß Mutter mitfährt.»

Sie spielten noch etwa eine Stunde lang, und der angestaute See wurde immer größer. Schließlich war der Druck seines Wassers so mächtig, daß er die Staumauer an einer Stelle eindrückte.

«Wir können jetzt eine Brücke über die Schlucht bauen!» meinte Marcus. Lucius nickte, half ihm dabei noch eine Weile, aber dann interessierte es ihn nicht mehr. Er stand auf und reckte sich. Von hier oben konnte man den ganzen Hof vor dem Gut überblicken. Er sah gerade, wie ein zweirädriger Wagen vorfuhr, anhielt und ein Mann von vielleicht vierzig Jahren vom Bock kletterte. Das konnte Publius Probus sein. Er vermietete Erntearbeiter. Er kam jedes Jahr mehrmals, um seine Arbeiter anzubieten. Lucius ging mit schnellen Schritten am Bach entlang abwärts, passierte die Brücke und erreichte den Hof, als gerade der Großvater aus dem Tor trat.

«Ah! Patron!» begrüßte Probus den Großvater, der nur kurz zurücknickte und erklärte: «Du kommst jedes Jahr früher! Wir haben erst Anfang April. Von Ernte noch nichts in Sicht!»

Sie standen sich nun gegenüber. Probus war etwas kleiner als Großvater. Er hatte das Gesicht eines Mannes, der viel und hart arbeiten mußte. Rechts und links vom Mund liefen zwei tiefe Falten abwärts, als ob sie eingekerbt wären. Auch der übrige Teil des Gesichts war von Falten bedeckt, besonders die Stirn. Die dunkelbraunen Augen waren in dauernder Bewegung, ohne daß man meinte, Probus sei nervös. Kopf und Hände hielt er still, nur die Augen wanderten hin und her, auf und ab, und es entging ihnen nichts. Seine Tunica war alt und geflickt.

«Ja, weißt du ...» Probus betrachtete seine Hände. «Ich könnte dir in diesem Jahr ein besonders gutes Angebot machen.»

Lucius war hinzugetreten und sah, wie Großvater den Mann kritisch musterte, sein Gesicht, aber auch seine Kleidung. Probus tat so, als ob er es nicht bemerkte und redete weiter: «Ich könnte dir ein einmaliges Angebot machen.»

Großvater schüttelte den Kopf, nicht verneinend, sondern staunend, etwa in dem Sinne: Was es nicht alles gibt!

«Ich werde dir in jeder Beziehung entgegenkommen, Flavius Iustus! In jeder!» Er räusperte sich und spuckte zur Seite aus. «Noch nie waren die Zeiten so ...»

«... schlecht!» unterbrach ihn Großvater. «Das wolltest du doch sagen, nicht wahr.»

«Ach was!» erregte Probus sich künstlich. «Ich ...»

«Hör auf damit! Ich kenne dich lange. Brauchst mir nichts vormachen. Deine Geschäfte gehen schlecht. Die Konkurrenz ist groß. Stimmt's?»

Probus preßte die Lippen aufeinander und stierte zu Boden. Nach einer Weile nickte er kleinlaut: «*Sic est.* – Es ging in den letzten Jahren bergab. Ein *circulus vitiosus!* Ein Teufelskreis! Es ist, als ob du in einem Sumpf geraten bist, und du kannst dich abstrampeln wie du willst, du kommst nicht raus, sondern sinkst unaufhaltsam in die Tiefe.»

«Dir steht also das Wasser am Hals?»

«Das kann man wohl sagen.»

«Und du kommst so früh und machst deine günstigen Angebote, um den Konkurrenten den Wind aus den Segeln zu nehmen?»

«*Sic est.* Was soll ich denn sonst machen? Habe Frau und fünf Kinder. Zwei davon krank! Und du kennst doch die hohen Rechnungen der römischen Ärzte!»[32]

Während Lucius angerührt war von dem ausgemergelten Mann

und dem, was er da stoßweise berichtete, sah er, daß Großvater das alles recht unbeteiligt zur Kenntnis nahm. Schließlich sagte er:

«Du glaubst doch wohl nicht im Ernst, daß ich heute, im April, einen Vertrag mit dir abschließe über Arbeiten, die deine Männer erst im August oder September machen werden!?»

Probus gab keine Antwort, sondern starrte Großvater nur an, und Lucius wurde an einen hungrigen Hund erinnert, der neben dem Tisch sitzt und wartet, daß man ihm einen Brocken zuwirft.

«Also, das solltest du ganz schnell wieder vergessen, Probus.»

«Aber die Kinder!» Er hob die Hände wie um Erbarmen flehend. Großvater sah, daß Arete mit einem Korb Wäsche aus dem Tor trat.

«He, Alte!» rief er, und Arete blieb stehen. Großvater winkte sie heran. Sie stellte den Korb auf die Bank und kam.

«Pack mal fünf Brote ein ...»

«Wir haben nur noch zwölf!» erklärte Arete.

«Dann backt neue!» knurrte Großvater. «Gib dem Mann die fünf Brote, ordentlich Käse und drei Würste!»

Arete warf einen kurzen Blick auf Probus, nickte dann verstehend und entfernte sich, die Lebensmittel zu holen.

«Wieviel Leute hast du denn noch?» fragte Großvater.

«Zehn.»

«Letztes Jahr waren's noch fünfzehn.»

«Ja, letztes Jahr...»

«Und was wirst du in Zukunft machen?»

«Ich weiß nicht. Kannst du keinen Verwalter brauchen?»

«Ich? Einen Verwalter?» Er maß ihn mit einem spöttischen Blick. «Du magst Ahnung haben vom Kornschneiden, Dreschen und Mahlen, aber... Nun mal im Ernst, wie willst du deine Familie ernähren?»

«Ich weiß es nicht. Ich weiß es wirklich nicht! Überall verdrängen Sklaven den freien Arbeiter. Die paar mittelgroßen Güter hier in der Gegend stellen alle auf Obst und Gemüse um. Da ist nichts mehr mit Korn. Bei euch ist das nicht anders – oder?»

Großvater antwortete nicht darauf, sondern fragte: «Wie alt bist du?»

«Sechsunddreißig, Flavius Iustus.»

«Hm ...» Wieder musterte Großvater den Mann, und auch Lucius tat es. Probus sah erheblich älter aus. Er wäre als Sechzigjähriger durchgegangen.

«Bist du krank?» fuhr Flavius fort.

«Nein, den Göttern sei Dank. Meine Gesundheit ist eisern. Ich opfere auch regelmäßig dem Aesculapius einen Hahn[33]. Nur die Kinder...»

«Wo wohnst du? In Rom?»

«Wo denkst du hin, Flavius Iustus?! Das war einmal. Die Mieten kann doch kein normaler Mensch mehr bezahlen! Nein, ich hause oben auf der Höhe, bei Bovillae[34], in einem leeren Stall. Gehörte einmal dem Octavius Scaurus. Aber dann mußte er aufgeben und verkaufen. Gehört jetzt einem römischen Senator. Ich glaube einem Sulpicius Rufus.»

«Ja, ich habe davon gehört. Weiß Rufus, daß du da in dem Stall...?»

«Ich glaube schon...»

«Dann wird er dich irgendwann rausschmeißen!»

«*Certo.* Sicher. Mögen die Götter ihm ein schlechtes Gedächtnis geben!»

In diesem Augenblick kam Arete mit einem kleineren Korb, in dem die Brote, der Käse, die Würste lagen. Sie gab ihn dem Probus und erklärte:

«Bring bei Gelegenheit den Korb zurück!»

«*Immo!* Natürlich! Das ist sehr... Ich werde es euch nie ver-...» Weiter kam er nicht, den Beschämung und Rührung ergriffen ihn, er mußte tapfer gegen die Tränen ankämpfen. Wieder schien Großvater dies zu übersehen. Er wies zu dem Wagen und dem Maultier: «Dein Gespann?»

«Ja, noch. Aber nicht mehr lange.»

Probus ging zum Wagen und verstaute die Lebensmittel unter dem Sitz. Dann wandte er sich noch einmal um, verbeugte sich leicht und bedankte sich mit einem sehr traurigen Gesicht bei Flavius Iustus.

Großvater nickte nur dazu. Er wartete, bis Probus aufsaß und dem Maultier die Zügel gab; der leichte Wagen setzte sich schon in Bewegung, als Großvater rief: «He, sag mal... Hast du Ahnung von Geflügelzucht?»

Probus hielt wieder an. «Geflügel? Sicher. Meine Mutter stammte aus Tibur[35], das heißt von einem Hof in der Nähe. Ich war der Jüngste, darum konnte ich den Hof nicht kriegen. Aber wir hatten immer Gänse.»

«Wieviel?»

«Immer so um die zweihundert.»

Lucius staunte, sah aber, daß Großvater keine Reaktion zeigte. «Und was habt ihr damit gemacht?»

«Verkauft. Nach Rom! Nach Tibur! Nach... was weiß ich.»

«Hat sich das gelohnt?»

«Certo.»

«Jetzt auch noch?»

«Wahrscheinlich.»

«Was heißt das?»

«Ich . . . ich habe keine Verbindung mehr zu meinem Bruder.»

«Verstehe», nickte Großvater, und auch Lucius stellte sich vor: Probus war zu stolz, seinem Bruder gegenüber von seiner mißlichen Lage zu reden. Vielleicht hatten sie auch Streit miteinander. Vielleicht hatte der Bruder ihm schon vor vielen Jahren abgeraten, sich als Unternehmer selbständig zu machen, der im Sommer und Herbst seine Arbeiter an Gutsbesitzer vermietet.

«Warum fragst du?» wollte Probus noch wissen.

«Ach, nur so. Interessiert mich eben. Also dann . . .»

Sie hoben lässig die Hand zum Gruß, murmelten jeder sein «*Vale!* – Lebe wohl!», und das Maultier trabte mit dem leichten Wagen davon.

Lucius brannte eine Frage auf den Lippen, aber er hielt sie zurück. Er wollte abwarten, wie das Gespräch zwischen Vater und Großvater verlaufen würde, dann konnte man immer noch darauf zurückkommen. Und Großvater war ohnehin ein großer Schweiger; selbst wenn ihn eine Sache sehr interessierte, sprach er nicht davon. Man mußte klug und geschickt vorgehen. Lucius legte sich in Gedanken seine Rede für den Abend zurecht.

Er machte sich noch einmal über den Text her, den er zu lernen hatte, prägte sich besonders die schwierigen Wörter und Fachausdrücke gut ein, verbesserte noch ein paar Kleinigkeiten an der Zeichnung, und so war eine weitere Stunde schnell vergangen. Die Knechte kamen schon mit ihren Wagen, mit den Ochsen und dem tragbaren Gerät von Feldern, Plantagen und Gärten zurück. Lucius trat zum Fenster und beobachtete, wie die Ochsen am oberen Teich zur Tränke geführt wurden. Dann wuschen sich die Männer von Kopf bis Fuß, streiften sich eine frische Tunica über und gaben die schmutzigen, verschwitzten und übelriechenden dem Kassandros, der so etwas wie Mädchen für alles war. Er würde sie zu den Mägden bringen, die sie morgen waschen und glätten würden. Und wie immer machte er dabei seine mehr oder weniger anzüglichen Bemerkungen.

«Gu-gu-guck dir den mal an!» rief er und wies auf Krixos. «Hat sol-sol-solche Plattfüße, daß er d-d-damit die Wäsche plätten kann!»

Statt einer Antwort schöpfte der Gallier, flinker als man es ihm zugetraut hätte, einen Holzeimer voll Wasser und goß ihn über den Lästerer.

«Da-da-das wirst du m-m-mir büßen!» schimpfte Kassandros. «Wa-wa-warte nur! Das zahl ich dir heim!»

Alles lachte, und jeder wußte, daß Kassandros es heute abend schon vergessen haben würde.

«So-so-solltest dich ab-ab-abtrocknen, Kleiner, sonst erkäl-käl-kältest du dich noch!» höhnte Krixos. Damit hatte er's ihm gegeben, denn nichts konnte Kassandros weniger vertragen, als daß man ihn wegen seines Sprachfehlers nachäffte. So murmelte er in seiner Muttersprache ein paar unglaubliche Flüche vor sich hin und verschwand dann mit der schmutzigen Wäsche. Am liebsten hätte er sie hingeschmissen, aber das gäbe dann Ärger mit dem Herrn. Im übrigen tröstete er sich damit, daß er morgen mit dem Herrn zusammen nach Rom fahren würde. Er! Nicht Krixos! Ha! Das ärgerte den am meisten!

Zuerst wurden immer die Tiere versorgt. Krixos und Divico schauten sich die Tiere ihrer Gespanne genau an. Divico meinte, einer seiner Ochsen – er hatte ihn «Domi» genannt, «Zu Hause» hieß das wörtlich, weil er immer als erster zum Stall drängte – Divico also meinte, Domi müsse etwas haben, weil er heute als letzter dran war. Er schaute ihn sich noch genauer als gewöhnlich an, hob die Hufe und entdeckte tatsächlich einen größeren schmalen und spitzen Stein, der ihm zwischen den Hufen eingeklemmt saß und also beim Gehen erheblich behinderte. Vorsichtig entfernte er ihn, und Domi ließ alles mit sich machen.

Als die Tiere in den Stall geführt und mit frischem Gras versorgt waren, versammelten sich auch die Sklaven im großen Raum der Weinkelter, der dem Haupttor gegenüberlag. Dort waren zwei massive Eichentische aufgestellt, drumherum an den Längsseiten

Eichenbänke, an einem Kopfende ein Stuhl. Dort saß Pakoros, und es sah aus, als thronte er über allen. Jeder der andern hatte seinen Stammplatz, und diese Ordnung wurde unbedingt eingehalten.

Es war seit Jahren Sitte, daß Kassandros sie beim Essen bediente. Dafür brauchte er tagsüber nicht so schwere Arbeit zu verrichten wie die andern. Man setzte ihn ein, wo man gerade zwei zusätzliche Hände brauchte. So wie heute, da sonst keiner die Zeit hatte, die Stallwände abzukratzen und sie danach frisch zu tünchen.

Während fast alle Männer schon Platz genommen hatten und auf die Bedienung durch Kassandros warteten, geschah nichts dergleichen. Erstaunt blickten sie um sich, schließlich zu Pakoros, der ebenfalls schon Platz genommen hatte und auf Essen und Trinken wartete. Er wollte schon jemanden losschicken, um nach dem Rechten zu sehen, als Lydia und Berenike mit dem Essen kamen: Aus zwei Körben packten sie mehrere runde Brote, verschiedene Käse, deftige dunkle, geräucherte Blutwürste, Speck und verschiedene frische Gartenkräuter aus und verteilten alles hübsch auf beiden Tischen. Nestor aus Theben faßte Berenike, als sie hinter ihm vorbeiging, um die Hüfte, doch das bekam ihm schlecht, denn fast im gleichen Augenblick gab ihm das Mädchen eine schallende Ohrfeige. Schadenfrohes Gelächter kommentierte den Vorfall, während Nestor sich die Backe hielt und murmelte: «Nicht von schlechten Eltern!»

«Dann laß besser die Finger von ihr!» riet ihm in scheinbarer Besorgnis Malchis, der etwa gleichen Alters war. Dabei wußten alle, daß Berenike sich sehr zu Iberus hingezogen fühlte. Der Hispaner war auch auf dem Sprung einzugreifen, falls Nestor es ein zweitesmal wagen würde, sein Mädchen anzurühren. Aber dazu würde es nicht kommen, denn Pakoros würde sich ohne Frage ganz energisch einmischen. Denn er hatte bemerkt, daß Berenike schwanger war. Sie gehörte nun zu Iberus. Niemand anderes hatte einen Anspruch auf sie. Pakoros nahm sich vor, möglichst bald mit dem Herrn über die beiden zu sprechen. Er mochte beide, den stillen, sehr intelligenten Iberus und die frische, kluge Berenike. Aber es hing vom Herrn ab, ob er den beiden ein eheähnliches Verhältnis gestattete, das ihnen einen eigenen Schlafraum einbrachte, und später vielleicht, wenn die Familie größer würde, einen eigenen Haushalt.

Als die Mädchen sich zurückzogen, erschien Kassandros in der Tür, und Pakoros rief: «Na wird's bald!»

Kassandros aber, irgend etwas kauend, rührte sich nicht, sondern erklärte mit gehobener Stimme: «Be-be-bedient euch doch s-s-selber! M-m-mit mir nicht! Mit m-m-mir nicht!»

Aber er blieb in der Tür stehen. Unwilliges Gemurmel in der Runde, und man hörte einzelne Äußerungen wie «Der hat doch 'ne Meise!», «Der hat doch nicht alle Becher im Regal!» und «Fängt der Irrsinn schon wieder an!»

Pakoros aber stieß den Krixos an, der gleich neben ihm an der Ecke saß, und brummte: «Los, schaff das aus der Welt! Verlierst nichts dabei. Ist doch ein armes Schwein mit seinem Stottern!»

Krixos preßte die Lippen aufeinander, seufzte einmal, damit auch alle mitbekamen, wie schwer es ihm fiel. Dann stand er auf, ging zu Kassandros hin, legte ihm die rechte Pranke auf die Schulter und erklärte: «War nicht so gemeint, Kleiner. Ehrlich. Hast aber angefangen!»

«Ich? Nee!» beharrte Kassandros.

«Also, was is' nu!?» knurrte Krixos, der sehr wohl bemerkte, wie alle andern von ihren Plätzen aus den Vorgang verfolgten.

Da hieb Pakoros mit der Faust auf den Tisch, daß die Becher hüpften, und donnerte: «Es reicht! Er hat sich entschuldigt, Kleiner! Jetzt spiel hier keine Tragödie! Du hast angefangen, und er hat sich entschuldigt. Ihr seid quitt, klar?! Und nun fang an!»

Krixos setzte sich wieder, und Kassandros machte endlich den Mundschenk, reichte Wein und Wasser[36] reihum und füllte die Krüge, die schnell geleert waren, neu. Schon bald war die ganze Tischgesellschaft mit dem herzhaften Essen beschäftigt, und sie schmatzten und rülpsten um die Wette.

Auch drinnen, im Herrenhaus, war man beim Essen. Allerdings lag die Tischgesellschaft auf ihren Clinen, den Liegen, im großen Speisezimmer, im Triclinium[37] an der Nordwestecke des Hauses. Diese entschieden vornehmere Art zu speisen war seit jeher Sitte im Hause der Flavier. Der Großvater hatte sie von seinem Vater, der von dem seinigen, und so weiter zurück in der Vergangenheit, übernommen. Und es war eine Selbstverständlichkeit, daß die folgenden Generationen es auch weiterhin so halten würden. Damit hob sich Aulus Flavius Iustus ganz bewußt ab von anderen bäuerlichen Familien, die meist mit ihren Knechten und Mägden vom gleichen Tisch und im Sitzen aßen. Dies war für den Patronus senior völlig undenkbar. Zwar gab es das gleiche Essen, damit die Frauen nicht doppelte Arbeit hatten, aber eben in getrennten Teilen des Hauses und auf grundsätzlich verschiedene Art: auf Herrenart hier, auf Sklavenart in der Kelter. Und auch den Sklaven war dies die selbstverständlichste und natürlichste Sache, da sie es nicht anders kannten. Sahen sie in anderen Familien die Sklaven mit den Herren speisen, dann kam ihnen vielmehr dies ärmlich und proletarisch vor[38]; denn sie fühlten sich durchaus einem besseren Hause zugehörig, gerade wegen der Trennung zwischen Herr und Sklaven.

Doch an diesem Abend wurde die Regel durchbrochen. Arete und Lydia hatten alle Speisen auf dem kleinen Anrichtetisch vor den Liegen hübsch angerichtet und warteten auf das Zeichen von Lucilia der Herrin, anzufangen. Lucilia saß – auch dies war uralte Tradition – auf einem hochlehnigen Korbsessel am Kopfende einer Cline. Neben ihr ruhten Aulus Flavius, daneben Marcus; auf der zweiten Liege Manlius, der Vater, und neben ihm Lucius; auf der dritten Cline Flavia. Eudoxos' Platz war leer. Er saß noch über seinen Listen.

Lucilia wollte gerade den Sklavinnen das Zeichen zum Beginn des Mahles geben, als Vater die Hand hob und erklärte: «Legt noch einen Teller dazu! Dorthin!» Er wies auf die dritte Cline, zu dem Platz neben Flavia. Da jede Liege für drei Personen eingerichtet war, würde es nicht eng werden.

«Erwartest du noch Besuch?» fragte Lucilia.

«Nein. Aber ich denke, in Anbetracht der wichtigen Dinge, die wir heute abend wohl hier noch zu besprechen haben, wäre es angebracht, unsern erfahrensten Mann, Pakoros, dabeizuhaben.»

Er richtete seinen Blick auf den Großvater, und Aulus Flavius nickte langsam, schwieg aber. Da gab Vater Arete ein Zeichen, und sie ging den Pakoros holen. Schon wenige Augenblicke später erschien er in der Tür, machte eine leicht verlegene Verbeugung und stand dann mit hängenden Armen da.

«Bitte, nimm Platz, Pakoros!» Vater wies auf den freien Raum der dritten Liege.

«Danke!» brummte Pakoros und folgte der Einladung. Er hatte zwar schon mit seinen Kameraden gegessen, aber aus Höflichkeit nahm er noch etwas zu sich, verschmähte vor allem nicht den Wein, dessen Qualität um einiges besser war als der von der Tafel der Knechte.

Während des Essens fragte Vater dies und jenes, wie er zurechtkomme, wie es den Sklaven gesundheitlich gehe, besonders dem Timon, und Pakoros gab auf alles höfliche, kurze Antwort, denn er war nicht der beredteste.

Schließlich aber, als die Frauen die Reste der Mahlzeit abräumten und nur noch etwas zum Knabbern zurückblieb, Feigen, kandierte Kirschen und Honigplätzchen, setzte Vater seinen Becher auf die Tischplatte zurück und begann: «Also ... Wir fahren ja dann morgen früh in die Stadt ...»

Pakoros nickte. Vater fuhr fort: «Ich ... eh ...» Er wandte sich an Aulus Flavius, den Patronus senior. «Ich möchte deine Meinung hören, Vater. Denn ... ich möchte nichts ohne dich entscheiden.»

Lucius glaubte seinen Ohren nicht zu trauen. Das klang ganz anders als das, was er beobachtet und von Marcus gehört hatte. Wahrscheinlich hatte Mutter auf ihn eingewirkt. Sie war in solchen, in den menschlichen Dingen entschieden klüger und vorausschauender als Vater.

«Ich möchte auch mit!» rief auf einmal Marcus. Aber Mutter gab ihm ein Zeichen zu schweigen.

«Nun denn», begann der Großvater und nahm zunächst in aller Ruhe einen Schluck Wein. «Ich habe lange darüber nachgedacht. Mir ist klar, daß die alte *agri cultura,* die alte Landwirtschaft, wie sie noch der greise Cato in seinem klugen Buch beschrieben hat, nicht mehr existiert[39]. Jedenfalls nicht mehr in dieser Gegend. Ich bin keineswegs ein bornierter, engstirniger alter Mann, der nicht die Zeichen der Zeit erkennt...»

Vater und Pakoros warfen sich einen schnellen Blick zu.

«... Aber mir scheint, daß zweihundert Gänse für den Anfang zu viele sind! Das Risiko ist groß. Was ist, wenn eine Seuche sie dahinrafft? Wißt ihr denn, ob ihr alle hochbringt!? Ob ihr alle verkauft? Es ist eben noch kein Meister vom Himmel gefallen. Wir müssen alle unser Lehrgeld bezahlen. Mit den Hühnern ist das anders. Das kennt man. Das ist keine neue Wissenschaft! Das ist eine Frage der Arbeitsteilung. Da habe ich nichts, aber auch gar nichts einzuwenden.»

«Ich aber», meldete sich unvermittelt Mutter zu Wort, und alle starrten sie an. «Bisher habe ich die Hühner versorgt. Und das ging und geht schon bis an die Grenze meiner Kraft. Wenn ihr mehr Hühner anschaffen wollt, dann gleich jemanden, der sich um sie kümmert! Ich jedenfalls nicht! Und weder Arete noch die beiden Mädchen! Die haben anderes zu tun als Hühnerdreck wegzuschaffen!»

«Bitte», schaltete sich nun Vater vermittelnd ein. «Laßt uns der Reihe nach vorgehen! Also...» wandte er sich an seinen Vater. «Du hättest gegen, na, sagen wir achtzig bis hundert Gänse nichts einzuwenden?»

«Fünfzig!» knurrte der Alte.

«Neunzig!» gab Vater zurück.

«Sechzig!» erklärte Großvater.

«Achtzig!» kam es von Vater.

«Fünfundsechzig!» rief Großvater.

«Dann sag' ich gleich fünfundsiebzig!» rief Vater. «Da treffen wir uns in der Mitte!»

«Einverstanden!» sagte Großvater. «Und noch eines!»

«*Per omnes deos!* Bei allen Göttern!» rief Vater erschrocken. «Was denn noch?»

«Der Junge kriegt seinen Hund! Einen Molosser!»

«Waaas? Einen Mo- . . .? Weißt du auch, was der kostet?»

«Meine Sache. Den bezahle ich. Also! Fünfundsiebzig Gänse, wenn der Junge seinen Molosser kriegt?»

«*Probe!* – Einverstanden!»

«Ich will auch einen Hund! Ich will auch einen!» rief nun Marcus, und Großvater erklärte: «Gut. Aber einen kleinen. Wir suchen ihn zusammen mit Lucius und Flavia aus. Aber da wir nun einmal dabei sind: Wenn fünfundsiebzig Gänse und, sagen wir, sechzig oder mehr Hühner zu versorgen sind, dann heißt das, wir brauchen zwei neue Sklaven, einen Gallinarius[40] und einen Mann für die Gänse. Letzterer muß langjährige Erfahrung haben! Wenn man ihn überhaupt bekommt, dann für viel Geld.»

«Wie hoch...» fragte Vater, «ich meine, was wird er denn kosten?»

«Wahrscheinlich mehr als du dir vorstellst. Was meinst du, Pakoros?»

«Das denke ich auch», nickte Pakoros.

Sie schwiegen, und jeder dachte über die Probleme nach, die mit der Einrichtung einer Gänsezucht verbunden waren. Lucius aber, der die ganze Zeit über mit höchster Spannung zugehört hatte, erklärte ganz unvermittelt: «Warum nehmt ihr denn nicht einfach Probus?»

«Probus?» fragte Vater. «Was hat der mit Gänsen zu tun? Der Mann ist doch pleite!»

«Aber sie hatten zu Hause Gänse. Mindestens zweihundert!» beharrte Lucius.

«Woher weißt du das?»

«Von Probus.»

«Da hat er dir was Feines aufgeschwatzt!»

«Es stimmt», nickte Großvater und gab kurz wieder, was Probus berichtet hatte.

«So? Davon wußte ich nichts.»

«Jetzt weißt du's.» Großvater war der einzige, der sich Manlius Flavius gegenüber diesen Ton herausnehmen konnte. Dann erklärte er sehr sachlich:

«Ihr müßt die Vor- und Nachteile gut gegeneinander abwägen. Ein erfahrener Gänsewärter ist teuer beim Kauf, denn er ist ein Fachmann, und das ist selten zu haben. Vorteil: Du brauchst ihm später kein Gehalt zahlen. Nachteil: Du mußt dich in jeder Beziehung um ihn kümmern, es geht alles auf deine Kosten, er trägt die von dir bezahlte Kleidung, du mußt den Arzt bezahlen, wenn er krank wird. Du wirst ihn nicht mehr los, wenn er ein Leiden bekommt, wenn er einen Unfall hat und verkrüppelt. Krüppel kauft keiner.»

Er machte eine Pause, sah in die Runde, nahm ihr langsames Nikken zur Kenntnis und fuhr fort: «Das alles fällt weg, wenn du einen freien Mann anstellst.»

«Aber dann muß ich ihm regelmäßig ein monatliches oder ein Jahresgehalt zahlen.»

«Klar. Aber davon muß er all das selbst bezahlen, was du sonst einem Sklaven kaufen mußt. Im übrigen könntest du ihn locken mit gewissen Prämien, wenn er besonders gute Vögel züchtet.»

«Aber er hat Frau und Kinder!» ergänzte der Vater.

«Seine Sache! Er muß mit dem, was du ihm zahlst, zurechtkommen. Die Kinder könnten gegen geringen Lohn bei der Ernte mithelfen. Die Frau auch. Aber ich hätte da noch eine ganz andere Idee ... Unser Land stößt doch an mehreren Stellen an die Straße von Aricia nach Antium.»

«Ja, und?»

«Wir könnten da einen kleinen Gasthof einrichten. Den könnte die Frau mit ihren Kindern betreiben. Sie pachten ihn.»

Manlius Flavius, der Vater, kam aus dem Staunen nicht mehr heraus.

«Und das», rief er, «und das sagst du alles hier ... beiläufig ... als ob du übers Wetter redest!? Ist ja nicht zu fassen! Ist ja nicht zu ...» Er nahm einen kräftigen Schluck. «Warum hast du nichts davon gesagt?»

Ruhig, mit einem verschmitzten Lächeln erklärte Großvater: «Du hast mir ja auch nichts gesagt.»

Sie tranken sich alle zu über die möglichen Lösungen, und alle waren sie froh, daß die Spannungen dieses und der vergangenen Tage aus der Welt geschafft waren. Aber dann setzte der Großvater seinen Becher ab und wurde ganz feierlich:

«Also, ich habe da noch eine ... ja, wohl eine Überraschung für

einen der hier Anwesenden.» Alle starrten ihn an. Er räusperte sich und fuhr dann fort: «Pakoros hat sich jahrzehntelang hier bewährt. Er hat stets in Treue gedient und sich für unser aller Wohl eingesetzt. Bei der bevorstehenden Erweiterung des Personals ist es notwendig, daß wir einen Verwalter haben. Er muß über alle herausgehoben sein. Da genügt es nicht, zwar Vormann – aber doch Sklave zu sein. Er müßte auch über einen freien Bürger wie Probus Entscheidungsgewalt haben, sofern sie das Gut betrifft. Kurz, mein lieber Pakoros, ich bin der Meinung, daß es an der Zeit ist, dir deine Freiheit zu schenken.»

«Aber Herr!» Pakoros war blaß geworden, doch dann schoß ihm das Blut ins Gesicht. «Ich ... ich habe nicht so viel gespart, um mich freikaufen zu können!»

«Wer hat denn was von freikaufen gehört? Du vielleicht?» Schalkhaft hatte Großvater die Frage an Lucius gerichtet, der darauf nur lachte. «Also, du solltest dich in ein paar Tagen besonders fein machen, denn du wirst mit nach Rom fahren, und ich werde mit dir zum zuständigen Praetor gehen, damit wir die Sache erledigen.»

«Herr, Herr...» begann Pakoros. «Ich ... ich ...»

«Also ich meine, das Stottern solltest du schon dem Kassandros überlassen, der kann das durchaus besser!»

Da sagte er nur: «Danke!»

Noch nie hatte Lucius ihn so gelöst, so glücklich gesehen, und er freute sich mit Pakoros. Als sich ihre Blicke kurz trafen, zwinkerte Lucius ihm zweimal zu, und Pakoros lächelte.

Der Rest des Abends bestand dann, wie zu erwarten, aus einer gewaltigen Fachsimpelei über Gänsezucht, Hühnerzucht, über die Einrichtung eines Gasthofes, und als schließlich Mutter beiläufig bemerkte, wie schön doch ein Pfau sei, da kam doch tatsächlich Vater mit dem Vorschlag, man könne sich wohl auch noch diesen königlichen Vogel leisten. Aber auch das uferte aus, denn nun erging sich Großvater darin, daß man einen dritten Teich unterhalb des zweiten anlegen könnte, größer und mit einer Insel darin, eben einer Pfaueninsel. Und so ging das weiter, denn der Wein tat seine Wirkung und brachte die aberwitzigsten Einfälle zu Tage.

Mutter aber hatte längst entschlossen eingegriffen und die drei Kinder zu Bett geschickt.

«Kriege ich wirklich einen Hund?» fragte Marcus, und sie versprach es ihm.

Flavia aber träumte von einem wunderschönen Pfau, sah die Pfaueninsel vor sich und sich selbst als eine Prinzessin, die in einem königlichen Palast wohnte. Lucius aber sah Probus in Arbeitskleidung vor sich, wie er die Gänse mit glücklicher Hand großzog. Und neben sich fühlte er seinen großen Molosserhund, der nur auf sein Wort hörte. Alle würden vor dem riesigen Muskelprotz mit dem gewaltigen Gebiß Respekt haben. Er würde mit ihm weite Spaziergänge machen, und er mußte einen ganz besonderen Namen bekommen. Wie wär's denn mit Argos? Den gibt's schon oft! Und Hector? Gab's auch oft. Hercules! Nein, den Namen eines Gottes konnte man nicht nehmen ... Und während er darüber nachdachte, ging sein Bewußtsein unmerklich in den Schlaf über.

Als Lucilia zu Beginn der zweiten Nachtwache[41] leise nach den Kindern schaute, lagen sie alle in tiefem, gesundem Schlaf. Das war gut so, denn sie mußten morgen schon vor Sonnenaufgang aufstehen.

Zweiter Tag: **Rom**

Neu auftretende Personen:

Gaius Tellius, Töpfereibesitzer, 40 Jahre alt, energisch, zupackend, nüchtern, einfallsreich

Lucilia Secunda, seine Frau, Schwester der Lucilia (vom Gutshof), 29 Jahre, freundlich, gelassen, liebevoll; setzt in prinzipiellen Dingen aber, wie die Schwester, ihren Willen durch

Die Kinder:

Publius Tellius, 13 Jahre, sieht der Mutter ähnlich, kommt im Wesen auf den Vater
Tellia, 12 Jahre
Gaius, * 60 † 55
Totgeburt, */† 58
Tellia Secunda, * 55 † 52
Titus, 3 Jahre

Die Sklaven und Arbeiter der Töpferei:

1 Schreiber: *Timon,* um die 30
1 Betriebsleiter und Meister: *Rasinius,* 40
5 Sklaven zum Schlämmen und Kneten; deren Vormann: *Avilius Sura,* 45
12 Sklaven zum Formen der Gefäße auf dem Rad bzw. auf der Drehscheibe, 6 Paare für die schweren Amphoren und Dolia, deren Vormann: *Heraklius,* 32
8 Sklaven für die kleine Ware (Vasen, Krüge, Lampen, Geschirr), deren Vormann: *Thyrsos,* 30
8 Sklaven zum Heizen und Brennen, deren Vormann: *Glaukos,* 40
4 Verpacker, Verlader, deren Vormann: *Primus,* 26
4 Wagenknechte: *Ramses,* 21, Ägypter; *Syros,* 26, Syrer; *Afer,* 31, Libyer; *Larmes,* 34, Cilicier, zugleich der Vormann der Fuhrleute

Haussklaven:

2 männliche: *Felix,* 30; *Gallus,* 28
2 weibliche: *Mirjam,* 22; *Esther,* 23
(Sie kümmern sich auch um den Verkauf in den Tabernen)

Mirjam ist mit *Rasinius* verheiratet: 2 Kinder (3 und 5 Jahre)
Esther ist mit *Thyrsos* verheiratet: 3 Kinder (2, 5, 6 Jahre)

Außerdem römische Bürger:

C. Bovius, 45, Bäcker
L. Gentilius, 69, Tischler
M. Saturninus, 42, Töpfereibesitzer in Rom
Tigranes: Sklavenhändler
Aristokles: einer seiner Verkäufer.

Erste Stunde

Natürlich war er wach, bevor man ihn wecken kam. Und er wußte auch sogleich, daß heute die Fahrt nach Rom bevorstand. Im Zimmer war es noch recht dunkel. Also war die Sonne noch nicht aufgegangen. Er schaute zum Bett von Marcus, konnte aber keine Einzelheiten erkennen, hörte nur seinen gleichmäßigen Atem. Er schlief noch fest.

Lucius lauschte auf die Geräusche des Morgens und wartete auf das Licht der Sonne. Und allmählich drang es durch die Vorhänge, nicht hell wie gestern, sondern noch matt und schwach rötlich, doch nahm das Rot an Intensität zu. Aurora, die Morgenröte, bereitete ihrem Herrn, dem Sonnengott, die Himmelsbahn. Ihm fiel ein, was man sich von ihr erzählte, daß sie ein schönes Mädchen sei. Lebhaft suchte Lucius sich von ihr ein Bild zu machen. Sah, wie sie rote und gelbe Blumen über den Horizont streute. Tatsächlich gesehen hatte sie noch niemand. Nur in der Phantasie nahm sie Gestalt an, war dann freilich schöner und erhabener, als sie in Wirklichkeit je hätte sein können.

«Hector!» fiel ihm ohne Übergang plötzlich ein. Damit war er eingeschlafen. «Hector» war gut, aber weit verbreitet. Er würde mit dem Großvater zusammen überlegen. Das mußte nicht heute morgen entschieden werden. Er lauschte nach unten. Eigentlich müßten um diese Zeit, kurz vor Sonnenaufgang, Arete und die Mägde schon auf den Beinen sein. Die Tiere waren zu versorgen. Und da hörte er auch den leisen Schritt der Frauen über das Hofpflaster. Er konnte sie alle an ihren Schritten erkennen: Arete ging etwas schlurfend, ungleichmäßig, als ob sie die Last ihres fülligen Körpers ungleich auf den Beinen verteilt hätte. Und das war Lydia! Sie ging elegant, gleichmäßig die Füße aufsetzend, sie schlurfte nicht, denn sie war jung und im Vollbesitz ihrer Kräfte. Und sie war sich dessen bewußt. Sie hatte das Leben vor sich. Arete hatte es hinter sich. Es war ihr gleich, ob man hinter ihr herschaute und sich über ihr ungleiches, schwerfälliges Schrittmaß mokierte.

Wenn also die Mägde auf waren, dann sicher auch Mutter! Lucius streckte sich noch einmal, dann erhob er sich leise, denn er wollte

Marcus nicht wecken. Seltsam, daß man bei bevorstehenden angenehmen Dingen so leicht aus dem Bett kam. Dabei hätte er noch schlafen dürfen. Doch nun war er wach. An Schlaf war nicht mehr zu denken.

Er zog sich leise an und schlich aus dem Zimmer. Großvater schlief noch – oder nicht? Lucius war schon an der Tür zum Flur, als er Großvaters Stimme hörte: «Sei leise! Flavia schläft noch!»

Lucius nickte, obwohl das unsinnig war, denn Großvater konnte ihn nicht sehen. Auch der alte Mann erhob sich und kleidete sich an, während Lucius schon nach unten ging. Mittlerweile hatte die Morgendämmerung eingesetzt, und schnell ergriff die Sonne ihr strahlendes Regiment. In einer Viertelstunde würde der helle Tag da sein. Keine Wolke am Himmel. Von kristallener Klarheit das Blau der Lüfte. Und herrlich die Kühle des Windes, der von den Albaner Bergen herunterkam, sanft und köstlich zu atmen. Am Mittag dann konnte man die Hitze kaum ertragen außerhalb des Schattens.

Er fand Vater, Mutter und Flavia schon in der Küche. Also war seine Schwester schon längst auf den Beinen.

«Fährst du mit?» fragte Lucius sie. Und ehe sie antworten konnte, erklärte Mutter, ohne aufzublicken: «Natürlich fährt sie mit! Tante Lucilia hat sie schon lange eingeladen.»

Lucius nickte und lächelte der Schwester zu. Er freute sich, daß sie mitfuhr.

«Und Marcus?»

«Der auch», erklärte Vater. «Wird Zeit, daß er mal Rom kennenlernt.»

Das Frühstück war wie üblich: karg. Es gab trockenes Weißbrot am Stück, Wasser vom Brunnen, ein paar Feigen. Aber es schmeckte vorzüglich.

«Trink nicht so viel!» mahnte Mutter. «Wir können nicht alle paar Meilen anhalten, damit du dein Geschäft erledigst!»

Großvater kam herein, brummte «Morj'n!» und setzte sich zwischen Lucius und Vater. Mutter schenkte ihm verdünnten Wein ein. Er nahm einen Schluck, riß den Kopf zurück und gurgelte. Dann spuckte er den Rest gegen den Herd hin prustend aus. Das tat er jeden Morgen. Mutter hatte versucht, ihm das Spucken abzugewöhnen.

Aber er überhörte das. Also hatte sie resigniert. Doch jedesmal, wenn er spuckte, warf sie ihrem Mann einen Blick zu. Doch Lucius' Vater grinste nur unbekümmert zurück, als ob ihn das nichts anginge. So war es an jedem Morgen.

Es folgte ein längeres Husten, bis der Alte die Kehle frei hatte. Dann erst wandte er sich dem Brot, den Feigen, dem Wein zu. Und da er längst nicht mehr alle Zähne hatte, kaute er lange, ausdauernd und schmatzend. Aber das störte niemanden, da alle es machten.

Arete kam aus dem benachbarten Hühnerstall, den man von der Küche aus betreten konnte. In ihrem runden Korb lagen etwa fünfzehn Eier.

«Will jemand ein Ei?»

«Ja, ich! Ich will zwei!» rief Marcus, der gerade in die Küche kam und aus seinen großen, noch nicht ganz erwachten Kinderaugen hinüberschaute.

«Eins, *bene*», erklärte Arete. «Zwei sind für einen kleinen Jungen ungesund!»

Mutter nickte dazu, während Arete fast alle Eier in einen größeren kupfernen Topf legte und heißes Wasser aus dem Kupferkessel schöpfte, der an der Kette über dem Feuer hing. Man konnte ihn über eine Walze hochziehen und herablassen. Den Topf mit den Eiern stellte sie auf einen stabilen Dreifuß und schürte das Feuer. Dann legte sie ein Scheit Buchenholz nach. Alle übrigen Eier würden die Ackerknechte bekommen, die einen strengen Tag vor sich hatten. Manche von ihnen nahmen die hartgekochten Eier auch als Reserve mit an ihren Arbeitsplatz und aßen sie, wenn sie erneut Hunger bekamen.

Flavia war schon fertig und begann die Brettchen, Körbchen und irdenen Becher abzuräumen. Nur Marcus wartete noch auf sein Ei.

«Wann fahren wir? Ich fahr' doch mit – oder? Fährt Großvater auch mit? Wann sind wir denn da?» Wie immer stellte er mehrere Fragen auf einmal, und sie wurden der Reihe nach von Großvater beantwortet: Sie führen gleich; Marcus dürfe mitfahren; er, der Großvater, bleibe hier; sie würden so zwischen der dritten und vierten Stunde in Rom sein.

«Warum fährst du nicht mit, Großvater?»

«Einer muß hierbleiben und nach dem Rechten sehen. Im übrigen ... mir bekommt so eine Fahrt nicht mehr so gut. Und sonst passen nicht alle in den Wagen.»

Also, dachte Lucius, wurde der schnellere, kleinere, zweirädrige Wagen genommen, den die beiden schnellsten Maultiere zogen. Vielleicht durfte er die Zügel unterwegs halten.

Dann stand Kassandros mit einem Mal im Raum, und Vater meinte zu ihm: «Du fährst mit!»

«*Fiat!*[1] – Jawohl!» Er brachte es tatsächlich ohne Stottern über die Lippen.

«Du wirst mich zu Tigranes, dem Sklavenhändler, begleiten!»

«*Fiat!*»

«Du wirst dir die Burschen kritisch und sehr genau ansehen! Prüfe ihr Wissen!»

«*Fiat!* Ich we-we-werde alles so tun wie du es be-be-befiehlst.»

Eine halbe Stunde später war es dann so weit. Sechs Personen saßen auf dem Wagen: Manlius Flavius Iustus, der Vater, Lucilia, seine Frau, die Kinder Lucius, Flavia und Marcus sowie Kassandros, der die Zügel führte. Großvater, Arete, die beiden Mägde und Jugurtha winkten ihnen nach, als sie zwischen den beiden Teichen über die Brücke fuhren und dann gleich nach Norden, auf die Straße nach Aricia abbogen.

Nach etwa einer Meile trafen sie auf die Straße, die links nach Bovillae, rechts nach Antium an der Küste führte. Sie war in sehr gutem Zustand. Es würde ein Umweg sein, wenn sie weiter gegen Nordosten und über Aricia fuhren. Kassandros bog also links ab. Nun fuhren sie nach Nordwesten.

«Wie weit ist es denn noch bis Roma?» fragte Marcus.

«Ungefähr sechzehn Meilen», erklärte Vater. «Also ...» wandte er sich an Kassandros, «dann laß die Tierchen mal laufen!»

«*Fiat!*» rief Kassandros und gab beiden Maultieren die entsprechenden Kommandos. Und da sie von jetzt ab stets mehr oder weniger Gefälle hatten, war die Anstrengung für die Tiere nicht zu groß. Sie gingen bald in einen flotten, leichten Trab über. Rechts zogen die verschiedenen Hügel und Kuppen der Albaner Berge an ihnen vorbei; Albanum erkannten sie auf der Höhe und darüber den

Rand des uralten Kraters, hinter dem sich der geheimnisvolle Albaner See verbarg. Nun folgten die größeren und kleineren Landsitze römischer Bürger, darunter sehr vornehme, palastartige, hinter hohen Bäumen und Hainen von Eichen, Buchen oder Ahorn versteckt. Aber auch verfallene Bauernhäuser, um die sich niemand mehr kümmerte. Das Land weithin grün, von jenem saftigen Grün, wie es nur im April zu sehen war. Schon im Mai würde die Sonne es ausdörren. Und so blieb die Landschaft bis in den Herbst, bis die ersten Regenfälle des Winters einsetzten. Doch jetzt schien es Lucius, durch ein Paradies zu fahren. Überall blühende Bäume, von Margeriten gelb leuchtende Wiesen, dazwischen das dunkle Blaugrün der Zypressen und die schirmenden Wipfel der Pinien.

Niemand sprach, denn allen machte es Freude und geradezu Behagen, so durch die gesegnete Landschaft zu fahren. Sie machten sich auf besondere Punkte aufmerksam: auf das strahlende Weiß einer herrschaftlichen Villa, auf die frei in einem großen Gehege laufenden Pferde, auf einen Adler, der eine Weile schräg voraus über ihnen majestätisch kreiste.

Sie erreichten Bovillae und im Ort die älteste und berühmteste aller römischen Straßen, die Via Appia[2]. Von nun an ging es fast kerzengerade auf Rom zu, immer leicht bergab. Die Straße schien wie mit einem Lineal gezogen zu sein. Lucius wußte, in entgegengesetzter Richtung, nach Südosten hin, erreichte sie nach vielen hundert Meilen Brundisium, die Stadt am Absatz der italischen Halbinsel.

Immer wieder passierten sie uralte Gräber zur Seite der Fahrbahn, darunter die der berühmten Curiatier und Horatier[3], aber auch jüngere, in denen römische Adelshäuser ihre Familienmitglieder in den Urnen bestatteten.

Längst hatte die Sonne zu brennen begonnen und Vater ließ halten, um das Leinentuch auf die gebogenen Holme über den Wagenkasten zu spannen. Das war schnell geschehen, und der Rest der Fahrt war wieder angenehm. Die Hügel, die Tempel und die Dächer Roms kamen in Sicht. Für Lucius immer wieder erregend, obwohl er schon einigemale mit Vater in der Urbs Roma gewesen war[4]. Marcus aber war ganz aus dem Häuschen, und Lucius, Vater oder Mutter mußten ihm ununterbrochen auf seine Fragen antworten: «Was ist das für ein

Tempel auf dem Berg in der Mitte? Warum sind die Tempel weiß? Was ist ein heiliger Hain? Wo ist der Tiber? Warum dürfen wir nicht durch die Stadt fahren?»

Diese letzte Frage war nicht mit einem Satz zu beantworten. Vater versuchte es: «Weil so viele Menschen am Tage auf den Straßen unterwegs sind. Und die Straßen, meist enge Gassen, sind zu eng, wenn dann noch Wagen fahren würden. Man darf nur von Sonnenuntergang bis Sonnenaufgang durch die Stadt fahren.»

«Das ist doch blöd!» rief Marcus. «Da schlafen doch alle!»

«Ja, die Bürger. Aber nicht die Lieferanten.»

«Was machen die denn?»

«Sie bringen all das, was die Bürger am nächsten Tag kochen, braten, zubereiten und essen wollen, in die Stadt.»

«Wir auch?»

«Ja. Regelmäßig. Kassandros macht das. Oder Pakoros. Oder ein anderer.»

Marcus, der immer noch nicht fassen konnte, daß man die ganze Nacht über unterwegs sein mußte, fragte den Kassandros. «Und ... und ... und wann kommst du zurück?»

«Am M-m-m-morgen, m-m-mein Junge.»

«Und schläfst du dann?»

«*Ita est.* Ein bißchen.»

Die Servianische Stadtmauer tauchte auf. Kurz davor mündete, von rechts kommend, eine andere große und gut ausgebaute Straße in die Via Appia ein. Die Via Latina, wie Vater erklärte. Sie lief weiter im Landesinnern als zweite große Fernstraße nach Südosten. Vor sich sahen sie schon das große Stadttor, die Porta Capena. Aber seltsamerweise bog Kassandros eine Viertelmeile davor nach rechts ab. Auf eine entsprechende Frage von Marcus meinte Kassandros: «W-w-wir müssen im Bogen um die Stadtmauer herumfahren bis zur Porta Esquilina. Von da ist der Weg am k-k-kürzesten. Wir m-m-müssen ja z-z-zu Fuß gehen von der Porta ab!»

Die Mauer verlief hier unregelmäßig, stieß mal weit vor nach außen, zog sich dann zurück. Sie überquerten eine Reihe von Straßen, deren Namen Vater nannte, die Lucius aber wieder vergaß.

Am Tor waren sie nicht die einzigen, die einen Wagen dabei hat-

ten. Man konnte die Fahrzeuge auf dafür vorgesehenen Plätzen abstellen. Man konnte sie auch bewachen lassen. Für die Tiere gab es stallartige Unterstände, wo sie Futter fanden. Das alles mußte natürlich bezahlt werden. Aber Vater und Kassandros kannten viele der hier angestellten Sklaven. So konnte man ihnen vertrauensvoll Gefährt und Maultiere überlassen; wußten die Knechte doch, daß sie von dem wohlhabenden Gutsbesitzer noch stets ein erkleckliches Trinkgeld bekommen hatten: jetzt die Hälfte, den Rest bei der Abfahrt. So waren Wagen und Tiere schnell verstaut. Längst waren alle abgestiegen. Nun hieß es zu Fuß gehen!

Um die dritte Stunde

Zunächst ging es über eine breitere Straße allmählich abwärts, die Clivus Suburanus genannt wurde[5]. Nach einigen hundert Schritt gabelte sich die Straße. Lucius erinnerte sich: Beide Wege führten in die Innenstadt, und in beiden Straßen herrschte bei seinem letzten Besuch um diese Zeit ein ganz unglaubliches Gedränge. So auch jetzt. Vater gab dem Kassandros die Richtung: rechts, zum Argiletum. Die Häuser hatten hier durchweg drei Stockwerke, einige neuere freilich schon fünf. An einem Gebäude sah er Brandspuren.

An der Straßenfront folgte Laden auf Laden, Werkstatt auf Werkstatt. Diese *tabernae* waren schmale schlauchartige Räume, durch die Gemäuer der Häuser in Abteilungen gegliedert, zur Straße hin um diese Zeit alle offen. Dort saßen die Gesellen, meist Sklaven, bei der Arbeit, schnitten Leder für Sandalen zu; hämmerten auf kupfernen Schalen und Gefäßen; bemalten hölzerne Kästchen; nähten Leder für Stiefel und hohe Schuhe zusammen; boten irdenes Geschirr verschiedener Sorten, Dicke, Qualität und Farbe zum Kauf an. Und alle paar Schritte ein Schankraum, ein Thermopolion, wo man warme Getränke oder eine heiße Suppe für wenig Geld bekommen konnte. Dann wieder waren es größere Schenken, in denen viele der hier wohnenden kleinen Leute später zu Abend aßen; ihnen war es nämlich vom Hausbesitzer verboten worden, im Innern ihrer Wohnungen auf Herden zu kochen. Die Brandgefahr war zu groß. Das Schlimme dabei war, daß oft nicht nur ein einzelnes Haus zerstört wurde, sondern daß eine ganze *insula,* ein großer Häuserblock, niederbrennen konnte[6]. So geschah es, trotz größter Vorsorge, alle Jahre in verschiedenen Quartieren der Stadt immer wieder.

Immer mehr Menschen eilten, gingen, hetzten, schlenderten, humpelten oder liefen an ihnen vorbei, überholten sie, gebrauchten derb ihre Ellbogen oder zwängten sich seitwärts vorbei. Beim Mercurius! Wohin wollen die alle? – dachte Lucius. Es waren auch keineswegs nur Römer, Einheimische oder Leute aus der Umgebung, die man an ihrer Kleidung, der Tunica, am Haarschnitt, an der Gesichtsfarbe oder auch, wenn sie redeten, an der Sprache erkannte. Da kamen Männer in fremdartigen, langen Gewändern, die bis auf die Erde reichten. Manche trugen auf dem Kopf ein großes Knäuel von ineinandergesteckten und verknoteten Bändern. Andere hatten ein weißes Tuch um den Kopf gelegt und einen silbernen Reif wie eine Krone daraufgedrückt. Kassandros, der bemerkte, wie Lucius stehen blieb und hinter einem so gekleideten Mann herblickte, sagte leise: «Das war ein A-..., ein Araber! Ein vornehmer Araber! Du erk-kkennst das an dem silbernen Reifen.»

Sie passierten die *tabernae* eines Weinhändlers, eines Schuhmachers, dann einen Hauseingang, aus dem gerade eine ältere Frau mit ihrem Einkaufskorb trat; das nächste Verkaufslokal war leergeräumt. Dann folgten zwei Keramikläden hintereinander. Und gleich dahinter bog Vater links in eine schmalere Seitenstraße ein, die keinen Namen hatte. Auch hier lagen noch drei Läden nebeneinander. Vater blieb dann vor einem schmalen Eingang stehen und wartete, bis alle heran waren.

Gegenüber, kaum vier Schritte entfernt, lag der Eingang zu einem ähnlichen Wohnhaus. Aber es machte einen sehr heruntergekommenen Eindruck, während das Haus, in das Vater eintreten wollte, so aussah, als wäre es erst vor kurzem generalüberholt worden. Die Tür schien ganz neu zu sein. Sie stand übrigens offen.

«So, dann woll'n wir mal!» Er lachte lautlos, denn er freute sich ganz offensichtlich, seine Schwägerin und seinen Schwager wiederzusehen. Auch Lucilia, die Mutter, lächelte. Sie hatte ihren Korb dabei, den ihr nun Kassandros abnahm, um ihn die Treppe hinaufzutragen. Er enthielt einige kleinere Geschenke, die Lucilia ihrer Schwester mitgebracht hatte. Lucius wußte nicht, was es war, vermutete aber die üblichen Mitbringsel: Eier, Schinken, kandierte Kirschen, Äpfel, frisches Landbrot und ähnliches.

Auch die Treppe des Hauses schien frisch mit Leinöl behandelt zu sein, denn es roch danach. Die Wände waren sauber und ohne die Kinderkritzeleien, die man in heruntergewirtschafteten Häusern fand, in denen viele Familien wohnten. Angenehm kühle Luft war im Haus. Im Sommer war das anders; dann kühlten die Wände auch nachts kaum ab, und die Hitze des Tages staute sich im Innern.

Mutter war mit Flavia und Marcus gleich hinter Kassandros oben angekommen, und schon begann die herzliche Begrüßung, denn Lucilia Secunda, die «Zweite Lucilia», hatte, über den Flur gehend, ihre Schwester und die Kinder erkannt. Lucius wußte, was jetzt kam, denn er hatte es schon öfters erlebt: Lucilia Secunda klatschte überrascht in die Hände, rief mehrmals «Nein, welch eine Überraschung!», betrachtete der Reihe nach die drei Kinder von oben bis unten, dabei in einem fort lachend und wieder in die Hände klatschend. Dann hieß es: «Wie groß sie geworden sind! Nein, wie groß . . .! Und erst der Marcus!» – Natürlich! Marcus war wieder der Wichtigste. Er wurde über den Kopf gestreichelt. Lucius und Flavia nicht. Natürlich nicht! Lucius preßte einen Augenblick lang die Lippen aufeinander. Er war nicht neidisch – aber das war ungerecht!

«Und erst der Lucius!» Er war froh, als das «Theater» aufhörte. Er mochte seine Tante sehr, aber er hielt diese Begrüßung, die einer Zeremonie gleichkam, für übertrieben. «Laß sie doch!» hatte Flavia einmal auf eine entsprechende Bemerkung hin gesagt. «Sie freut sich so! Wäre es dir lieber, sie würde dich mürrisch begrüßen? Ich kenne auch mürrische Frauen unter den Verwandten. Du übrigens auch! Na also!»

Sie hatte ja recht. Großvaters jüngere Schwester, ihre Großtante, war solch eine mürrische Frau. Den Göttern Dank, daß sie höchstens einmal im Jahr zu Besuch kam!

Da Lucilia wußte, daß ihre Schwester mit Familie an diesem Tag eintraf, waren einige Vorbereitungen getroffen. Er ahnte, es würde ein besonders festliches Abendessen geben. Dabei durfte er länger aufbleiben als üblich, weil Tante Lucilia Mutters Ermahnungen stets mit einem «Nun laß ihn mal! Er soll sich doch auch freuen!» entkräftete. Und da Mutter hier keinen Streit entfachen wollte, blieb es beim späten Zubettgehen. Waren sie wieder zu Hause, hatte sie es längst vergessen – oder als außergewöhnliche Erlaubnis im Gedächtnis.

Tante Lucilia war ganz anders als Mutter, ihre Schwester. Sie war ein Jahr jünger, hatte kaum Ähnlichkeit mit ihr, denn ihre Augen wirkten größer und schienen immer zu lächeln. Sie sah überhaupt aus, als ob sie für alles auf dem Erdkreis Verständnis hätte. Wüßte man nicht, daß die beiden Frauen Schwestern waren, man hätte es kaum für möglich gehalten. Dabei hingen sie sehr aneinander. Vielleicht, dachte Lucius, weil sie so verschieden waren. Mutter war sehr energisch, Tante Lucilia sehr geduldig; Mutter setzte auf der Stelle ihren Willen durch, auch gegenüber Großvater und Vater, wenn sie die Sache, die das Haus und die Familie betraf, für wichtig hielt; Tante Lucilia hatte er noch nie schimpfen hören. Aber dennoch hatte er schon beobachtet, daß Gaius Tellius, ihr Mann, sie stets um Rat fragte, wenn es sich um Angelegenheiten des Hauses oder der Sklaven handelte.

Tante Lucilia führte nach der Begrüßung ihre Gäste über den großen Flur, der den inneren Lichtschacht des Hauses umrandete, zu einem großen Raum, der mit verschiedenen Sesseln, Hockern, Stühlen und einer Liege ausgestattet war. Das konnte nur der Raum sein, den die reicheren Landbewohner in ihren Villen das *tablinum* nannten[7]. Es war der Empfangsraum des Hauses, hier im ersten Stock einer Stadtwohnung gelegen. Allerdings wußte Lucius nicht, ob dies ein Sonderfall war. Sein Onkel, Gaius Tellius, war ein wohlhabender Mann, der sich in diesem augenscheinlich großen und teuren Stadt-

haus, der *domus urbana,* eine so große Wohnung leisten konnte. Vater hatte ihm einmal angedeutet, daß die meisten römischen Bürger, sofern sie dem einfachen Volk angehörten, in zum Teil elenden Wohnungen hausten. Das «einfache Volk» – wer war das eigentlich? Gehörten sie selbst auch dazu?

Lucius wurde aus seinen Gedanken gerissen, denn Mutter trat zu ihm und wünschte, daß er sich wüsche und frisch machte. Diese komfortable Wohnung besaß in der Tat ein eigenes Bad im ersten Stock, mit kleineren Wasserbecken, die vom *Anio Vetus,* einer der ganz alten Wasserleitungen Roms, gespeist wurden[8]. Er hatte an der Mauer die hohe Wasserführung des Aquädukts gesehen. Das Hauptbad mit kaltem und warmem Wasser befand sich im Erdgeschoß. Lucius folgte der Bitte gerne, denn hier war alles neu, frisch und sauber, ohne den Geruch von Schimmel und Fäulnis, den er manchmal in den alten Teilen ihres Gutshauses und der Wirtschaftsgebäude festgestellt hatte. Freilich mochte er darum sein Zuhause nicht weniger, denn alles gehörte dazu, auch der Geruch, den die Dinge, die Pflanzen, die Blumen, die Bäume, die Tiere und die Menschen an sich hatten.

Als er zurück ins Zimmer kam, hatten zwei der Sklavinnen, die im Hause Dienst taten, Leckereien auf einem Wägelchen mit großen Rädern hereingefahren, verschiedenes süßes Gebäck, kandierte Kirschen, getrocknete Pflaumen und Feigen. Alle saßen nun irgendwo, auf der Liege, auf den Stühlen, den Hockern, den Sesseln, und Lucilia hatte auch an Kassandros gedacht, der sich auf einem Hocker mit einem höflichen «*G-g-gratias ago!* – Ich bedanke mich!» niederließ. Sein Stottern wurde einfach überhört. Vielleicht war er schon einmal hier gewesen.

Für Vater und Kassandros wurde verdünnter Wein gereicht, für Mutter Fruchtsaft, für die Kinder ebenso. Nachdem die üblichen Fragen nach der Familie, nach dem Großvater, nach dem Zustand des Gutes, nach den Arbeiten, nach den Krankheiten beantwortet waren, wandte sich das Gespräch mehr den römischen Ereignissen und Vorkommnissen zu. Es wurde über die üblichen Verbrechen geredet, darüber, daß neulich vor ihrem Hause nachts jemand überfallen worden war. Daß einer ihrer Sklaven, Felix mit Namen, mutig auf die

Straße gestürzt sei und den Räuber gefaßt, verprügelt und ihm das geraubte Gut wieder abgenommen habe. Später sei er dann vom Aedilen belobigt worden[9].

«Bei euch auf dem Land ist's natürlich ruhiger», schloß Tante Lucilia.

«Kannst gerne wieder hin!» meinte der Vater, doch Lucilia Secunda wehrte mit erhobenen Händen ab: «Nein. Ich möchte nicht zurück.»

«Aber du kommst doch aus Bovillae! Dein Vater war Bauer!»

«Schon, gewiß. Aber wenn du zehn, zwölf, dreizehn Jahre in der Urbs gewohnt hast, hast du dich verändert.»

«Die Stadt hat dich verändert!»

«Ja, die Stadt.»

«Und der Lärm?» fragte nun Lucilia, Lucius' Mutter.

«Daran gewöhnst du dich. An alles kannst du dich gewöhnen.»

«Ich könnt's nie.»

«Sag das nicht. Auch ich dachte am Anfang...» Sie wurde unterbrochen, denn ein vielleicht vierzigjähriger Mann kam herein, gefolgt von einem etwas jüngeren, der sich in der Kleidung kaum vom ersteren unterschied.

«Ah, da komme ich ja gerade richtig!» sagte Gaius Tellius und lachte breit. Lucius mochte seinen Onkel sehr. Um ihn war immer etwas von einem Mann, der die Welt kannte, der den Erdkreis zu Schiff und zu Lande abgefahren, der die Sitten und Bräuche anderer Völker kennen und achten gelernt hatte. Er besaß einen Blick wie ein Seemann, ins Weite, in die Ferne gerichtet.

Die Begrüßung war kurz, aber darum nicht weniger herzlich.

«Donnerwetter!» rief er, als Lucius sich leicht vor ihm verbeugte. «Du wächst ja, daß man es beinahe sieht!» Dann strich er ihm kurz mit seiner festen muskulösen Hand übers Haar und begrüßte auch die Geschwister mit einer wohlmeinenden Bemerkung. Der Mann, der mit Onkel Gaius gekommen war, hieß Timon und war sein Schreiber. Lucius hatte ihn noch nicht kennengelernt. Er wirkte scheu, machte nach allen Seiten leichte Verbeugungen und schwieg im übrigen.

Nach einigen weiteren Freundlichkeiten von beiden Seiten entschuldigten sich Mutter und ihre Schwester und verließen das Zimmer. Wahrscheinlich gab es eine Menge von Neuigkeiten auszutauschen, wie sie nur Frauen interessierten. Und weil sie sich gut verstanden, gab es zwischen ihnen kaum ein Geheimnis. Auch Flavia schloß sich ihnen an, während Marcus sich daran machte, das Zimmer genau auszukundschaften, aus dem Fenster zu blicken und dann auch nach draußen zu verschwinden. Lucius aber blieb. Vater und Onkel Gaius hatten das Thema gewechselt und sprachen über die Wohnung.

«Schön habt ihr's hier!» Vater blickte sich mit anerkennendem Nicken um.

«*Ita est*», nickte Gaius Tellius. «Aber zu teuer!»

«Waaas?» spielte Vater den völlig Erstaunten. «Du? Und zu teuer?»

«Aber ja», beharrte Gaius Tellius und blieb durchaus ernst. «Das Haus ist erst vor wenigen Wochen renoviert worden. Von Grund auf...»

«Ich hab's gesehen. Alles wie neu. Freu' dich doch!»

«*Certo.* – Sicher. Aber hier hat alles seinen Preis. Wenn du deinen Hof alle paar Jahre überholst, die Türen neu streichst, die Wände tünchst und was weiß ich nicht alles, dann machst du das alles selbst mit deinen Leuten. Hier aber mußt du jeden Handgriff bezahlen. Und ich sage dir, die Preise laufen davon!»

«Na, na», lächelte Vater. «Du redest ja gerade, als ob du am Bettelstab gingest.»

«Das nicht. Aber ich bin auch Kaufmann. Leider habe ich und haben meine Sklaven nicht die Zeit und auch nicht die Kenntnisse und Fertigkeiten, all die notwendigen Renovierungsarbeiten selbst durchzuführen. Dann wär's ja einfach. Und selbst wenn sie's könnten, ginge es nicht.»

«*Cur non?* – Warum nicht?»

«Weil der Besitzer etwas dagegen hätte.»

Erstaunt schaute Vater, der als Bauer wenig Verständnis dafür hatte, seinen Schwager an, und Tellius erklärte: «Ich machte ihm über seinen Verwalter vor Monaten den Vorschlag, daß ich und meine Leute uns darum kümmern wollten. Und was sagt der mir? Der sagt: Da müßten Fachleute hin! Zimmerleute! Maurer! Innenputzer! Maler! Im übrigen seien die Unterhaltskosten für Häuser dieser Art in dieser Gegend gestiegen.»

«Wieso?» fragte Vater.

«Das habe ich ihn auch gefragt. Und was sagt der Mann? Er sagt, daß die Mieter immer höhere Ansprüche an diese Wohnungen stellen. Ich sollte nicht vergessen, daß ich hier in einem sehr beliebten Viertel wohnte. Mitten im Zentrum! Daß ich das Glück hätte, so viele Zimmer bekommen zu haben. Andere, die ebensogut situiert wären wie ich, gäben was drum, wenn sie eine solche Wohnung mit vielen Zimmern mitten in der Stadt bekämen! Also müßte ich, wenn ich wohnen bleiben wollte, ab dem und dem Tag die und die Summe mehr als Miete zahlen. Und du wirst es kaum glauben: Sie ist glatt um die Hälfte teurer geworden!»

Vater zwinkerte ein paarmal, während Kassandros «K-k-kaum zu glauben!» murmelte.

«Aber...» überlegte Vater weiter, «du hast doch ohne weiteres das Geld, um eine solche Wohnung auch nach der genannten Mietserhöhung bezahlen zu können! Warum regst du dich auf? Du willst doch hier im Zentrum wohnen! – Oder sehe ich das falsch?»

«*Recte.* – Richtig. Aber trotzdem halte ich das allmählich für Wucher! Allerdings würde ich mit einer Klage vor Gericht keinen Erfolg haben, weil es eben überall in der Urbs so eingerissen ist[10]. Andererseits...»

«Ja?» fragte Vater.

«Ach was!» Onkel Gaius schlug sich auf einmal überraschend auf die Schenkel. «Ich erklär's euch später! Kommt! Ich will euch was zeigen!»

Vater, Lucius und Kassandros wechselten einen schnellen, erstaunten Blick, so daß Tellius, der es bemerkte, hinzufügte: «Ist nicht weit von hier. Wir haben ja doch sonst nichts vor – oder?»

«Wo willst du denn hin?» fragte Vater.

«Das Haus zeigen! Also, ich habe da ein Haus gekauft... Das heißt, eigentlich sollte es abgebrochen werden. Da habe ich schnell zugegriffen. Ich wollte es euch zeigen.»

«Das ist sehr interessant, nein wirklich!» erklärte Vater und legte seinem Schwager kurz die Hand auf die Schulter. «Aber ... ich wollte noch vor Mittag auf den Sklavenmarkt.»

«Auf den Sklavenmarkt? Verstehe. Ja, da hast du recht. Das ist in der Tat jetzt die beste Zeit. Was brauchst du denn?»

«Einen G-g-gallin-n-narius!» erklärte Kassandros und verzog das Gesicht, weil das Wort ihm so schlecht über die Lippen ging.

«Soso, einen Gallinarius! Tja, da ... solltest du dich an den besten Händler wenden.»

«Barsakes!» sagte Vater. «Ich kaufte früher schon mal bei ihm»

«Ha!» rief Tellius. «Barsakes! Längst im Hades![11] War auch schon zu alt, der Mann. Da er keinen Sohn und Erben hatte, ging der ganze Laden an Tigranes.»

«An Tigranes?» Lucius spürte, daß dem Vater dieser Händler nicht der sympathischste war. Onkel Gaius hatte es auch bemerkt und ergänzte:

«Was hast du gegen ihn?»

«Nichts. Er ist mir nur zu teuer!»

«Das Beste war schon immer teurer als das Gute!» behauptete Tellius und lächelte. «Bei ihm wirst du am ehesten den Mann kriegen, den du brauchst. Er hat die größte Auswahl. Und vor allem: Du kannst dich unbedingt auf seine und seiner Verkäufer Angaben verlassen! Was meinst du wohl, warum Caesar ausgerechnet mit ihm einen langjährigen Vertrag geschlossen hat?»

Da rutschte Lucius die Frage heraus: «Was für einen Vertrag?»

«Was für einen Ver- ...?» Tellius wandte sich mit hochgezogenen Brauen seinem Neffen zu: «Also, du weißt doch, daß Gaius Iulius Caesar in Gallien Krieg führt ...»[12]

«Ja.»

«Und du weißt, daß er dabei viele gallische Städte erobert hat ...»

«Ja. Alesia zum Beispiel! Vater hat mir davon erzählt.»[13]

«Gut. Also. Wenn eine feindliche Stadt erobert ist, dann wird die gesamte Bevölkerung in die Sklaverei verkauft.»

«Alle?» staunte Lucius.

«*Certo.* Es sei denn, der Feldherr verschont sie aus ganz besonderen Gründen, die er keinem auf die Nase bindet. – Aber dabei braucht er jemanden, der ihm das alles ordentlich regelt. Er selbst und seine Offiziere und die Soldaten haben keine Zeit dafür. Also macht er vor einem Krieg schon einen Vertrag mit einem Sklavenhändler, in dem die Preise und dergleichen bereits genau geregelt sind. Caesar hat mit Tigranes[14] einen solchen Vertrag geschlossen. Und Tigranes hat seine Agenten nach Gallien geschickt. Sie waren immer hinter der Front und in der Nähe des Feldherrn. Er kann sie zwar nicht ausstehen, denn Sklavenhändler haben einen schlechten Ruf, und ihre Geschäfte gelten als die schmutzigsten, aber letzten Endes spielt das keine Rolle. Kurz und gut...» Nun wandte sich Tellius wieder an den Vater. «Aufgrund dieses Vertrages hat Tigranes von allen Händlern in Rom zur Zeit die größte Auswahl. Nicht nur das, manchmal liegen seine Preise durchaus niedriger als bei der Konkurrenz, weil er in bestimmten Fällen und Berufen der Sklaven ein Überangebot hat. Es könnte also durchaus sein, daß er gerade unter den Landarbeitern viele gallische Bauernsöhne hat, die große Erfahrung im Umgang mit Tieren, Geflügel und dergleichen besitzen. Du solltest es bei Tigranes versuchen. Dann kommt!»

Fünfte Stunde

Lucius war zwar schon einmal bei einem früheren Besuch zusammen mit dem Vater in die Innenstadt gegangen. Aber damals hatte er nur ein paar Geschäfte gesehen, war über das Forum Romanum gegangen, hatte einen Blick auf die verschiedenen Tempel geworfen[15]. Noch nie war er an einem Sklavenmarkt gewesen. Darum war er sehr gespannt, wie es dort zugehen würde. Erklären konnte man es schlecht, man mußte es selbst gesehen haben.

Gaius Tellius machte den Führer. Er benutzte Nebengassen und ruhigere Straßen, die zwar enger als der Clivus Suburanus und das Argiletum waren[16], dafür aber weniger belebt. Und so kamen sie zügig voran. Lucius hatte, als er durch die engen, schmutzigen und stinkenden Gassen ging, das bedrückende Gefühl, die Mauern würden ihn einklemmen. Scheu blickte er in die Höhe. Der Himmel war nur als schmaler Streifen zu erkennen. Oben hatten die Nachbarn Seile von Haus zu Haus gespannt und daran ihre gewaschenen Kleidungsstücke, Tücher, Kinderwindeln und alle möglichen Lappen mit Holzklammern zum Trocknen aufgehängt.

Dann erreichten sie unvermittelt eine breite Straße, die sich nach rechts hin zu einem Platz erweiterte. Das konnte nur das Forum sein. Es wimmelte da von Menschen aller Stände, Altersgruppen und Rassen. Gegenüber, auf der anderen Seite der Straße, die glatte Front vornehmer Stadthäuser, verschlossen und abweisend. Sie hatten kaum Fenster zur Straße hin. Die Eingänge lagen etwas zurückversetzt, um bei schlechtem Wetter die Bewohner, Besucher oder Gäste beim Eintritt vor dem Regen zu schützen.

Mehrere Straßen zweigten auf der anderen Seite ab. Einige stiegen recht steil an und führten auf die Höhe des Palatinhügels. Gaius Tellius, als ob er die Gedanken von Lucius erraten hätte, blieb nun stehen und erklärte:

«Also, wenn ihr euch mal verlaufen habt … Irgendwann kommt ihr immer an diese Straße. Es ist die Via Sacra[17]. Da drüben mündet sie ins Forum …» Er zeigte es. «Und hier vor uns, also auf der anderen Straßenseite, da beginnt der Palatinus, einer der bekannten sieben Hügel der Stadt. Er ist heute ein beliebtes Wohnviertel für die Gutbetuchten. Da vorne links …» Er wies mit der Hand nach links. «Das Haus hinter der nächsten Ecke, das gehört dem Marcus Tullius Cicero[18]. Wenn du hier wohnst, hast du's geschafft!»

Er hielt sich aber nicht länger bei dem Thema auf, sondern ging nach rechts, in Richtung auf das Forum, weiter; doch nicht lange, dann überquerte er die Via Sacra und verließ sie wenige Schritte hinter dem Tempel der Vesta[19]. Lucius, der Vater und Kassandros folgten ihm. Als sie wieder mal eine größere Menge von Menschen hinter sich gelassen hatten, erklärte Tellius: «Natürlich kannst du die billige Massenware besser auf dem Marsfeld kaufen[20]. Dort hat auch Tigranes mehrere Läden. Dort kauft der kleine Mann, dem vor ein paar Tagen sein alter Sklave an der Schwindsucht gestorben ist. Oder der Hausverwalter, der einen Burschen braucht, der ihm seine Gänge abnimmt. Oder der Wirt an der Ecke, dem es egal ist, wie seine Burschen aussehen, wenn sie nur stark genug sind, schwere Krüge und

Amphoren zu tragen oder Störenfriede vor die Tür zu setzen. Aber wenn sie zwei neue Mädchen für ihren Laden wollen, müssen sie schon hier ins Zentrum gehen. Denn die müssen hübsch sein, damit sie die Gäste, besonders die männlichen, anlocken.»

So hatten sie, während Tellius redete, sich einer größeren Gruppe von Neugierigen genähert, die sich um eine Bude versammelt hatten, die wie ein großes Podest aussah, eine Fläche von etwa zehn mal zehn Schritt im Quadrat, aus Holz errichtet und von gestreiften Tüchern zum Schutz gegen die Sonne überspannt. Tellius blieb stehen, damit seine Begleiter sich einen ersten Eindruck und Überblick verschaffen konnten. Auf der *catasta,* so hieß diese Schaubühne, standen mehrere menschliche Gestalten verschiedenen Alters, Aussehens und Geschlechtes. Alle hatten ein Täfelchen um den Hals gebunden. Darauf, so vermutete Lucius, war wohl notiert, woher der Sklave kam, wie alt er war, was seine Fähigkeiten und Fertigkeiten, seine Vorzüge und vielleicht auch Schwächen waren. Doch wurde er gerade im Hinblick auf die letzte Vermutung sogleich von Tellius belehrt, der ihnen erklärte:

«Nehmt euch in acht! Die Täfelchen versprechen dem Käufer das Blaue vom Himmel! Es gibt zwar ein altes Gesetz, das bestimmt, daß der Verkäufer auch die Fehler, die Mißbildungen, die Charakterschwächen des Sklaven zu nennen hat, aber daran hält sich keiner! Dafür gibt es dann aber ein anderes Mittel. Seht ihr da drüben ... nein, mehr links ... seht ihr den Mann mit dem Hut?» Sie schauten hin und nickten. «Der hat einen Hut auf, weil ... also, der Besitzer, und das ist ja jetzt der Händler, er kann für ihn nicht garantieren. Der hat irgendeinen Fehler. Ist vielleicht auch schon mal bei früheren Herren aufsässig gewesen.»

«K-k-kenne solche Typen!» nickte Kassandros plötzlich. Und Lucius wurde in diesem Augenblick klar, welch ein großer Unterschied bestand zwischen Sklaven wie Kassandros, die schon jahrzehntelang auf einem Bauerngut lebten, die vielleicht dort geboren waren – und solchen, die mehrmals ihren Herrn gewechselt hatten. Dabei geschah dies nicht einmal immer aus eigener Schuld, sondern oft weil der Herr verstorben war, und die Erben den Sklaven aus irgendeinem Grunde loswerden wollten.

«Seht euch vor», fuhr Tellius fort. «Man müßte schon den vorherigen Besitzer kennen und ihn ausfragen können, um zu erfahren, was denn mit solchen Burschen los ist. Es ist stets ein Risiko, so einen zu kaufen. Da läßt man am besten die Finger davon! Hatte mal den Fehler gemacht, vor Jahren, als ich mit jedem Sestertius rechnen mußte[21]. Habe so einen gekauft. Ist mir dann prompt nach ein paar Monaten durchgebrannt! Habe ihn nie wieder gesehen. Ist wahrscheinlich Straßenräuber geworden. Aber die erwischt es immer, früher oder später.»

Obwohl Lucius den Blick nicht von dem Sklaven mit dem Hut genommen hatte, hörte er mit größter Aufmerksamkeit den Erläuterungen von Gaius Tellius zu. Als der Onkel geendet, fragte er ihn:

«Und was bedeutet es, Onkel Gaius, wenn die Sklaven die Füße so weiß gepudert ... oder gepinselt haben?»

Tellius lachte kurz auf: «Nein-nein, das war schon richtig! Da stehen einige, denen man die Füße mit Kreide oder Kalk bepinselt hat. Das ist für den Käufer das Zeichen, daß sie ganz frisch sind! Meist sind sie erst in den letzten Tagen hierher geliefert worden. Kommt, gehen wir doch mal näher hin ...»

Und zu Manlius, dem Vater von Lucius: «Der Junge muß das doch mal genau gesehen haben! Je früher, desto besser! Das kann man gar nicht früh genug sehen – was, Kassandros?!»

Kassandros rang eine Weile nach Luft: «S-s-s-sicher, Herr! Ich kenne das auch n-n-nur aus den Erzählungen von früher.»

«Bist du denn schon bei Manlius Iustus geboren?»

«Ich b-b-bin es, Herr.»

«Ah-so!» nickte Tellius und hob erstaunt die Augenbrauen. Dann: «Da hast du's aber gut getroffen, was?»

«*Certo!* Möchte n-n-nie woanders hin!»

Daraufhin klopfte ihm Tellius kurz auf die Schulter, wandte sich wieder den Sklaven zu und belehrte vor allem Lucius: «Eins mußt du dir dein ganzes Leben merken, Lucius. Alle Sklavenhändler sind Betrüger!»

«Alle? Auch Tigranes?»

«Der erst recht. Selbst wenn er noch der beste ist – ist er zugleich auch der gerissenste! Schau dir doch nur mal an, wie geschickt er die Sklaven, auch die Mädchen unter ihnen, herausgeputzt hat! Alles, was abstoßen könnte, wird verdeckt. Guck mal, da drüben die Frau, der hat er leichten Goldschmuck umgehängt ...»

«Wird der denn mit verkauft?»

«Natürlich nicht! Der Schmuck soll von irgendetwas an ihrem Körper ablenken. Warzen vielleicht, Falten am Hals, einem Kropf. – Ich habe schon erlebt, daß hier ein junger Sklave als ‹Prinz aus Scythia› ausgegeben wurde, und man hatte ihm ein königliches Diadem auf die Stirn gesetzt! Und dann kam ein mißtrauischer Kunde, der durchaus Interesse an dem Mann zeigte. Er nahm die Königsbinde ab, und was meinst du, was darunter war?»

Lucius schaute ihn fragend an.

«Eine furchtbare Narbe von einem Schwerthieb. Das ganze Gesicht war dadurch entstellt.»

«Und», fragte Lucius, «hat der Mann ihn gekauft?»

«Ja. Aber er hat den Preis um die Hälfte heruntergehandelt. So, kommt! Wir wollen mal zu Tigranes. Um diese Zeit ist er meistens in seinem Laden und sieht nach dem Rechten.»

Sie verließen das Gedränge, traten zurück, und Tellius geleitete sie sicher an der *catasta* vorbei zum eigentlichen Eingang des Sklavenladens.

«Die besten Sachen stellt er natürlich nicht hier draußen vor die Augen des Pöbels!» erklärte Tellius beim Gehen. «Sie könnten Schaden nehmen!»

Es war Lucius nicht ersichtlich, ob Tellius das ironisch meinte. Sie erreichten den beschränkt freien Platz hinter dem Gerüst. Hier waren kaum Gaffer, denn hier gab es nichts zu sehen, außer wie dieser und jener Käufer sich seinen Sklaven, für den er sich interessierte, hatte kommen lassen, um ihn nun auf Herz und Nieren zu prüfen, zu betasten, zu kneifen, in den Schlund und nach den Zähnen zu schauen. Andere ließen einen Mann hüpfen, Kniebeugen machen und bei jedem Knacken der Gelenke hieß es tadelnd: «Aha!» Worauf der Verkäufer mit allen möglichen Gründen kam, warum dieses Gelenkknacken nichts zu bedeuten habe.

«Sie sind übrigens selbst Sklaven!» sagte Tellius zu Lucius, und er meinte die Verkäufer. In diesem Augenblick entspann sich zwischen dem interessierten Kunden und dem Verkäufer ein Gespräch, und Tellius blieb belustigt stehen, damit Lucius mithören könnte:

«Also, ich muß schon sagen, nicht wahr», schimpfte der Käufer, «er knackt nicht nur in den Fingern, sondern auch in den Knien und den Füßen! Hör dir das an! Hör dir das nur an!» Er ließ den Burschen noch ein paar Kniebeugen machen. «Und was steht da auf dem Schild: ‹Kerngesund! Sehr beweglich! Für jede Arbeit geeignet!› Soll wohl 'n Witz sein, wie?!» Er kicherte künstlich. «Wenn dem jetzt schon die Knorpel knacken, dann möchte ich wissen, ob er die in zehn Jahren überhaupt noch bewegen kann, wie!? Was sagst du, wie alt?»

«Fünfundzwanzig, Herr!» Der Verkäufer verbeugte sich vornehm.

«Fünfundzwanzig?» Der Kunde ging zu dem Burschen hin, packte seinen Unterkiefer, bog ihn mit einem Ruck herab und schaute sich die Zähne an. Dann hieß es: «Fünfundzwanzig? Dann bin ich sechzehn!» Er war um die Fünfzig. «Nicht zu fassen! Seit wann hat Tigranes es nötig, die Zahlen so zu schönen. Was soll er kosten?»

«Zweitausend, Herr.»

«As?»

«Sesterzen!»

Nun schien ihm das Ende der Welt nahe zu sein. Er machte ein Gesicht, als ob er soeben erfahren hätte, daß man seinen gesamten Besitz gestohlen und dazu noch das Haus angezündet hätte: «Das ist ja ein ganz gemeiner... ein ganz unglaublicher... ein himmelschreiender Betrug!» rief er, und längst hatten sich neugierige Passanten, angelockt durch das immer lauter werdende Gespräch, eingefunden.

Denn nichts liebt der Römer mehr als zuzuschauen, wenn andere sich streiten. In diesem Augenblick trat jemand aus dem Eingang der Taberna, ein schlanker, großer Mann, er ging zu dem Verkäufer, der sich schon recht hilflos unter den Anklagen des Kunden wand. Der große Schlanke flüsterte ihm etwas ins Ohr und zog sich wieder wortlos zurück.

Der Kunde, der seinen Redeschwall für eine Weile unterbrochen hatte, wartete nun auf eine Erklärung. Und als sie kam, konnte er sie ebensowenig fassen wie die vorherigen. Der Verkäufer nämlich wartete eine Weile, bis alle Augen der Umstehenden auf ihn gerichtet waren, dann rief er:

«Im Auftrage meines Herrn, des edlen Tigranes, des namhaftesten Sklavenhändlers von Rom und dem Erdkreis, habe ich die Ehre, dir dieses mitzuteilen . . .»

Alle waren ganz Ohr und reckten sich, kamen sogar näher, damit ihnen kein Wort entging: «Dieser Sklave gehört dir!»

«Aber sicher! Doch nicht zu dem Preis!» rief der Kunde und machte wieder einen Schmollmund.

«Das habe ich nicht gesagt! Er gehört dir! Er ist dir geschenkt! Mein Herr, der edle Tigranes, hat ihn dir soeben geschenkt. Er kann es nicht mit seinem guten Namen und dem seines Geschäftes vereinbaren, daß beides in die Nähe von falschen Angaben gebracht werden. Dieser Sklave gehört dir!»

Der Kunde behielt eine Weile staunend den Mund offen. Dann rief er: «Das möchte ich schriftlich haben!»

«Bitte!» Der Verkäufer wies zur Taberna, in der sich wohl auch das Kontor befand, in dem größere Geschäfte durch Verträge und schriftlich mit Siegel abgeschlossen wurden.

«Donnerwetter!» entfuhr es Manlius Flavius. Doch Tellius grinste nur und erklärte: «Mit diesem Kniff holt er der Konkurrenz die Kunden fort. Das macht er etwa viermal im Monat. Der eine verschenkte Sklave bringt ihm, wie ich schätze, hundert verkaufte ein. Er ist ein Fuchs und von allen der Gerissenste! Aber das sagte ich schon. Doch nun kommt!»

Sie betraten das Innere des Ladens und mußten sich erst an das dort herrschende dämmrige Licht gewöhnen. Sie befanden sich unter festen, dicken Gewölben, die die Obergeschosse des Hauses trugen. Lucius schaute sich neugierig um. An einigen Stellen der Mauern waren orientalische Teppiche aufgehängt. In wunderbaren Formen und Farben gaukelten sie einen Paradiesgarten vor. An den Wänden hingen Öllampen. Auch auf den Tischen standen Lichter. Dadurch wurde der Raum, der sich weit nach hinten erstreckte, nicht nur erhellt, sondern das Licht machte ihn geheimnisvoller, als er in Wirklichkeit war. Vor allem war es hier ruhig. Wer hier eintrat, gehörte zu den Wohlsituierten. Die kleinen Beträge zahlte man gleich draußen in die Hand des Verkäufers und bekam von ihm eine kleine Garantieurkunde, an die der Käufer sich halten konnte, wenn er sich übervorteilt glaubte. Dies alles war genau und bis ins kleinste durch Bestimmungen geregelt.

Hier drinnen ging es um mehr als zwei-, drei-, fünftausend Sesterzen. Hier konnte man Sklaven kaufen, die 100 000 Sesterzen und mehr kosteten. Besonders für schöne, junge Luxussklaven und solche, die eine besondere Geschicklichkeit besaßen, wurden sehr hohe Summen bezahlt. Vom reichen Licinius Crassus[22] wurde erzählt, daß er in großer Zahl junge Sklaven, die kaum Lateinisch sprechen konnten, für wenig Geld kaufte, sie dann von Lehrern unterrichten ließ – die natürlich selbst Sklaven waren –, um sie dann mit größtem Gewinn wieder weiterzuverkaufen. Es gab verrückte Reiche, die sich gelehrte Sklaven kauften, weil sie den ganzen Homer[23] auswendig konnten, und andere, die die Göttergeschichten des Hesiod[24] hersagen oder Gott weiß was auswendig heruntersprechen konnten.

«Und warum?» fragte Lucius, denn Tellius hatte, während sie warteten, dem Jungen gerade die letzten Anekdoten erzählt.

«Zum Angeben! Zum Großtun! – Ja, lächerlich! Einfach lächerlich!»

Sie wurden unterbrochen, denn unvermittelt stand jener große, schlanke Mann vor ihnen, der draußen dem Verkäufer etwas ins Ohr geflüstert hatte. War das Tigranes? Lucius studierte sein Gesicht. Es war kalt, hager, unpersönlich. Sogar, als er sich nun mit einem geschäftsmäßigen Lächeln an Gaius Tellius wandte: «Womit kann ich dienen, edler Tellius?»

Sie waren also bekannt miteinander. Also doch Tigranes?

«Es geht nicht um mich, Aristokles. Der edle Manlius Flavius Iustus hier...» – er wies auf Lucius' Vater – «... braucht jemanden, auf den er sich wirklich voll und ganz verlassen kann.»

Aristokles wandte sich Manlius Flavius zu und verbeugte sich. Also war er ein Angestellter des Tigranes, freilich im Rang höher als die Männer draußen. War er auch Sklave?

Bevor aber nun Aristokles näher auf die Vorstellungen des Vaters eingehen konnte, wurde er aus dem hinteren Teil der Taberna beim Namen gerufen. Dann kam die Stimme näher. Sie blickten alle hin, und Lucius fand die Gestalt, die sich da flink näherte, durchaus betrachtenswert: Der Mann schien um die Sechzig zu sein; er war nicht römisch mit Tunica, sondern nach orientalischer Sitte mit langem Gewand gekleidet, das bis auf den Boden reichte. Sein Bauch war erheblich. Fast an jedem Finger seiner Hände trug er einen Ring, einen kostbarer als den andern, auch an den Ohrläppchen baumelte es golden. Sein Haar hatte sich gelichtet und verlieh ihm eine sehr hohe Stirn. Die Hautfarbe erinnerte an geputzte Bronze. Die Nase war schmal und leicht geknickt, das Auge dunkel und groß, die Lippen dünn. Als er näher kam, veränderte sich der Gesichtsausdruck. Er hatte wohl Tellius erkannt und trat geschäftig auf ihn zu, breitete seine Arme aus, als ob er ihn umarmen wollte, näherte sich so, blieb dann zwei Schritte vor ihm stehen und rief: «Welch eine Freude! Welch ein Tag! Der edle Gaius Tellius beehrt mich mit seinem Besuch! Mögen alle guten Götter dich beschützen!»

Er machte eine tiefe Verbeugung und beschrieb dabei mit dem ausgestreckten Arm einen Halbkreis in der Luft. Als er sein Gesicht wieder hob, war es ein einziges Lächeln. Und doch spürte Lucius, wie dies alles vielleicht Komödie war.

Tigranes – denn niemand sonst konnte dieser Mann sein, einer der reichsten Orientalen von Rom! – Tigranes erkundigte sich nach der Familie, und Lucius staunte über seine Personenkenntnis. Er ging davon aus, daß Onkel Gaius bei ihm all seine Sklaven kaufte. Dann kam Tellius auf das Anliegen von Flavius Iustus, daß er dringend einen oder zwei gute Tierwärter brauchen könnte, da er seinen Betrieb erweitere.

Während Tellius dies kurz referierte, sah Lucius sehr wohl, wie

Tigranes blitzschnell in Vaters Gesicht schaute, es studierte, abschätzte und einordnete, wie er dann ihn, Lucius, anschaute, das anfängliche heitere Lächeln aufsetzte – und wie er den Kassandros keines Blickes würdigte. Noch nie hatte Lucius das erlebt, wie jemand so schnell, so gründlich und wahrscheinlich auch so richtig fremde Menschen begutachtet hatte. Und er vermochte in diesem kurzen Augenblick nicht zu entscheiden, ob Tigranes ihm angenehm oder unsympathisch war. Dies stand fest: Er war sehr klug! Er war schnell im Denken! Er war der erfolgreichste Sklavenhändler Roms!

Dann legte Tellius eine Leimrute aus: «Es kann durchaus sein», sagte er gedehnt, «daß Flavius in den kommenden Monaten und Jahren seinen Betrieb vergrößert, so daß er weitere Leute braucht. Und zwar die Besten! Du verstehst, was ich meine ...»

Die beiden erfahrenen Geschäftsleute blickten sich an, und Tigranes hatte verstanden: Jetzt nicht zu viel fordern, hieß später mehr Gewinn machen.

«Ja, also ...» Er zwinkerte mehrmals, hielt einen Augenblick lang sein Kinn in der rechten Hand: «Wir haben da zur Zeit einige hervorragende Angebote aus Gallien! Gallier gelten ja als die besten Leute im Umgang mit Tieren. Sie haben da eine Art sechsten Sinn. Aber das brauche ich euch nicht zu erzählen ... Aristokles, laß doch mal fünf der besten von ihnen holen!»

«Sehr wohl, Herr.»

Aristokles entfernte sich, wieder ohne eine Miene zu verziehen.

Tigranes aber nutzte die Zeit, um sehr höflich nach den geplanten Erweiterungen des Gutshofes zu fragen, und wieder wußte Lucius nicht, ob dieses Interesse aufgesetzt oder ernst war. Vielleicht sollte er nachher Onkel Gaius danach fragen, denn der kannte ihn seit langem.

«Sie stehen bereit!» Aristokles war wieder da und machte eine einladende Handbewegung. Er führte sie nach hinten, durch die ganze Taberna, dann seitlich durch ein dunkles, kaum erhelltes Gewölbe mit sehr niedrigen Decken, und so gelangten sie schließlich durch eine ebenfalls nicht sehr hohe Tür auf einen Hof, der etwa vierzig Schritt im Quadrat groß war. Er wurde gerahmt von der Hinterseite des Handelshauses, gegenüber und an den Seiten von den Mauern zweistöckiger Gebäude. Wie zu Hause auf dem Gut verlief um diesen Innenhof eine schattenspendende Kolonnade. Darunter erkannte Lucius, zum Teil im Schatten, die Türen, die zu den verschiedenen Räumen der Gebäude führten.

Aus einer dieser Türen traten nun fünf männliche Gestalten – und eine weibliche. Lucius sah, wie Tellius und Vater stutzten, denn sie hatten nur nach Sklaven, nicht nach einer Sklavin verlangt. Die sechs Gestalten wurden von einem Burschen geführt, der zum Personal des Händlers gehörte. Er ließ sie nebeneinander vor dem Säulenumgang in der Sonne aufstellen, damit man sie im prallen Mittagslicht gut sehen und alle Vorzüge oder eventuellen Mängel sofort erkennen konnte.

Langsam gingen Vater und Onkel Gaius näher heran, blieben dann in drei Schritt Entfernung stehen und musterten sie der Reihe nach, betrachteten sehr genau ihre Gesichter, ihre Figur, Beine und Arme, Hände und Füße.

«Alles Gallier?» fragte Vater.

«Sehr wohl, Herr!» antwortete Aristokles, und Tigranes ergänzte mit sehr sachlichem Ton: «Ihr werdet es mir natürlich nicht glauben, aber ich verkaufe sie unter Wert ...»

«Wie das?» fragte Tellius, und es klang belustigt.

«Nun, aufgrund meines Vertrages mit dem großen Caesar bin ich verpflichtet, alles zu übernehmen, was er anbietet – bis zu einer bestimmten Begrenzung der Menge natürlich. Nun hat der große Caesar aber in den letzten drei Jahren mehr Schlachten geschlagen, als andere in hundert Jahren. Und da er sie alle siegreich beendet hat, werde ich, wird Rom, wird Italien mit gallischen Sklaven geradezu überschwemmt. Dabei handelt es sich durchweg um Leute, die nicht nur nicht lesen oder schreiben können, sondern noch nicht einmal drei Wörter Latinisch verstehen. Durchweg Ackerknechte. Natürlich kerngesund!» Er ging hin und kniff den Ersten der Reihe in den Oberarm. «Bärenstark! Und das Wichtigste: Jung! Blutjung!» Er geriet ins Schwärmen: «Wo findest du solche Jünglinge! Du kannst sie dir selbst erziehen und abrichten, wie immer du willst. Sie werden zahm wie die Hündlein! Wie die Kätzchen werden sie schnurren! Nicht wahr Aristokles ...»

«Sehr wohl, wie die Hündlein!» Er verbeugte sich.

Vater, Onkel Tellius, Kassandros und Lucius warfen sich einen schnellen Blick zu und zwinkerten einmal kurz. Dann rief Vater:

«Kassandros! Nun bist du an der Reihe!»

Lucius wußte, daß Kassandros, obwohl er stotterte, eine große Sprachbegabung hatte, denn er redete neben seiner griechischen Muttersprache und dem Latein – das seine zweite Muttersprache geworden war – auch ganz gut das Gallische. Er hatte es in den vergangenen zehn, fünfzehn Jahren von den keltischen Knechten des Gutes gelernt, die allesamt aus Gallien gekommen waren. Lucius verstand kein Wort von dem, was Kassandros sagte. Dann aber, als er bei dem letzten Gallier angekommen war und kurz mit ihm gesprochen hatte, wandte er sich um zu Vater und erklärte:

«D-d-d-dieser Mann kann auch etwas L-l-l-lateinisch sprechen, Herr.»

Der Vater trat näher und fragte ihn: «Wie heißt du?»

«Iccius!» erklärte der Gallier.

«Woher kannst du die lateinische Sprache?»

«Mein Vater Fürst... Aber an Aufstand gegen Caesar beteiligt... Er mich nach Süden... in römische Provincia Narbonnensis schickt...»

Lucius wußte, der Südteil Galliens war schon seit siebzig, achtzig Jahren römische Provinz und wurde nach der Hauptstadt Narbo benannt. Viele gallische Fürsten hatten in den letzten Jahren, bevor Caesar das ganze Land eroberte, ihre Söhne dorthin geschickt, um die römische Sprache, Kultur und Lebensweise kennenzulernen. Dieser Iccius war also einer von ihnen.

«Lebt dein Vater noch?» fragte Tellius.

«Nein. Vater tot. Gefallen bei Alesia.»

Dort hatte Caesar im letzten Herbst den letzten großen gesamtgallischen Aufstand unter dem Fürsten Vercingetorix niedergeschlagen. Das Interesse von Lucius wuchs. Was mochte dieser Mann – den er auf zwanzig Jahre schätzte – nicht schon alles erlebt haben!

«Und deine Mutter?»

«Gestorben, aber schon früher. Als ich und meine Schwester noch Kind.»

Erstaunen machte bei den vier interessierten Beobachtern die Runde, und selbst Tigranes neigte wie anerkennend den Kopf, sagte dann zu Aristokles:

«Ich wußte gar nicht, daß wir Geschwister dabeihaben! Sehr gut! Sehr gut!» Und zu Flavius Iustus, des Lucius Vater: «Also, mein edler Flavius! Da gäbe es für mich überhaupt keine Bedenkzeit. Wo bekommst du Geschwister edler Herkunft zu solchen Bedingungen!»

«Ich will keine Geschwister. Ich brauche einen erfahrenen Tierpfleger, Wärter und hervorragenden Kenner der Geflügelzucht!»

Da meldete sich Kassandros zu Wort: «Herr!»

«Hm...»

«Ich habe alle der Reihe nach ausgef-f-f-fragt. Aber keiner wußte so gut Bescheid wie dieser Iccius! Er sagt, sein Vater sei schon ein großer Tierzüchter gewesen. Er habe auch Adler und Falken gehalten für die Jagd. Und natürlich auch Gänse, Enten und Hühner!»

«Was!?» rief Vater. «Er, der Fürst, hat sich selbst darum gekümmert?»

«Mein Vater selbst gekümmert!» erklärte Iccius stolz. «Adlerzucht edel! Wir auch Schwäne! Edel! Und Gänse! Erfahrene Knechte ...»

Lucius spürte, daß Vater – wie er selbst übrigens auch – sich eingestehen mußte, sich in vielem ein falsches Bild vom Leben eines gallischen Fürsten gemacht zu haben. Diese Leute legten offenbar bei allen Tätigkeiten selbst mit Hand an. Arbeit erniedrigte sie nicht. Einem vornehmen oder reichen Römer aber bedeutete Arbeit etwas, das nur Sklaven oder den Armen zustand. Ein freier Mann ließ arbeiten. Darum gehörte es einfach zum guten Ton, daß man mindestens einen Sklaven sein eigen nannte, und sei es nur, daß er von den Ständen der Bauern und Marktfrauen hier und da was flink mitgehen ließ, damit er und sein Herr nicht verhungerten.

«Wie alt ist deine Schwester?» fragte Vater weiter.

«Schwester siebzehn.»

«Wie heißt sie?»

«Catamandaloeda.»

«Wie? Catamatalota ... Das ist ja völlig unmöglich!» rief der Vater. «Das kann sich ja kein Mensch merken!»

«Schöner, alter, vornehmer Name!» beharrte Iccius.

«Na, meinetwegen, aber ...» Plötzlich wandte er sich Lucius zu: «Was meinst du, mein Sohn? Mutter braucht doch unbedingt noch jemand im Hause ... Arete wird alt und kränkelt oft. Wir könnten ...»

Lucius war natürlich sogleich Feuer und Flamme, denn sowohl Iccius als auch seine Schwester gefielen ihm. Tigranes war nun zu ihnen getreten und sprach leise: «Ich will mich da nicht einmischen, aber ich spreche aus jahrzehntelanger Erfahrung: Geschwister, besonders Bruder und Schwester, sind fast immer sehr gefügig und passen sich auffallend schnell den neuen Verhältnissen an, weil sie sich gegenseitig ihr Herz ausschütten können ...» Mit einemmal hatte er einen Zug im Gesicht, den ihm Lucius nicht zugetraut hätte: war es Trauer? Mitleid? – Unmöglich! Tigranes galt als der härteste, ja brutalste Sklavenhändler von ganz Rom. Er und Mitleid? «Ich weiß, wovon ich rede, denn ich hatte auch einmal eine Schwester ...»

Als ob er schon zuviel gesagt hätte, verstummte er und sein Gesicht wurde wieder das alte, freundlich, geduldig, klug und hart –

das alles in einem. War er am Ende in jungen Jahren selbst Sklave gewesen? Lucius konnte seinen Blick nicht vom Gesicht des Syrers nehmen, bis der es bemerkte und lächelnd zu ihm sagte: «Sie gefallen dir, nicht wahr?»

Lucius schluckte: *«Certo.»*

«Also, tausend Sesterzen für Iccius! Fünfhundert für das Mädchen!»

Vater und Tellius wechselten Blicke, dann sagte Tellius:

«Zwölfhundert für beide!»

Tigranes riß entsetzt die Augen auf, und Lucius erkannte, daß ihm solche Händel Spaß machten: «Wenn sich das rundspricht, bin ich ruiniert! Bei dem Preis decke ich nicht mal die Unkosten!»

«Das kannst du dem Mercurius weismachen![25] Also zwölfhundert?»

«Vierzehnhundert!»

«Zwölfhundert!»

«Dreizehnhundertfünfzig!»

«Zwölfhundert!»

«Dreizehnhundert!»

«Komm, Schwager!» wandte sich nun Tellius mit scheinbarem Ernst an Flavius Iustus. «Ich hatte dir da wohl zu viel versprochen. Gehen wir zum Marsfeld ... Da gibt's billigere ...»

Er nahm den Vater beim Arm und wollte sich mit ihm entfernen, als Tigranes im letzten Augenblick rief:

«Also gut! Zwölfhundertfünfzig!»

«Zwölfhundertfünfundzwanzig!»

Tigranes hob den Blick zum Himmel und seufzte wie ein Vater, der seinem ungezogenen Sohn nicht klarmachen kann, daß er etwas falsch gemacht hat. Dann hieß es: «Weil ihr es seid, die besten Freunde meines Hauses: Zwölfhundertfünfundzwanzig!»

«Na also!» brummte Tellius.

Vater sagte: «Ich möchte, daß du sie morgen auf das Gut bringst. Der Patronus senior ist da und wird auch mit dir abrechnen.»

Tigranes nickte ergeben: «Wann immer du, edler Flavius Iustus, Bedarf an guten Knechten hast, laß es mich wissen. Ich werde jeden Wunsch zu deiner Zufriedenheit erfüllen. Ich habe nur eine Bitte ...»

«Ja?» Tellius und Vater schauten ihn an.

«Erzählt nur nicht, zu welchem Preis ich euch die beiden da ... Also, es wäre sehr zu meinem Schaden, wenn sich das herum ... Ihr versteht?»

«Selbstverständlich», sagte Tellius und lachte breit. Sie hatten sich verstanden. «Und natürlich wirst du dem edlen Flavius Iustus die beste schriftliche Garantie geben, daß die beiden kerngesund sind, daß wir sie aus erster Hand erwerben, daß sie noch nie entlaufen sind, und daß Flavius ein Vierteljahr lang das Recht hat, sie umzutauschen.»

«Selbstverständlich!» Tigranes verbeugte sich, erklärte dann dem Aristokles: «Bereite alles vor! Auch die Erklärungen! Schau nach, welcher Transport morgen über die Via Appia nach Süden abgeht. Bring sie dort noch unter!»

Auf dem Rückweg aber erklärte Tellius: «So mußt du mit diesen Brüdern reden! Es stimmt schon, daß er sie unter Wert an dich verkauft hat. Aber er weiß, daß er sich uns beide dadurch als treue Kunden behält. Er geht davon aus, daß ich meinen Betrieb in den kommenden Jahren vergrößere und natürlich meinen Bedarf an Arbeitern bei ihm decke. Da dies zum Teil herausragende Fachleute sein müssen, kommt er gut auf seine Kosten.»

«Onkel Gaius!»

«Ja, mein Junge.»

«War ... war Tigranes selbst früher einmal Sklave?»

Tellius blieb stehen und schaute erstaunt in das Gesicht von Lucius: «Gut aufgepaßt, Lucius! Ja, er war einmal Sklave. Das ist aber schon sehr, sehr lange her. Fünfzig Jahre und mehr. Eine umständliche, aber sehr interessante Geschichte. Und manchmal kommt die Erinnerung über ihn, so wie eben, als er mit dir sprach. Tja, es gibt in dieser Stadt schon seltsame Schicksalswege ... Aber», wandte er sich wieder an den Vater, «mit den beiden hast du wirklich das Beste bekommen, was du unter den gegebenen Verhältnissen kriegen konntest. Der Junge machte auf mich einen hervorragenden Eindruck. Er hat die Krise schon hinter sich.»

«Welche Krise?» fragte Lucius.

«Die Gefangennahme. Die Trennung von seiner Heimat und von seiner Familie. Das ist hart. Das ist wie ein Schnitt. Wie eine Amputation. Damit mußten die beiden erst mal fertigwerden. Wahrscheinlich ist das schon einige Zeit her. Er sprach ja selbst von den Ereignissen bei Alesia.»

«Und was haben sie in der Zeit gemacht?»

«Waren bei Tigranes. Sind ihm zur Hand gegangen. Und er hat sie schon geschickt auf das Kommende vorbereitet. Hat sie wohl auch unterrichten lassen. Also . . .», das ging wieder an den Vater, «. . . wenn du das alles bedenkst, dann hast du einen ausgezeichneten Kauf gemacht!»

Um die neunte Stunde

Zwischen der sechsten und achten Stunde wurde Mittagsruhe gehalten. Vater, Onkel Gaius und auch die Frauen legten sich zu einem kurzen Mittagsschlaf hin. Räume waren genügend vorhanden, denn die Wohnung umfaßte etwa die Hälfte des gesamten ersten Stockwerks. Seit jeher hatten die Haussklaven Anweisung, während dieser Zeit ganz besonders leise zu sein. Sie folgten ihr gerne, denn das Ruhegebot brachte auch ihnen Muße und Erholung. Allerdings wurde die heutige Mittagspause, die an sich bis zur zehnten Stunde dauerte, eine Stunde früher beendet, weil Onkel Gaius dem Vater unbedingt das Haus zeigen wollte, das er erworben hatte.

Zwar fragten die beiden Männer Lucilia, die Mutter des Lucius, ob sie mitgehen wollte, doch zog sie es vor, zusammen mit der Schwester und mit Flavia einen Stadtbummel zu machen. Marcus dagegen wollte unbedingt mit den Männern, und sie erlaubten es. Kassandros, der unter den Arbeitern der Töpferei einen alten Bekannten hatte, durfte ebenfalls mit und freute sich auf das Wiedersehen.

Das Haus lag in der Nähe der Servianischen Stadtmauer, doch noch innerhalb der Stadt. Das war sehr günstig für den Transport der Töpfereiwaren, denn man mußte sich nicht mit Karren und vollbepackten Eseln durch die Innenstadt drängen. Die «Domus Telliana», wie Gaius Tellius das Haus ironisch nannte – es klang so, als ob es sich um den reich ausstaffierten Besitz einer adligen Familie handelte – machte allerdings den Eindruck eines Schutthaufens. Es sah so aus, als sei das obere Stockwerk in sich zusammengestürzt und die Steine und Mauerstücke, die Balken und Ziegel hätten sich mutwillig um die Fundamente herum gelagert.

Doch das täuschte.

«Ich habe das ganze Obergeschoß abreißen lassen, weil die Balken morsch und im Putz der Pilz war», erklärte Gaius Tellius an Ort und Stelle. Marcus begann sofort, in einem der Sand- und Geröllhaufen zu spielen, Mauern zu schichten und Kastelle zu bauen. Er hatte alles um sich herum vergessen und würde die nächste Stunde zu tun haben. Als dann noch ein Junge gleichen Alters aus einem Nachbarhaus dazukam, durfte er mitbauen, und Marcus' Glück war vollkommen.

Währenddessen gingen Gaius Tellius, Vater und Lucius an der Außenwand, die zur Straße hin gelegen war, entlang. Dann blieb Tellius stehen und wies zu einer Nische.

«Hier war früher mal eine Tür. Später wurde sie zugemauert. Ich werde die Mauer wieder beseitigen.»

«Warum?» fragte Vater.

«Ich möchte Geschäft und Privatwohnung möglichst getrennt haben. Fände es nicht gut, wenn Besucher und Gäste immer durch die Wirtschaftsräume müssen.»

Vater nickte dazu. Sie gingen zurück zu dem etwa 10 Fuß breiten Durchgang[26]. Man konnte ihn ohne weiteres mit einem Wagen passieren.

«Das hat mir gleich gefallen!» sagte Tellius. «Das ist gut durchdacht! Bei jedem Wetter kannst du hier mit dem Wagen hinein und ab- oder aufladen. Und gleich daneben der Eingang zu den Lagerräumen. Und die Fundamente erst!» Er klatschte mit der flachen Hand gegen die aus Ziegeln gemauerten Wände, die oben ein Gewölbe bildeten. «Die wußten noch zu bauen! Da könntest du noch vier Stockwerke draufsetzen! – Komm!»

Sie verließen den Gang und traten durch eine breite Doppeltür in

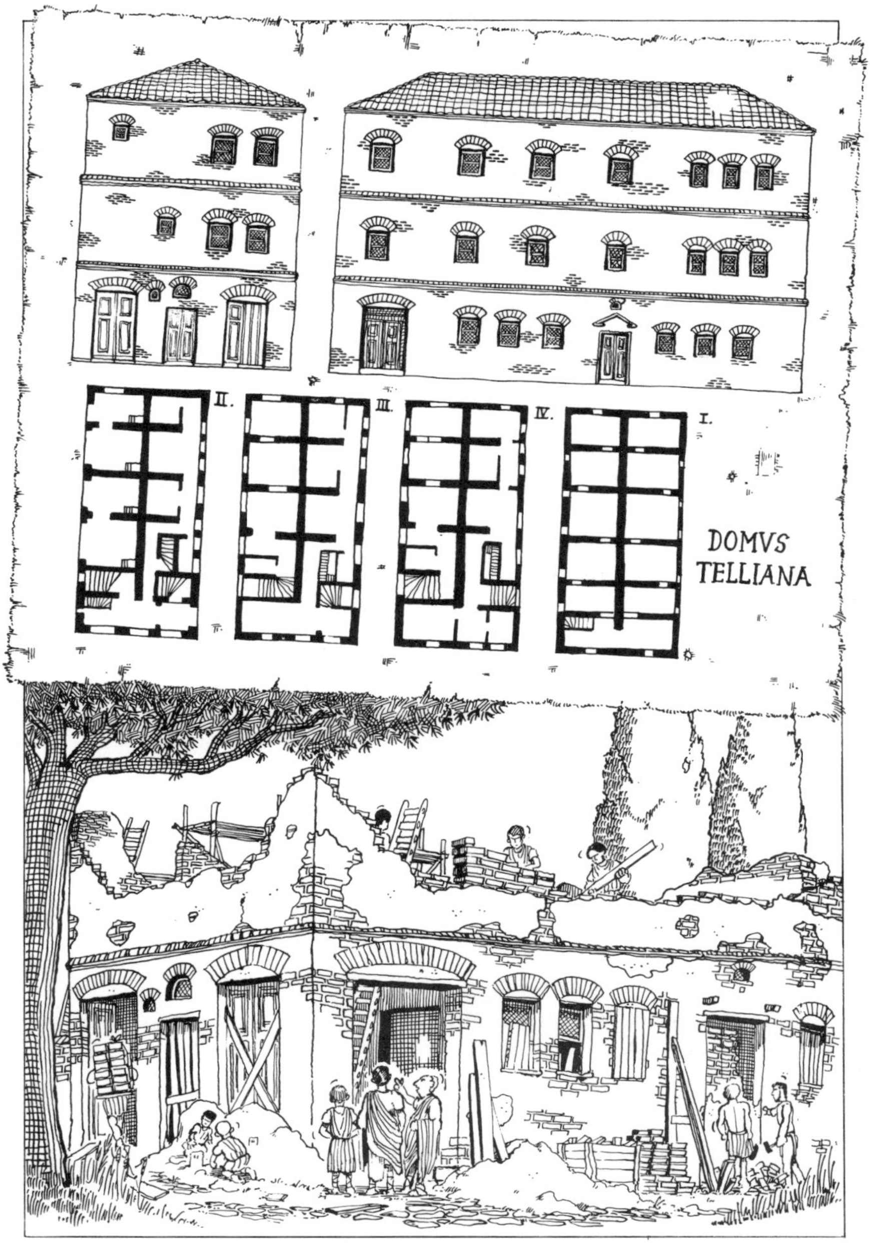
II.
III.
IV.
I.
DOMVS
TELLIANA

den inneren Flur. Rechts führte eine Treppe zum oberen Stock. Sie folgten dem langen Flur, und wieder lobte der neue Besitzer die Qualität der festen Wände und Fundamente. Er zeigte hierhin und dorthin, wo er einen Durchgang brechen lassen würde. Dabei erklärte er:

«Vorher waren hier unten mehrere für sich abgeschlossene Raumeinheiten. Auf der gegenüberliegenden Seite eine Taberna nach der andern. Das werde ich natürlich ändern ...» Sie hörten, daß da schon die Maurer an der Arbeit waren, und im nächsten Raum waren bereits Durchgänge gebrochen worden.

«Du willst hier also überall deine Keramik aufstellen?» fragte Vater.

«Ja, darum der ganze Aufwand. Ich bin ja nicht nur Produzent, sondern gleichzeitig Großhändler. Zu mir kommen dann die Kleinhändler aus dem Zentrum und decken sich für eine Woche oder länger mit Ware ein, je nachdem, was sie wollen.»

«Was wirst du denn ...» Vater unterbrach sich und hustete. «Ich meine, was soll's denn sein? Teures Material? Billiges Alltagsgeschirr?»

«Alles, Schwager! Alles! Für jeden etwas. Aber das wirst du ja gleich selbst sehen, wenn wir im Betrieb sind. – Also, hier werden Amphoren gestapelt ...[27] Nebenan kleinere Krüge. Na, du weißt doch, zum Wasser holen etwa. Der Bedarf ist immens. Das Material ist trotz seiner Dicke empfindlich. Und noch dicker kannst du's nicht machen, weil's zu schwer wird. Andererseits mußt du dem Kunden klar machen, daß die Ware besonders leicht ist. Du verstehst, was ich meine?»

«*Certo.* – Und in den Tabernen ...?»

«Da kann jeder kaufen, was er will.»

«Verstehe. Du denkst an alles. Liegt hier ja auch sehr günstig. Gleich neben der Porta Esquilina!»

«Ja. Die Lage ist einmalig günstig. Aber keiner wollte den Kasten. Wäre zu baufällig, hieß es. Habe mir dann aber einen erfahrenen Meister kommen lassen und das Ding abschätzen lassen: Runter mit dem Obergeschoß! sagte er. Also hab' ich's runtergeholt. Werde nun zwei Stockwerke draufsetzen. Später vielleicht mehr. Als Mietwohnungen. Für gehobene Verhältnisse. Du verstehst ...»

«*Immo.* – Natürlich. – Und wann... ich meine, wie lang soll das...?»

«Vor Wintereinbruch werden wir einziehen. Bis dahin habe ich natürlich doppelte Ausgaben, das Haus im Zentrum und dieses hier. Aber dann wird es sich lohnen.»

Sie kletterten über eine baufällige Treppe, die kurz vor dem Abriß stand, nach oben. Tellius erklärte ihnen die Lage der einzelnen Wohnräume, die dann entsprechend auch im folgenden Obergeschoß angelegt würden.

Soviel verstand Lucius, daß Gaius Tellius ein fleißiger, phantasievoller, zupackender und zielstrebiger Mann war. Und er war sicher, daß es weiter mit seinem Betrieb aufwärts ging.

Vom Polier der Bauleute ließ sich Onkel Tellius den Bauplan reichen. Er war mit schwarzer Tinte auf Papyrus gezeichnet und gab sehr genau und anschaulich das Aussehen des fertigen, erweiterten Baus mit zwei Obergeschossen wieder. Man konnte es sich nun gut vorstellen. Außerdem waren Grundrißzeichnungen aller Geschosse vorhanden. Im Erdgeschoß würde ein komfortables Bad entstehen.

Die Zeit war beim Besichtigen wie im Flug vergangen, und Gaius Tellius drängte zum Aufbruch, wenn sie die Arbeiter der Töpferei noch in Aktion sehen wollten.

Dazu verließen sie die ummauerte Stadt durch die Porta Esquilina und folgten der Via Labicana ein kurzes Stück gegen Osten[28]. Dann bogen sie nach Süden ab, und hier veränderte sich die Stadtlandschaft. Lagen innerhalb der Mauer die Wohnhäuser dicht gedrängt beieinander, so folgte hier ein Betrieb auf den andern, freilich nicht eng wie drinnen; immer wieder unterbrachen Hecken und Bäume die nüchternen, vom Zweck bestimmten Anlagen. Da waren Tischlereien, Töpfereien, Schmieden, Lager von Wein und Öl. Einige Betriebe hatten sich auf besonders gefragte Dinge spezialisiert, und Onkel Gaius wies sie besonders darauf hin: «Da vorne links! Die Manufactura[29] von Servilius! Eine große Tischlerei. Der baut aber fast nur noch Bettgestelle, die man zusammenklappen kann.»

Lucius fragte nach: «... die man zusammenklappen kann?»

«*Immo!* – Aber ja! Weil die Wohnungen in der Stadt immer enger werden. Jedes Jahr, heißt es, ziehen fünf-, sechstausend Menschen in die Stadt. Ihr habt doch selbst gesehen, wie sie aus allen Nähten platzt![30] Wie der Dreck zunimmt! Wie es überall im Zentrum, besonders in den übervölkerten Gassen beim Argiletum und in der Subura stinkt! – Also, keine schlechte Idee von Servilius, das mit den Klappbetten. Hab' mir auch so'n Ding zugelegt. Ideen muß man haben!»

Schließlich bog Tellius in einen schmaleren Weg ein, der von sauber geschnittenen mannshohen Taxushecken gerahmt wurde. Nach zwanzig Schritt erreichten sie ein offenstehendes Doppeltor. Dahinter ein großer Hof. Rechts stand ein massives zweistöckiges Haus. Es hatte – und das fiel Lucius sofort auf – einen aus Natursteinen gemauerten Turm, der das Dach erheblich überragte.

«Kann man da hoch?» fragte Marcus, der ihn auch gleich gesehen hatte.

«Sicher. Aber seid vorsichtig! Am besten geht Kassandros gleich mal hoch mit dir.»

Die Wände des Gebäudes strahlten leuchtend weiß. Sie wurden scheinbar regelmäßig, das heißt alle paar Jahre, gestrichen. Überhaupt machte das ganze Gelände einen überaus sauberen, aufgeräumten, geordneten Eindruck. Nirgendwo lag Schmutz herum, keine fauligen Holzteile, keine stinkenden nassen Lappen.

Die beiden anderen Seiten des Hofes waren von einer etwa zehn bis zwölf Fuß hohen Mauer umgeben. Von ihrer Oberkante strebten Balken zum Hof hin, wo sie auf stabilen Ständern mit Querbalken auflagen. Es war ganz ähnlich wie auf dem Gutshof, dachte Lucius. So stand ein zusätzlicher großer und überdachter Raum zur Verfügung. Unter dem Dach stapelten sich Gefäße aller Größen, Formen, Farben und Qualitäten. An der vierten Seite, in ihrem Rücken, lag ein Berg von Keramikschutt, geborstene Krüge, beim Brennen im Ofen aneinandergepappte Gefäße, Fehlbrände, Teile und Splitter von Geschirr. Gerade waren zwei Sklaven dabei, einen Karren damit vollzuladen. Gaius Tellius rief ihnen zu:

«Überladet den Wagen nicht! Lieber doppelt fahren! Trennt den feinen Schutt von dem groben!»

«Wohin fahren sie damit?» fragte Lucius.

«Zum Mons Testaceus am Tiber.»

Damit konnte Lucius nicht viel anfangen; Onkel Gaius sah es seinem fragenden Gesicht an und ergänzte: «Das ist seit Urzeiten der große Schuttberg beim Tiberhafen. Dorthin werden zerstörte Amphoren und Krüge gebracht.»

«Aus ganz Rom?»

«Eigentlich nicht. Es fing mit den Schiffsladungen an. Da gehen ja immer mal wieder Gefäße in die Brüche. Und die hat man dann gleich in der Nähe weggeschmissen. So ist nach und nach der Schutthügel entstanden.»

«Und warum sollen sie den feinen Schutt aussondern?»

«Damit können wir nach einem langen Regen den Boden hier im Hof befestigen.»

Er zeigte nach allen Seiten, und Lucius erkannte überall im festgefahrenen Boden die Reste von Keramik. Entstand infolge langer Regenperioden irgendwo eine Pfütze, dann wurde sie mit dem feinen Schutt ausgefüllt. Den Rest besorgten dann die Wagen und die Hufe der Maultiere und Esel.

Sie schauten sich um, und Vater nickte anerkennend. Überall waren Männer bei der Arbeit. Sie stapelten frisch gebrannte und abgekühlte Ware unter dem Dach des Umbaus, beluden Wagen für den näheren oder weiteren Transport. Andere schleppten Strohballen herbei und öffneten die Bindungen. Mit Büscheln der Halme polsterten sie die Räume zwischen den Krügen und dem Wagenkasten, legten auch horizontal dicke Schichten, damit die Gefäße unterwegs nicht durch die Stöße der Straße beschädigt wurden.

«Wieviel Leute hast du hier?» fragte Vater.

«Oh, da muß ich nachdenken ... Warte ...» Er bewegte stumm die Lippen und addierte mit den Fingern. Dann nickte er: «Fünfunddreißig, ja, fünfunddreißig. Im einzelnen sind das fünf Leute zum Schlämmen und Kneten. Sie müssen stark und gesund sein. Zwölf Mann formen auf dem Rad ... Aber was rede ich – schaut euch das doch an!»

Er ging voraus zum Hauptgebäude.

Und weil Gaius Tellius in allem auf Ordnung hielt, wies er die Besucher auf etwas besonderes hin:

«Ich habe die Räume alle der Reihe nach durchnumeriert ...» Er zeigte auf die Zahlzeichen, die mit Schwarz über die Türstürze sauber geschrieben waren: I, II, III und so weiter. Vier große Arbeitsräume befanden sich an der Längsseite. Im ersten Raum wurde der feine Ton durchgeknetet.

«Das muß immer wieder und immer wieder und noch einmal gemacht werden! Je feiner der Ton, desto feiner die Ware. Wenn ich euch gleich das feine Eßgeschirr zeige, versteht ihr, warum das sein muß. Hier sind fünf Leute beschäftigt. Avilius Sura ist der Vormann.»

Avilius verbeugte sich vor den Gästen, wandte sich dann wieder seiner Arbeit zu: Er kontrollierte immer aufs neue mit den Händen, ob die Tonmasse, die in einer großen steinernen Wanne von mehreren Sklaven mit den Füßen getreten, vermengt, gequetscht wurde, die richtige Konsistenz, die richtige Geschmeidigkeit hatte.

«Der Bürger, der achtlos ein gebranntes Gefäß benutzt, macht sich ja keine Vorstellung davon, welche Vorüberlegungen und Arbeiten notwendig sind, ehe man an das Formen und Brennen gehen kann ...»

Er sprudelte jetzt über von seinen Kenntnissen und freute sich, endlich einmal wirklich interessierte Zuhörer gefunden zu haben.

«Die unterschiedliche Färbung der Tonerden tritt erst an der gebrannten Ware vollends in Erscheinung. So können wir hier rote Ware ebenso brennen wie graue, braune, schwarze ...»

«Woher kommt der Ton?» fragte Lucius.

«Aus der Erde, mein Junge. Es gibt an ganz bestimmten Stellen große Lagen von Ton.»

«Auch hier?»

«Ja. Auf der anderen Seite des Tibers, nördlich der Via Aurelia, beim Agger Vaticanum[31]. Aber auch hier, wo jetzt die verschiedenen Töpfereien stehen, gab es früher Tonerde. Darum haben sich die Töpfer an diesem Ort schon früh niedergelassen.»

Gaius Tellius unterbrach seinen Bericht, winkte einen Sklaven zu sich und flüsterte ihm etwas ins Ohr. Der junge Mann nickte und ging.

«Ja, also», fuhr Onkel Gaius fort, «der Ton wird mit besonderen Geräten in offenen Gruben ‹gestochen›, wie wir sagen. Das ist Knochenarbeit, nicht wahr, Sura!?»

Avilius Sura nickte lächelnd und sagte mit ziemlich belegter Stimme: «*Immo, domine!* – Aber ja, Herr!»

Auch die andern vier in der Wanne nickten sich zu. Also kannten sie diese Schwerstarbeit aus eigener Erfahrung.

«Mit einer Hacke werden die zähen Tonklumpen abgelöst, in Körben gesammelt und aus der Grube gehievt. So kommen sie dann auch hier an. Dieses Rohmaterial enthält nun viele Bestandteile, die wir nicht gerne drin haben. Das sind Sandkörner, manchmal Steine, Holz, Äste, Wurzeln von Bäumen. Das muß alles erst einmal herausgeholt werden.»

«Das geht doch gar nicht!» rief ganz unerwartet Marcus, der damit bewies, daß er gut zugehört und alles verstanden hatte.

«Na, dann kommt mal mit!»

Gaius Tellius ging durch eine seitliche Tür nach draußen. In einer Ecke des Hofes befanden sich mehrere Becken, wieder alle aus Stein gemauert und sauber mit glattem Mörtel verputzt. In ihnen befand sich ein lehmiger Brei. Die Becken standen alle miteinander in Verbindung, und zwar so, daß man die Höhe des Wasserstandes regulieren und das Wasser vom oberen in das nächst tiefere Becken fließen lassen konnte. Lucius verstand sofort: Der rohe Ton wurde hier in Wasser gelöst und dabei von den unerwünschten Bestandteilen gereinigt. Tellius erklärte, wie es weiterging:

«Mit viel Wasser wird in diesen Becken der Ton ‹geschlämmt› und ‹eingesumpft›, versteht ihr?»

Die Jungen nickten.

«Hm, gut. Dabei löst der Ton sich auf, wird verrührt, und die schwereren Teilchen sinken schnell zu Boden, also Sand und Steine. Leichte Fremdkörper wie Blätter und Äste gelangen an die Oberfläche. Dort kann man sie leicht mit Rechen und feinen Körben abfischen. In der Mitte aber ist der feine Tonschlamm, den wir brauchen. Wir lassen ihn in ein tiefer gelegenes Becken fließen. Dort verdunstet das Wasser. Es kann sogar Fäulnis entstehen, und das beabsichtigen wir bei ganz feinen Tonen sogar, denn mit angefaultem fettem Ton können wir die feinsten und dünnsten Teller und Becher herstellen. Es kommt nur darauf an, den richtigen Augenblick zu erkennen. Dazu gehört große Erfahrung. Und Avilius Sura hat sie!»

Als sie nähertraten, erkannten sie in dem schon eingedickten Tonbrei Luftblasen, die durch die Fäulnis hervorgerufen waren.

«Vor der weiteren Verarbeitung muß der Ton dann aber noch geschmeidiger gemacht werden. Und das geschieht mit den Füßen. Ihr habt das eben drinnen gesehen . . .»

In diesem Augenblick kam der Sklave, den Tellius weggeschickt hatte, zurück.

«Gib's ihnen, Primus!» sagte Onkel Gaius, und nun sahen sie, daß Primus etwas aus gebranntem Ton in Händen hielt. Was es war, erkannten sie erst, als er es ihnen gab. Es waren zwei Panflöten, die aus Ton hergestellt waren. Sofort probierte Marcus sie aus, während Lucius sie genau betrachtete und sich bei seinem Onkel bedankte. Dann erst hob er sie zum Mund und blies über die parallel angeordneten Röhren. Er hatte sich schon einmal, zusammen mit Pakoros, auf dem Hof eine hölzerne Panflöte gebastelt, aber die funktionierte nie so richtig. Diese hier gab sehr saubere Töne von sich. Alle lächelten ihm zu, als er eine einfache Weise darauf spielte.

«D-d-darf ich auch m-m-m-mal?» fragte Kassandros den Marcus. Der Kleine erlaubte es, und dann spielten die beiden zusammen eine bekannte Hirtenweise, daß einige Sklaven die Köpfe aus den Türen steckten um zu sehen, welche Musikanten aufgezogen seien.

Sie gingen ins Gebäude zurück, diesmal in den Raum II.

«Hier werden die kleineren Gefäße auf der Scheibe hergestellt.» Onkel Gaius wies zu einem, der dabei war, einen kleinen Krug hochzuziehen. «Hier arbeiten vier Mann. Wie ihr seht, können sie ihre Drehscheibe selbst bewegen. Sie brauchen dazu keine Hilfe. Bei großen und schweren Gefäßen ist das anders. Das seht ihr gleich nebenan . . .»[32]

Staunend sahen die beiden Jungen zu, wie aus einem Klumpen Ton sehr schnell, wie von Zauberhand bewegt, ein Gefäß heranwuchs. Es wurde immer dünner, immer eleganter, immer höher.

«Diese Männer gehören zu meinen Spitzenkräften!» lobte Tellius, und die Sklaven an ihren Drehscheiben warfen sich einen kurzen Blick zu. Es tat gut, mal gelobt zu werden. – Die fertigen Stücke wurden zum Trocknen auf Bretter gestellt, die auf Regalen an den Wänden standen. Dort mußten sie ihre Feuchtigkeit ganz verlieren, ehe man sie brennen konnte.

Im gleichgroßen Raum III war die Arbeit erheblich schwerer und erforderte großes Können. Zwei Männer arbeiteten und gestalteten hier an einer Scheibe, die freilich erheblich größer und stabiler war als die von Raum II. Hier entstanden die mächtigen Amphoren und die Dolia, die Gefäße, in denen überall im Lande und in der Stadt Wein, Öl, Essig, Bohnen, Erbsen, Getreide, Mehl, Gries und was nicht sonst noch alles aufbewahrt wurde. Die Dolia konnte man zur besseren Kühlung im Boden eingraben. Dann mußten sie allerdings absolut wasserdicht sein und durften sich auch nicht im Laufe der Zeit vollsaugen. Kein Wunder, daß die glasierten besonders teuer waren. Die Kunst beim Drehen gerade dieser riesigen Gefäße bestand darin, beim Aufbringen des Tonklumpens genau das Zentrum, die Mitte der Drehscheibe zu treffen. Nur dann gelang der Aufbau des Gefäßes.

Zwei andere Sklaven waren damit beschäftigt, an etwas getrockneten Krügen die Henkel anzubringen. Auch bestimmte Fußformen und sehr enge Gefäßhälse wurden, zumal bei größeren Stücken, besonders angesetzt. Diese Henkel waren aus freier Hand vorgeformt. Als Kleber wurde Tonschlick benutzt, sehr nasser Ton, der fast

noch Brei war, dessen Feuchtigkeit aber von den angetrockneten Gefäßen sogleich aufgesaugt wurde. Beim Brennen wurde aus den Einzelteilen dann eine Einheit.

«Jede falsche Bewegung zerstört das Begonnene!» erläuterte Onkel Gaius. «Die Finger selbst müssen feucht bleiben, damit der Ton leicht unter ihnen durchgleiten kann, andererseits darf dieser nicht zu feucht werden, sonst verliert er seine feste Konsistenz und fällt in sich zusammen. Ihr habt bestimmt schon mal versucht, aus Lehm eine Figur zu machen ...?»

Die Jungen nickten.

«Na, dann wißt ihr, was ich meine. Jetzt zeige ich euch noch eine ganz besondere, neue Technik ...»

Sie gingen in den Raum IV. Seltsamerweise fehlten hier die Räder und Drehscheiben.

«Unsere Arbeit und Gestaltung endet nämlich nicht auf der Drehscheibe», bemerkte Gaius Tellius zu den erstaunten Blicken der Besucher. «Ihr habt bis jetzt all das gesehen, was schon seit Urzeiten mit dem Ton geschieht: das Reinigen, Schlämmen und Kneten. Dann das Formen auf der Scheibe oder dem größeren Rad. Und hier...» Sie traten nun ganz in den Raum ein, der größer als die drei vorherigen war. «Hier werden die Schüsseln ... na?»

Der offene Satz wandte sich wieder an die beiden Jungen, besonders an den älteren Lucius. Dieser schaute sich in Ruhe und genau an, was da auf den zahlreichen Tischen stand: Schüsseln. Das Besondere an ihnen war, daß eine genau so aussah wie die andere. Er trat heran, betrachtete die Gefäße aufmerksam aus der Nähe – und dann hatte er die Lösung; denn ihm war eingefallen, wie er als Kind mit alten Bechern und beschädigten Schalen im Sand gespielt und mit den Gefäßen Abdrücke in dem lockeren Material hergestellt hatte, manchmal eine ganze Reihe davon. Das hatte ihm große Freude gemacht, weil sich die Form exakt wiederholte. Sogar die Fehler, die Bruchstellen und Kerben, tauchten bei jedem Abdruck wieder auf. Ähnlich mußte es auch hier sein:

«Sie sind wohl in einer Form entstanden», meinte er und sah Onkel Gaius fragend an.

«Kluger Junge!» lobte der. «Da stehen sie!» Er wies zu einem großen Regal. Dort standen die Modellschüsseln in den verschiedensten Größen und Formen, sie waren flach, hoch, tellerartig, wie Schüsseln, wie Schalen. In ihren Innenwänden befanden sich die Negative der plastischen Formen, der Pflanzen, Vögel, Tiere, Menschen oder Dinge, die später an der Außenwand des Gefäßes zu sehen sein sollten. Auch die Modellschüsseln waren aus Ton. Aber wie, dachte Lucius, wie kann man verhindern, daß der feuchte Ton, der in die Modellschüssel gedrückt wird, an deren Wand kleben bleibt. Er fragte es den Onkel.

«Das ist nicht schwierig. Das Modell nimmt aus dem Ton die Flüssigkeit. Nach einer gewissen Zeit zieht sich dadurch die im Innern der Matrize entstandene Rohschüssel etwas zusammen. Dann kann man sie vorsichtig aus dem Modell herausnehmen.»

Überall auf den verschiedenen Regalen standen trocknende Rohlinge. Auf einem anderen Regal lagen nach Motiven geordnet die Stempel, denn auch die Modellschüsseln mußten erst einmal aus Ton gedreht und mit dem Reliefschmuck versehen werden.

Nun stellte Vater eine Frage: «Stellt ihr die Stempel auch selbst her?»

«*Immo!* – Aber ja! Dafür ist vor allem Thyrsos zuständig. Er arbeitet gerade an neuen Formen.»

Sie gingen zu dem Sklaven hin und schauten ihm über die Schulter zu, wie er in den elastischen Ton Gesichter von Göttern oder Fabelwesen schnitt, von Tieren, besonders Pferden, Hunden, aber auch Wildschweinen. Er konnte jede gewünschte Szene aus den einzelnen Stempeln komponieren. Diese Stempel dienten ihm selbst dann wieder nach dem Brennen als Matrizen für die Kopien. Dazu erklärte Gaius Tellius:

«Wir verschicken nicht nur Gefäße in alle Welt, sondern zunehmend auch unsere Stempel. Ich bin im übrigen dabei, in Narbo und Nemausus in der Narbonnensis Zweigstellen aufzubauen ...»[33] Er registrierte befriedigt, wie sich über Vaters Gesicht Staunen verbreitete. «Ja, ich gehe nämlich davon aus, daß das nördliche Gallien, die drei Provinzen, die Caesar erobert hat, daß sie in wenigen Jahren in wachsenden Handel mit uns treten werden. Da liegen großartige Möglichkeiten! Ungeahnte Märkte werden sich uns öffnen!»

Dazu konnte Vater nur nicken und Lucius spürte, daß er großen Respekt vor dem unternehmerischen Geschick, Können und Mut seines Schwagers hatte.

Gaius Tellius führte sie nun über den Gang zur Treppe nach oben. Dort befanden sich zum Teil die Schlafräume der Sklaven, aber auch noch zwei Werkstatträume, in denen die kostbarsten Vasen bemalt wurden. Sie sahen völlig anders aus als die herrlich schimmernden Gefäße, die man für sehr viel Geld kaufen konnte – ihre Farben waren blaß, stumpf, sie sahen unansehnlich aus. Erst der Brennvorgang verzauberte sie zu den leuchtenden Kunstwerken.

Unten schauten sie sich dann noch in dem Raum, der Nummer III gegenüberlag, das kleine Lager an.

«Hier handelt es sich mehr um die Muster unserer Produktion. Hier zeige ich meinen Kunden oder denen, die es werden wollen, was wir ihnen bieten. Und das da ...» Er ging näher heran und ließ seinen Mittelfinger gegen eine dunkelrote Schale schnellen, daß es wie ein Musikinstrument erklang. «... das ist derzeit das Beste und Modernste, was wir anbieten können!»

Es waren rote Gefäße, die außen mit Reliefs verziert waren, von der Art, wie Thyrsos sie herstellte.

«Wunderbar!» staunte Vater.

«Ph-ph-phantastisch!» nickte Kassandros, der bisher bescheiden geschwiegen hatte. «H-h-h-habe so was eigentlich nur in Arretium ge-s-s-sehen!»

«*Recte!* Richtig!» sagte Tellius. «Die hatten bisher darauf in Arretium so eine Art Vorzugsrecht[34]. Kein anderer konnte nämlich diese rote Ware herstellen. Niemand kannte das Geheimnis der roten Farbgebung. Sie stammt ja aus dem Orient. Durch die Kriege gegen Mithridates kamen erfahrene Töpfer als Sklaven nach Arretium. Und dem Perennius aus Arretium gelang es, die größten Könner unter ihnen für gewaltige Summen zu kaufen. Aber auf die Dauer konnte Perennius das Geheimnis nicht wahren. Es gelang mir, einen Mann zu kaufen, der damals mit den Arretiner Meistern nach Italien gekommen, aber aus Versehen bei einem Tischler gelandet war. Beide, der Tischler wie der Töpfer, waren froh, daß sie sich trennten. Dieser Mann steht seit etwa einem Jahr in meinen Diensten.»

«Thyrsos?» fragte der Vater.

«Nein, Rasinius. Werdet ihn noch kennenlernen. Habe ihn zum Betriebsleiter gemacht. Kümmert sich um alles. Natürlich klappte die Herstellung der Terra Sigillata nicht auf Anhieb ...»

«Was ist das?» fragte Lucius.

Und der Onkel: «So nennt man die roten Gefäße. ‹Versiegelte Erde›, das ist die Bedeutung des Wortes. Sie sind absolut wasserdicht! Dies und ihre Farbe, die wir auch verändern können, etwa zum Gelb hin oder mehr zum hellen Rot, auch zum Grau hin ...» Er verlor den Faden, weil in diesem Augenblick ein großer, ernster Mann mit einem grauen Bart hinkend näherkam und sich an Gaius Tellius wandte:

«Herr, es ist kurz vor Feierabend ...»

In der Tat war die Sonne im Westen dabei, hinter den Horizont zu treten. Bald würde die Dämmerung einsetzen. Tellius nickte dem Mann zu, stellte ihn als den eben erwähnten Rasinius vor und meinte:

«Gut. Sie sollen Feierabend machen. Teile ihnen ihre Sesterzen und Asse nach Verdienst und Führung zu. Sei heute etwas großzügiger, denn morgen ist ein Feiertag.»

Rasinius nickte.

«Danach», fuhr sein Herr fort, «mach dich frisch und komm zu mir in die Stadt. Es soll ein fröhlicher Abend werden. Meine Verwandten vom Hof bei Aricia sind gekommen.»

Der Meister, der wegen des Bartes schwer auf sein Alter zu schätzen war, verbeugte sich leicht und dankte für die Einladung. Er war Lucius auf Anhieb sympathisch. An ihn würde er nachher, wenn sich die Gelegenheit ergab, eine Menge Fragen haben. Nun entfernte sich Rasinius, um sich um die ihm anvertrauten Sklaven zu kümmern.

«Ist Rasinius noch ein Sklave?» fragte Lucius.

«Ja», erklärte Onkel Gaius, «aber ich werde ihm bald die Freiheit geben.»

Lucius wollte «Warum» fragen, unterließ es aber, weil es im Augenblick nicht paßte.

«So, dann fehlen eigentlich nur noch die Brennöfen! Da ist zwar nicht viel zu sehen, weil der geheimnisvolle Vorgang unsichtbar im Innern stattfindet. Aber ihr müßt sie mal gesehen haben ...»

Vier Brennöfen lagen hinter dem Hauptgebäude, getrennt von den übrigen Anlagen. Hier waren vier Sklaven unter dem Brennmeister Glaukos zuständig. Glaukos rangierte gleich hinter dem Betriebsleiter Rasinius, denn das Brennen der geformten Gefäße war der technisch schwierigste, der wichtigste, der alles entscheidende und darum der riskanteste Vorgang beim gesamten Herstellungsprozeß. Die Gefahren blieben stets dieselben, der Töpfer war am Ofen unberechenbaren Gewalten ausgeliefert. Es genügten kleine Veränderungen bei der Feuerung, bei der Stapelung, und sie hatten katastrophale Folgen. Darum waren alle Brennmeister abergläubisch und gebrauchten bei jedem Brand große Abwehrzauber gegen die bösen zerstörerischen Geister, und immer beteten sie nach Abschluß der Arbeiten zu Vulcanus, dem Herrn des Feuers, den die Griechen Hephaistos nannten.

Diese Töpferöfen waren Schachtöfen mit aufsteigender Flamme. Es wurde mit Reisigbündeln, Holzscheiten und Holzkohle geheizt. Alle Öfen waren nach dem gleichen Prinzip gebaut: unten vorne der Schürkanal, dahinter der Brennraum mit der hohen Kuppel. Vom Schürkanal zog die Flamme in den «Hades»[35], über dem sich, kunstvoll gestapelt, das Brenngut befand. Die Öfen, in denen das keramische Kleingut gebrannt wurde, waren erheblich kleiner als die beiden andern, in denen die Dolia und Amphoren entstanden. Den Ofen bauten sich die Töpfer gewöhnlich selbst. Die Grundmauern waren aus Bruch- und Feldsteinen gesetzt, der Oberbau aus Ziegeln errichtet und dann alles dick mit Lehm verschmiert. Der erste Brand machte den Ofen dann erst zu einem dauerhaften Bau, der danach viele tausendmal erhitzt werden konnte. Risse und Sprünge, die während der Benutzung im Mauerwerk entstanden, wurden immer wieder mit Lehm ausgebessert. Der Ofen mußte dicht bleiben. Mit der Zeit verbrannten die Ziegel zu einer festen hochroten Masse, als ob der Ofen selbst zu einem Riesengefäß geworden wäre.

Dies alles erklärte ihnen Onkel Gaius, und er fügte noch hinzu: «Von der Stärke der Hitze, von der Brennzeit und auch vom Standort der Gefäße hängt es ab, wie hart sie werden und welche Färbung sie annehmen.»

Er zeigte es an einem Ofen, der schon geöffnet worden war, damit

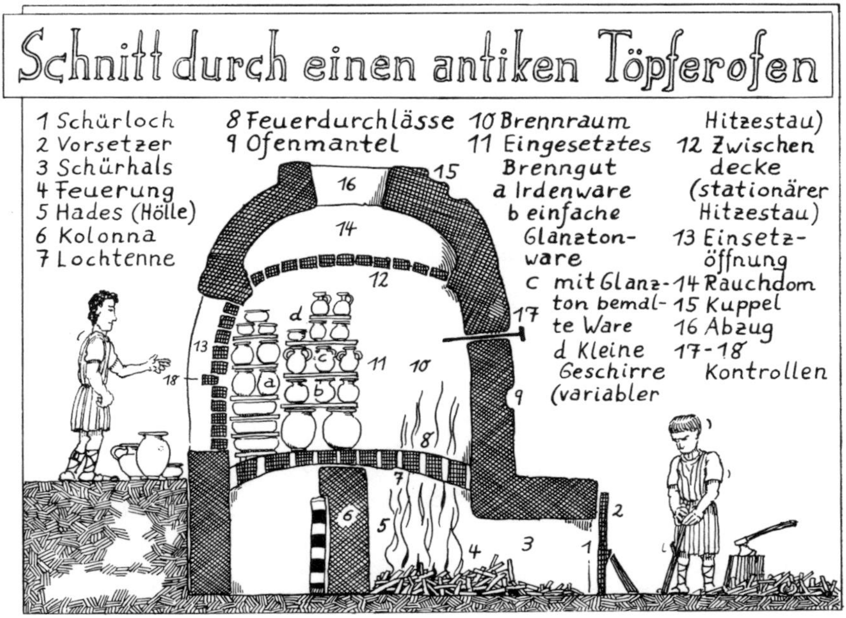

die Gefäße sich bis morgen so weit abkühlten, daß man sie herausnehmen konnte. Dabei fiel Lucius etwas auf:

«Onkel Gaius ...»

«Ja, mein Junge.»

«An diesem Ofen ... ich meine, man kann durch diese große Öffnung in ihn hineinschauen ... Bleibt sie denn auch beim Brennen offen?»

Gaius Tellius lächelte. «Nein, natürlich nicht. Dieses Loch wird, wenn das Innere des Ofens bis unter die Kuppel mit Brenngut gefüllt ist, mit Ziegeln und Lehm zugemauert. Später wird es dann wieder aufgebrochen, so wie hier ...» Er zeigte auf die Öffnung. «Das Einsetzen der Gefäße ist eine verantwortungsvolle Tätigkeit. Es kann nur sehr langsam und behutsam vorgenommen werden. Das dauert manchmal einen ganzen Tag. In kleineren Werkstätten wird es meistens vom Meister selbst besorgt. In großen wie der unsrigen überwacht er diese Arbeit. Denn davon hängt das ganze Gelingen ab.»

Lucius und Marcus traten an die Öffnung und erkannten im

Innern alle möglichen Stützen und Streben, kleine Keile aus Metall, Dreifüße und Ringe aus Ton, die den Gefäßen Halt gaben und verhinderten, daß sie sich berührten und dann zusammenbuken wie zwei Brote, die zu nahe nebeneinander im Backofen lagen. Außerdem mußte der gleichmäßige Luftzug zwischen den Gefäßen garantiert werden. Die Lagerringe benutzte man, um bauchige Gefäße liegend zu stabilisieren.

«Wie lange müssen sie darin brennen?» fragte Lucius.

«Hm, es dauert allein acht bis neun Stunden, bis die richtige Hitze erreicht wird. Da müssen ununterbrochen neues Reisig und neue Holzscheite nachgelegt werden. Während dieser Zeit verdampft alles Wasser aus dem Ton. Das nachfolgende eigentliche Brennen währt dann weitere sechs bis sieben Stunden. Dabei können die Gefäße zu glühen beginnen.»

«Und wie ... und wie kann man rote Gefäße bekommen?»

«Ha!» lachte Gaius Tellius auf. «Da rührst du an ein Staatsgeheimnis! Kein Töpfer, erst recht nicht sein Meister, wird dir auf die Nase binden, wie er es anstellt, ein helles, mittleres oder dunkles Rot zu brennen. Das ist und bleibt das wohlbehütete Geheimnis der Töpferei ...[36] So, aber nun wird es Zeit! Die Frauen werden schon auf uns warten.»

Sie gingen durch die Werkstätten zurück auf den Hof. Die Arbeiter hatten nun auch Feierabend. Sie wuschen sich im Bad, das sich im Erdgeschoß gegenüber von Raum I befand. Wasser gab es überhaupt genug auf dem Gelände, denn die Töpferei war direkt durch Leitungen an den großen Aquädukt bei der Mauer angeschlossen. Auch auf dem Hof befand sich ein Brunnen.

Die Sklaven hatten sich nebeneinander aufgestellt und nahmen von Rasinius dankend das Geschenk einiger Münzen aus Anlaß des morgigen Festes entgegen. Dann sagte auch noch der Patronus Gaius Tellius ein paar freundliche Worte zu ihnen:

«Ich wünsche euch morgen einen schönen Tag! Verplempert euer Geld nicht mit leichten Mädchen! Laßt es euch auch nicht klauen! Einige von euch wollen sich irgendwann freikaufen. Da heißt es eben sparen, sparen und noch mal sparen!»

Lucius hörte, wie Kassandros leise neben ihm bemerkte: «Überall das-s-s-s-elbe! Ohne Flei' kein Brei'!» Lucius wußte, daß Kassandros den Großvater nachmachte, der bei vielen Gelegenheiten den Sklaven auf dem Gut die alte Weisheit einhämmerte: «Ohne Fleiß kein Preis!» Und er wußte auch, daß sich die Männer insgeheim darüber lustig machten, indem sie die letzten Buchstaben wegließen. Ob Vater es auch wußte? Lucius mußte unwillkürlich lächeln über die komische Veränderung: «Ohne Flei' kein Brei'!» Von Pakoros hatte er auch mal gehört: «Sklaven, die nicht meckern, sind schlechte Sklaven!» – Es mußte was dran sein.

Die zwölfte Stunde

Unterwegs fragte Lucius: «Was ist denn morgen für ein Fest, Onkel Gaius?»

«Oh, ich dachte, du wüßtest Bescheid. Also, morgen ist der Höhepunkt des Festes zu Ehren der Magna Mater, der Großen Göttin. Sie wird auch Kybele genannt...» Lucius hatte ihren Namen schon gehört, konnte sich darunter aber nicht viel vorstellen. Bei ihnen auf dem Lande wurde ihr Kult nicht gepflegt. Dort ehrte man die alten italischen Götter. Doch nun wollte er seinen Onkel nicht nach dem Sinn des Festes fragen, denn sie gingen zügig den Clivus Suburanus abwärts und erreichten schon bald die Wohnung.

Dort wurden die letzten Vorbereitungen für das gemeinsame Abendessen getroffen. Es sollte im Garten hinter dem Haus stattfinden. Lucius war gespannt, wie es dort aussah, denn er war noch nie da gewesen.

Zunächst aber begrüßte ihn sein Vetter Publius. Er war etwas jünger als Lucius, aber sehr selbstbewußt. Er kam im Wesen auf seinen Vater, sah aber äußerlich mehr der Mutter ähnlich. Tante Lucilia kam denn auch gleich dazu, und auch Tellia, ihre einzig am Leben gebliebene Tochter, war mit einemmal da. Sie war gerade zwölf geworden. Spontan ging sie auf Lucius zu und küßte ihn auf die Wangen, umarmte ihn und erklärte: «Hättet ruhig schon mal früher kommen können!» Lucius sah, daß sie sich wirklich freute. Und auch Publius kam heran, reichte ihm die Hand und erklärte: «Hätt' ich das gewußt, wär' ich früher hier gewesen! Prima! Dann können wir morgen ja zusammen zu den Spielen gehen!»

«*Certe* – sicher», meinte Tante Lucilia. «Ihr könnt ja schon mal in den Garten gehen. Hier seid ihr im Weg. Schaut mal, ob Gentilius schon da ist. Er kommt ja immer als erster.»

«Komm!» sagte Publius und verließ mit Lucius den Flur. Auf der Treppe nahmen sie gleich drei Stufen auf einmal, so daß sich die alte Frau, die ihnen von unten entgegenkam, erschrocken an die Wand drückte und schimpfte: «Also, diese Jugend heute! Das hätten wir uns mal erlauben sollen!»

Sie verließen das Haus freilich nicht durch die Tür zur Straße, sondern durch einen Hinterausgang. Er führte gleich in den Garten. Nun hatte zwar schon längst die Dämmerung eingesetzt, aber das milde Dämmerlicht reichte aus, sich noch gut zu orientieren. Jede der vier Familien, die in diesem Hause lebten, hatte einen Teil des Gartens zu ihrer Verfügung. Diese Parzellen waren zwar alle auf die gleiche Art mit niedrigen Holzzäunen voneinander getrennt, doch war die Gestaltung der Fläche jedem Benutzer selbst überlassen. Die Anlage mußte schon sehr alt sein, denn überall standen mächtige, hohe und weithin schattende Bäume. Lucius konnte in der beginnenden Dunkelheit nicht genau erkennen, um welche Art es sich handelte, aber es mußten sowohl Laub- als auch Nadelbäume sein.

Sein Vetter Publius führte ihn durch ein kleines Gartentor in einen allseits umhegten, heimeligen Raum, dessen «Dach» vom Wipfel eines großen Nußbaums, dessen «Wände» von Taxushecken gebildet wurden. In der Nähe mußten blühende Sträucher oder Blumen sein, denn es duftete stark, und man hörte auch deutlich späte Insekten, die noch auf Nektar aus waren. An einem von Ast zu Ast gespannten Seil hingen mehrere Laternen, und auf dem Tisch, den er nun erkannte, standen Öllampen. Doch hätten noch so viele dieser Lichter nicht ausgereicht, den laubenartigen großen Raum zu erhellen, wenn nicht zusätzlich der Mond am Himmel sein mildes, aber durchaus helles Licht über die Stadt verteilt hätte.

Es waren mehrere Tische aneinandergestellt worden. Rings

herum standen Bänke, Hocker oder einfach Kisten. Lucius überschlug die Zahl der Sitze und kam zu dem Ergebnis, daß hier an die fünfzehn oder mehr Personen zusammenkommen wollten. Vom Gut her war er solche Feste nicht gewöhnt, denn man wohnte abseits. Es kamen in unregelmäßigen Abständen schon mal die Verwandten von Vater und Mutter zu Besuch. Aber das waren nur zwei, drei, höchstens fünf Leute. So fragte er seinen Vetter:

«Wer kommt denn da alles?»

«Nachbarn! Freunde! Mein Vater hat viele Freunde hier im Viertel. Die treffen sich immer mal... Einmal hier, so wie heute. Dann auch mal woanders, bei denen.»

«Ist denn irgendwas Besonderes, daß die sich...?»

«Eigentlich nicht... Doch! Wegen der Megalensia!»

«Mega... lensia? Was ist das?»

«So nennt man die Festtage zu Ehren der Großen Mutter. Morgen ist der letzte Tag...»

«... und der Höhepunkt! Der absolute Höhepunkt!» hörten sie plötzlich neben sich eine sehr tiefe Stimme. Lucius wandte sich zur Seite und erkannte neben sich einen großen breiten Mann mit Bart. Publius begrüßte ihn schon: «Ah, Onkel Gentilius! Mutter sagte, du wärst bestimmt schon da. Ich sollte... ich sollte mich um dich kümmern!»

Lucius begriff sofort, daß hier zwischen den verschiedenen Anwohnern des Hauses, der Insula oder des Viertels ein sehr freundschaftliches, lockeres Verhältnis bestand. Natürlich nicht zwischen allen. Aber Gentilius gehörte dazu.

«Hör mal, Onkel Gentilius», fuhr Publius fort, «kannst du nicht mal hier meinem Vetter Lucius die Geschichte von der Magna Mater erzählen?»

«Bin schon dabei!» hieß es brummend. «Habe das ja eben mitbekommen, wie er fragte... Also...» Er nahm auf der nächsten Sitzgelegenheit Platz, schaute kurz zum Mond, dann zu Lucius und begann: «Vor langer, langer Zeit... vor hundertfünfzig Jahren und mehr, da tobte hier in Italien ein ganz schrecklicher Krieg..»

«Hannibal!» rief Lucius, denn er wollte nicht als Dummer dastehen.

«Hannibal, ja. Schon fünfzehn Jahre lang hatte er das Land im eisernen Griff, hatte Dörfer und Städte verwüstet, die Ernten geplündert oder vernichtet, Hunderttausende von Menschen getötet oder versklavt... Aber immer noch nicht war Rom selbst bezwungen! Niemand wußte, wie lange man dem furchtbaren Feind noch standhalten konnte. Er war ja schon einmal vor der Stadt erschienen. *Hannibal ante Portas!* hatte es geheißen. Hannibal vor den Toren! Aber dann war er wieder abgezogen. Vielleicht sollte es eine letzte Drohung, eine letzte Warnung sein. Damals war die Stimmung der Menschen hier in der Stadt verzweifelt. Es gab Hunger, Krankheit, Tod. Jede Familie hatte gefallene Söhne, Brüder, Väter zu beklagen. Da machten sich die Priester daran und studierten die Sibyllinischen Bücher, in denen vor Urzeiten aufgeschrieben war, was die Menschen tun sollten, wenn sie in großer Not wären oder wenn sie sich gegen die Götter versündigt hätten[37]. Man schlug also nach und fand den Spruch: Wenn einmal ein ausländischer Feind in Italien eingefallen sein werde, so würde dieser besiegt und vertrieben werden können, sobald das Standbild der Großen Göttin Kybele vom Idagebirge nach Rom gebracht würde. – Kennst du die Geschichte vom Kampf der griechischen Helden um Troja?» fragte Gentilius unvermittelt.

«*Immo!* Aber ja!»

«Dann weißt du auch, daß in der Nähe das Idagebirge liegt, von wo aus Zeus das Kampfgetümmel verfolgt hat. Dort also befand sich damals das Bild der Großen Mutter.»[38]

«Warum sollte denn ausgerechnet sie nach Rom geholt werden?» fragte Lucius.

«Gute Frage», lobte der Alte. «Habe mich das früher auch schon gefragt. Bis es mir dann ein kluger Mann erklärt hat: Wir Römer halten uns für die Nachkommen des Aeneas, also eines Trojaners, der dem Untergang der Stadt entkommen konnte.»

Lucius, und nun auch Publius, sie nickten, denn es machte Spaß, dem alten Gentilius zuzuhören, zumal im geheimnisvollen Licht von Mond und Laternen, hier, unter dem großen Nußbaum. Da sonst noch niemand da war, wurden sie auch nicht abgelenkt.

«Also haben sie wahrscheinlich gedacht: Wenn die uralte Göttin Kybele damals den Aeneas und seine Familie vor dem Untergang gerettet hat, dann müßte sie auch dessen Nachkommen, eben die Römer, retten! Könnt ihr folgen?»

«Selbstverständlich!» rief Lucius. «Erzähl bitte weiter!»

«Hm ..» Er schluckte ein paarmal, strich sich den Bart, räusperte sich und fuhr dann mit seiner angenehmen, ruhigen und tiefen Stimme fort, so daß die beiden jungen Hörer meinten, die Erzählung komme direkt aus der Vergangenheit: «*Bene*... Nun war es ein Glücksfall, daß der König Attalos, zu dessen Gebiet das Idagebirge gehörte, ein Freund der Römer war[39]. Und dieser Herrscher hatte sich besonders um die Pflege des Tempels der Großen Mutter gekümmert, der lange vernachlässigt worden war. Um aber ganz sicher zu gehen, unterbrach die römische Gesandtschaft ihre Reise und ging nach Delphi, den großen Gott Apollo durch sein Orakel um eine günstige Auskunft für die Zukunft zu bitten[40]. Es wurde ihnen gesagt: Wenn sie die Göttin nach Rom gebracht hätten, sollten sie dafür sorgen, daß der beste Mann der Urbs ihr Wirt sein werde!»

«Komisch!» bemerkte Publius, der diese Einzelheiten bisher auch nicht kannte. «Wie will man das denn feststellen?»

«Wartet's ab!» mahnte Gentilius. «Die Gesandten reisten weiter nach Pergamon, der Hauptstadt des Königs Attalos, wurden dort freundlich empfangen und vom Könige selbst nach dem Ort geleitet, wo das Bild der Göttin sich befand. Aber...» Er hustete und spuckte aus. «... Nun dürft ihr ja nicht denken, das Bild der Göttin sei so gewesen, wie ihr unsere Götter kennt, menschliche Gestalten in Bronze gegossen oder in Stein gehauen. Und auch die Gesandten waren nicht wenig erstaunt, als sie sahen, was sie da mitnehmen sollten: Es war nämlich ein nicht einmal sehr schwerer Stein, den man ohne Anstrengung in der Hand tragen konnte, allerdings von dunkler Farbe und eckiger Oberfläche...»[41] Er mußte wieder husten, sich räuspern und die Jungen warteten geduldig auf die Fortsetzung: «*Bene*... Wenn ihr Glück habt, könnt ihr den Stein morgen sehen. Er bildet ja heute das Gesicht des Standbilds der Göttin in ihrem Tempel auf dem Palatin.»

«Du hast was unterschlagen, Onkel Gentilius! Die Rückfahrt! Den ‹besten Mann› von Rom!»

«Wie? Ah-ja... Also, kaum hatten die Römer den kostbaren

Stein, der die Göttin darstellte, in ihrer Gewalt, so eilte einer von ihnen voraus nach Rom mit der glücklichen Botschaft und dem Auftrag, jenen ‹besten Mann› ausfindig zu machen. Sie fanden ihn in dem jungen Scipio, der gerade vom Senat für den besten Bürger der Stadt erklärt worden war[42]. Dieser ging mit Matronen der edelsten Familien der Göttin bis Ostia entgegen, nahm den Stein in Empfang und gab ihn an die vornehmsten Frauen der Stadt weiter. Die Matronen trugen den Stein in feierlichem Zuge nach Rom. Da kam ihnen die ganze Stadt entgegen. In allen Straßen, durch die sie zogen, waren Räucherbecken mit Weihrauch vor die Türen gesetzt. Überall betete man, daß die Große Göttin die Stadt in Huld und Gnade betreten wolle ...» Er hustete wieder.

«Und?» fragte Lucius. «Hat sie's ...?»

«Hm ... Wir sind berichtet, daß noch im gleichen Jahre die Ernten größer waren als in den zehn Jahren davor.»

«Und Hannibal?»

«Ja, Hannibal ... Er mußte ein Jahr später Italien räumen. Und bald danach wurde er besiegt. Die Große Mutter Kybele aber wird seit damals hier in der Stadt verehrt.»

«Auf dem Palatinus?» – «Auf dem Palatinus!»

«Und da kann man hin?»

«Da kann man hin! Aber damals stand dieser Tempel noch nicht. Er wurde erst dreizehn Jahre später errichtet. Jedenfalls ist der Tag der Vierten Iden des April[43] der höchste Festtag der Großen Mutter, denn an diesem Tag gelangte der Stein auf den Palatinus, wo er zunächst im Tempel der altehrwürdigen Göttin Victoria, der Siegesgöttin, aufbewahrt wurde[44]. Von allen Seiten wurden fromme Gaben gespendet. Damals begann man auch, an diesem Tag Spiele zu veranstalten, die man nach dem Gottesdienst der Göttin in Pergamon die Megalensia nannte. Schon im selben Jahre wurde mit dem Tempelbau begonnen, und bei seiner Einweihung wurde beschlossen, daß das Andenken an die Hilfe der Göttin auch durch szenische Spiele, also durch Theater gefeiert werden sollte. Und namhafte römische Dichter wie Plautus und Ennius haben dafür Stücke geschrieben.[45] Der Tempel der Göttin ist zwar wiederholt abgebrannt, aber immer wieder neu und schöner aufgebaut worden ...»

Gentilius schwieg, und Lucius sah im geheimnisvollen Mondlicht sein kluges, vom Bart gerahmtes Gesicht mit großen Pupillen, die auf ihn gerichtet waren. Woher wußte der Mann das alles? War er ein Gelehrter?

«Bist du ... bist du selbst ein Dichter?» fragte Lucius.

Da lächelte Gentilius: «Nein, keineswegs. Ich bin ein alter Tischlermeister. Aber ich habe mich schon immer für all diese alten Geschichten interessiert. Mein Großvater hat mir die Geschichte von der Großen Mutter erzählt, und der hat's von seinem Großvater, und der ist damals dabeigewesen.»

«Sooo?» staunte Lucius, und auch Publius war beeindruckt.

«Jaja», nickte Gentilius. «Aber heute haben die meisten Leute längst vergessen, warum der Tempel der Göttin auf dem Palatinus steht. Für sie sind die Spiele, die Umzüge, die Komödien in den Theatern wichtiger geworden.»

«Dabei hast du aber zu erzählen vergessen, daß diese Umzüge von der Regierung nicht mehr gern gesehen werden!» Ein fremder Mann stand neben ihnen, wie aus dem Nichts aufgetaucht, und Publius, der bemerkt hatte, daß Lucius sich erschrocken hatte, flüsterte ihm zu: «Das ist Saturninus, ein Töpfer, ein Freund von Vater!»

«Ach du Neunmalkluger!» erklärte Gentilius ungehalten. «Habe dem Jungen hier zum erstenmal in seinem Leben was über den Ursprung des Kultes der Großen Göttin erzählt.»

«Hab's gehört und gern zugehört», lenkte Saturninus ein, denn er wollte mit dem Alten keinen Streit haben. «Aber es ist, wie ich sagte: Der Kult der Göttin ist nicht römisch! Und er ist uns fremd geblieben! Bei den Umzügen wird ihr Bild unter wilder aufreizender Musik durch die Straßen getragen, mit fremdartigem Schmuck behängt. Und wenn du dir ihre Priester anschaust, kommt dir's Essen hoch! Lange Haare! Ungepflegt! Sie schlagen und geißeln sich selbst, bis sie vor Erschöpfung umfallen. Der Senat hat damals scheinbar nicht gewußt, auf was er sich da einließ . . .»

Lucius hätte sehr gerne noch diesen Ausführungen gelauscht, aber nun waren auf einmal viele Menschen in der Laube. Es wurde laut. Freunde und Nachbarn begrüßten sich, machten kleine anzügliche Bemerkungen übereinander, wie es Sitte ist bei Menschen, die sich lange kennen. Kurz darauf kamen die Sklaven mit den Speisen und Getränken, und alle nahmen auf den Bänken, Hockern und Kisten an der Tafel Platz. Es waren dies Onkel Gaius, Tante Lucilia, Vater, Mutter, Publius, Tellia, Flavia, Marcus und er, Lucius. Dazu Saturninus mit seiner Frau, Gentilius, dann der Bäcker Bovius mit Frau, und schließlich Rasinius und Kassandros, der als Gast teilnehmen durfte, und das war eine große Auszeichnung für ihn. Im ganzen waren es, als Lucius sie heimlich zählte, sechzehn Personen.

Das Essen war vorzüglich, Tante Lucilia hatte natürlich den Ehrgeiz, vor den anderen Matronen gut abzuschneiden, und sie freute sich, als die Frauen sie im Laufe des Abends nach der Rezeptur dieses und jenes Gerichtes fragten[46]. Beim anschließenden Wein ging es dann gelöster, fröhlicher und lauter zu. Lucius stellte fest, daß an einer anderen Stelle des Gartens ein ähnliches Fest im Gange war. Auf eine entsprechende Frage erklärte ihm sein Vetter, daß es an diesem Abend in ganz Rom so sei. Es sei ja eines der ersten Feste, das man nach dem Winter im Freien feiern könne.

Dann wurde die Tischordnung aufgehoben, es bildeten sich einzelne Gruppen, die miteinander redeten. Lucius sah, daß sein Vater, Onkel Tellius, Saturninus mit Gentilius und Bovius in einem lebhaften Gespräch waren. Und weil Publius gerade im Haus etwas holen sollte, ging Lucius hinüber um zu lauschen.

«. . . und ich sage dir», hörte er gerade den Saturninus, «wenn das so weitergeht, kann ich in ein, zwei Jahren meine Werkstatt zumachen! Wär ich doch Bäcker geworden, wie Bovius!»

«Nichts da, nichts da!» rief Bovius mit seltsam hoher Stimme. «Wenn du morgens aufstehst, war ich schon vier Stunden in der Backstube! Und die Burschen werden immer fauler! Jeden Handgriff mußt du ihnen nennen, sonst tun sie ihn nicht!»

«Also, ich kann auf meine alten Tage nicht über Mangel an Arbeit klagen», bemerkte Gentilius und strich sich über seinen Bart.

«Ja, du!» meinte Saturninus. «Zu dir kommen sie ja alle, wenn sie was zu reparieren haben, eine Truhe, ein Türschloß, ein Regal. Und du brauchst nicht viele Leute. Im Grunde könntest du mit ein, zwei Mann auskommen, die so den lieben langen Tag vor sich hinwerkeln. Du sagst deinen Kunden, der Hocker wäre übermorgen fertig, vielleicht auch später. Das macht gar nichts. Sie sind ja auf dich angewiesen. Sie schmeißen ja den alten Hocker nicht weg. Aber ich . . .» Er schaute vorwurfsvoll in die Runde. «Eine Töpferei lohnt sich doch nur ab einer bestimmten Anzahl von Sklaven!»

«Kannst sie doch anschaffen!» meinte Bovius, der Bäcker.

«Ha!» rief Saturninus. «So kann nur ein Bäcker daherreden! Ich kann nur mit Gewinn produzieren, wenn ich Massenware herstelle. Dazu brauche ich fähige Leute. Und die sind rar – und teuer!»

«Und wieso klappt das denn bei Tellius so gut?» fragte Bovius.

«Das kann ich dir sagen. Weil er Glück gehabt hat! Glück!»

«Wieso?» fragte nun Tellius, der bisher geschwiegen hatte.

Saturninus schaute ihn an und erklärte: «Du hast das Glück gehabt, im rechten Augenblick einen Mann wie deinen Rasinius zu kriegen! Die sind nun mal selten. Und dann zu einem Preis, der... ach, lassen wir's! Es ist sinnlos!»

Die anderen schauten sich verdutzt an. Saturninus schien in Schwierigkeiten zu stecken. Nach einer Weile fragte ihn Bovius mitfühlend:

«Sag mal... Also, wenn du in Schwierigkeiten steckst... Ich... Es tut mir leid, daß ich...»

«Schon gut... Es ist so, ich kann die Preise der arretinischen Konkurrenz nicht mithalten. Dieser Perennius aus Arretium wirft ja Unmengen von grauem billigem Geschirr auf den Markt! Für einen Preis, mit dem ich nicht einmal meine Unkosten decken kann!»

«Ja, meinst du denn, *er* könnte es?» fragte Tellius.

«Das mag sein, aber er kann das eine ganze Weile durchhalten, weil er mit der roten Terra Sigillata große Gewinne macht. Er hat da einen ganzen Stab von Fachleuten zusammengekauft. Und die Leute sind ja ganz verrückt nach dem roten Geschirr!»

«Beim Hercules! Dann mach's doch auch so!» rief Bovius.

«Wie denn?» Saturninus breitete die Hände aus. «Ich habe nicht die Fachkräfte. Sie sind teuer. Ich kann sie nicht kaufen!»

Betroffenes Schweigen folgte diesen Mitteilungen, die gegen Ende mehr einem Eingeständnis des eigenen Versagens glichen.

«Sag mal...» Tellius versuchte es ganz vorsichtig und leise. «Hast du Schulden?»

Saturninus zuckte mit den Achseln: «Wer hat sie nicht.»

Doch Tellius blieb hartnäckig: «Ich meine, steht dir das Wasser am Hals?»

Saturninus schaute hoch, sah in das glatte, selbstbewußte Gesicht von Tellius: «Also, wenn ihr's wissen wollt... und ihr erfahrt es sowieso bald auf der Straße... Da ist es schon besser, ich sag es euch selbst: Ja! Ich bin am Ende! Ich muß zwangsverkaufen! Ich kann sonst meine Gläubiger nicht befriedigen.»

«Mehercule!» flüsterte Bovius. «Das ist ja furchtbar! Niemals hätte ich gedacht, daß du...» Er starrte Saturninus mit offenem Munde an.

«Ja-ja. In Rom finden unter der Oberfläche Vorgänge statt, die... die schrecklich sind. Aber niemand sieht sie. Niemand interessiert sich dafür! Die Reichen werden immer reicher, die Armen ärmer!»

«Das ist die Folge davon, daß wir ein Reich erobert haben», erklärte Gentilius sachlich. «Aus den besiegten Provinzen kamen und kommen Hunderttausende von Sklaven und überschwemmen Italien. Aber das ist es nicht allein. Die Feldherrn, ihre hohen Offiziere, die Beamten ihrer Begleitung: sie alle haben sich in den Kriegen bereichert und wissen manchmal nicht, wohin mit dem Geld. Der Abkömmling eines alten Adelshauses, der im Senat sitzt, und dessen Sohn – na, sagen wir als Quaestor die Kriegskasse der Armee verwaltet hat, der darf ja nicht wie ein Römischer Ritter Geldgeschäfte tätigen[47]. Was tut er also? Er wird seinem Sohn den Rat geben, sein Geld in Land anzulegen, Sklaven zu kaufen und den Betrieb von einem erfahrenen Verwalter leiten zu lassen. Dann kann er jährlich riesige Gewinne abschöpfen...»

«... oder er kauft sich über einen Strohmann eine Manufactur in Rom!» fiel ihm Saturninus erregt ins Wort. «Eine Töpferei zum Beispiel! Besser noch: eine bankerotte Töpferei, denn die kriegt er für'n Appel und'n Ei! Dann die Sklaven! Einen fähigen Meister! Werkzeug! Material! Öfen! Und schon bald läuft der Laden mit Gewinn!»

Gentilius nickte zu dieser temperamentvoll vorgebrachten Beschreibung der Lage und ergänzte sachlich: «Und genau durch diese Entwicklung wurden und werden fähige Handwerker wie unser Saturninus hier kaputtgemacht.»

«Und bei uns die Bauern!» nickte Lucius' Vater. «Ich habe mich schon oft gefragt, ob man das überhaupt zum Stehen bringen kann. Ich selbst will nicht klagen. Ich habe mich frühzeitig spezialisiert: Gemüse, Öl, Wein, Obst... Weg vom Getreide!» Die andern nickten im Einverständnis. Manlius Flavius fuhr fort, nun besonders an Saturninus gewandt: «Und du siehst keine Chance, mit irgend einem guten Artikel, mit Öllampen zum Beispiel, wieder festen Boden unter die Füße zu bekommen?»

Saturninus schüttelte traurig den Kopf: «Nein. Ich habe keinen Kredit mehr.»

Nach einem längeren Schweigen erklärte Tellius:

«Also ... dein Betrieb liegt doch ziemlich tief in der Innenstadt, Saturninus?»

«*Certe*. Was fragst du, wenn du's weißt!»

«Und deine Leute haben doch bislang immer sehr gute Öllampen hergestellt ...»

«*Immo!* Aber ja!»

Tellius strich sich über sein Kinn, dann fuhr er fort: «Ich mache dir einen Vorschlag. Und ich mache ihn vor unsern Freunden, damit du siehst, daß ich es ehrlich meine: Wie hoch sind deine Schulden?»

Alle schauten ihn gespannt an. Würde er darüber reden?

«Also gut. Ihr werdet's ja erfahren: An die fünfundzwanzigtausend!»

«As?» fragte Gentilius.

«Nein. Sesterzen!»

Gentilius pfiff durch die Zähne, und Bovius meinte: «Kein Taschengeld! Beim Mercurius!»

Tellius fuhr im gleichen ernsten Ton fort: «Ich mache dir diesen Vorschlag: Ich übernehme deine Schulden. Du aber bringst deinen Betrieb und das Grundstück im Zentrum als Gegenwert ein ...»

«Das ist unmöglich!» brauste Saturninus auf. «Das alles zusammen ist mehr wert als fünfundzwanzigtausend Sesterzen! Und die Lage! Beim Argiletum! Seit zweihundert Jahren in der Familie!»

Auch die andern nickten im Sinne von Saturninus, doch Tellius ließ sich keineswegs aus der Ruhe bringen, sondern erklärte: «Ich war noch nicht fertig. Also, dazu werde ich dich mit einer bestimmten Prozentzahl am Gewinn beteiligen. Du würdest sozusagen mein Junior-Partner. Kannst du mir folgen?»

Erstaunt, nein verblüfft starrte Saturninus ihn an. Dann stieß er hervor: «Das ... das würdest du ... für mich tun?» Er und die andern wußten sehr wohl, daß Tellius auf einer steil aufsteigenden Bahn war. Wer in diesem Augenblick sein Partner wurde, der würde Teil haben an einem Gewinn, der sich in den nächsten Jahren vervielfachen mußte.

«Ich werde», erklärte Tellius weiter, «falls du Interesse an einer Zusammenarbeit hast, mit dir morgen und in den nächsten Tagen verhandeln. Wir müßten uns über die Höhe deines Anteils einigen. Aber das dürfte uns bei gutem Willen bald gelingen.»

Lucius, der die ganze Zeit über schweigend dieses so schicksalsträchtige Gespräch verfolgt hatte, sah, wie dem Saturninus die Rüh-

rung ins Gesicht stieg, wie ihm die Augen feucht wurden, wie er sich darüberstrich und leise sagte: «Das ... werde ich dir niemals vergessen, Tellius! Du hast mich im letzten Augenblick vor dem Sturz in den Abgrund bewahrt!»

Die andern aber, und auch Tellius, ließen sich die Becher füllen und tranken sich zu. Dann aber machte lautes Hallo die Runde, und die Frauen schauten erstaunt herüber, was denn bei ihren Männern nun los sei, nachdem sie lange Zeit wie bei einer Beerdigung still miteinander geredet hatten.

Da erst bemerkte Lucius, daß Kassandros die ganze Zeit ebenfalls lauschend neben ihm gestanden hatte. Und Kassandros meinte:

«Dd-d-d-as ist wieder mal t-t-typisch Tellius! Typisch Tellius! Im r-r-r-richtigen Augenblick das R-r-r-richtige machen! Der Mann hat einen sechsten Sinn für Geschäfte!»

Ehe Lucius dazu etwas sagen konnte, begann Marcus zu plärren, weil er ins Bett sollte. Aber Mutter blieb bei ihm hart. Schnell verdrückte sich Lucius aus ihrem Blickfeld, suchte und fand seinen Vetter bei den Mädchen, und dann wurde über die Spiele und Theateraufführungen geredet, die alle morgen bevorstanden. Die zweite

Nachtwache war schon halb vorbei, als die Größeren dann auch zu Bett gehen mußten[48].

Lucius aber mußte noch sehr lange über das nachdenken, was die Männer beredet hatten. Und er wußte, daß er an diesem Abend einen tiefen Blick in die Probleme der Bürger von Rom getan hatte.

Dritter Tag: **Die Spiele**

Mane

Obwohl er doch recht spät ins Bett gekommen war, gehörte Lucius am nächsten Morgen zu den Ersten, die wieder aufwachten. Die beiden Schwestern Lucilia, des Lucius und des Publius Mutter, hantierten schon in den Räumen der großen Wohnung, sprachen über all die kleinen Probleme des Alltags, wie sie Frauen und Mütter beschäftigen, besonders wenn sie Geschwister sind, die sich gut verstehen.

Freilich stand Lucius nicht sofort auf, sondern lauschte eine Weile auf die Geräusche, die von der Straße heraufkamen. Sie waren ganz anders als zu Hause auf dem Gut. Es entfernten sich mehrere schwere Wagen, wahrscheinlich die letzten, die die Stadt verließen vor dem Morgen. Dann hörte er das Getrappel von Pferden, vielleicht berittene Boten, die mit Aufträgen der Stadtregierung unterwegs waren. Oder waren es Soldaten? Er hatte gestern keinen Soldaten gesehen. Er hörte freundliche Zurufe, Nachbarn genossen den Feiertag, begrüßten sich aufgeräumt, hielten ein erstes frühes Schwätzchen.

Als er dann zu den Frauen ging, waren auch schon Publius, Tellia und Flavia auf, nur die beiden Kleinen schliefen noch. Im Speisezimmer waren vor den Liegen die kleinen Tische gedeckt, und der Duft frischer Semmeln strich durch die ganze Wohnung. Die Kinder wären am liebsten hingestürzt, doch Lucilia Secunda erklärte: «Eure Väter kommen gleich. Dann frühstücken wir zusammen.»

Für Lucius war dies eine neue Erfahrung: Auf dem Gut aß man am frühen Morgen wenig, beinahe nebenbei, halb im Stehen. Der Tisch in der Küche wurde nie festlich gedeckt. Hier war das also anders. Die kleinen Tischchen waren mit weißem Leinen versehen. Das Geschirr – Becher und flache Teller – bestand natürlich aus kostbarer Terra Sigillata eigener Produktion, und sogar Blumen waren um die Teller gelegt. Es sah beinahe so hübsch aus wie auf Wandbildern, die er schon einmal gesehen hatte, wenn diese pausbäckigen kleinen Amoretten mit Flügeln dabei waren, für die Götter einen Tisch zu decken und ihn mit Blumengirlanden schmückten. Aber gewiß war das auch hier nicht an jedem Morgen so, sondern nur an Festtagen wie dem heutigen.

Dann kamen die beiden Väter, klopften sich gegenseitig auf die Schulter und machten ironische Bemerkungen über ihr zerknittertes Aussehen. Sie hatten noch bis weit in die Dritte Nachtwache hinein beieinandergesessen[1] und sich beim Wein die Köpfe heiß geredet über die weitere Entwicklung der Politik: Ob Caesar in Gallien als Statthalter abgelöst, ob er sich das gefallen lassen würde, ob das nicht am Ende zum Bürgerkrieg führen müsse und andere Dinge mehr, die das Leben der Menschen ganz entscheidend bestimmten. Nun hatten sie rote Augen, blasse Wangen, heisere Stimmen und Kopfschmerzen. Prompt fiel Mutter dazu ein Spruch ein:

«*Solamen miseris socios habuisse malorum* – Es ist ein Trost für Unglückliche, Leidensgenossen zu haben ...»

«Oh», meinte dazu Tellius, «wer redet von ‹Leiden›! Wir freuen uns schon auf das göttliche Frühstück!»

Er rieb sich die Hände und machte es sich auf seiner Liege gemütlich, nachdem er dem Schwager den Ehrenplatz an der Ecke zugewiesen hatte. Und schon versammelte sich die ganze Schar um den Tisch herum. Eine der Sklavinnen kam mit den frischen Semmeln und verteilte sie nach Wunsch. Dazu gab es frisches Wasser, Wein, Rosinen, Feigen und verschiedene Käsesorten.

Während alle aßen und tranken, wurde besprochen, wie man den heutigen Tag gestalten wollte. Nach einigem Hin und Her einigten sie sich so: Der Vormittag sollte dem Theater gehören. Danach würde ein Stadtbummel folgen. Und den Nachmittag würde jeder nach eigenem Wunsch gestalten. Das hieß, daß die Männer einige Freunde besuchen wollten, während die Frauen und Mädchen einen Gang zu den vornehmen Geschäften beim Argiletum machen würden. Die beiden größeren Jungen Lucius und Publius aber erhielten die Erlaubnis, zu den Rennen im Circus Maximus zu gehen.

«Das muß man einfach gesehen haben!» erklärte Onkel Tellius und kramte auf einmal nach seinem Brustbeutel, holte ihn hervor und entnahm ihm umständlich mehrere Münzen. «Hier! Das dürfte wohl reichen ...»

Es waren mehrere Silbermünzen, Sesterzen. Er gab jedem die gleiche Menge.

«Kauft euch was zum Naschen oder ... was ihr wollt.»

Sie bedankten sich, und selbst Publius staunte über die Höhe des Taschengeldes. Nun wollte sich Manlius Flavius natürlich nicht lumpen lassen und entnahm seinem Beutel noch einmal die gleiche Menge Sesterzen, so daß die beiden Jungen sich schmunzelnd anblickten.

«Und wir?!» rief Tellia.

«Ihr geht mit uns», erklärte Lucilia, die Mutter von Lucius. «Wir werden sehen, ob wir euch ein paar schöne Bänder kaufen.»

Das freute die beiden, da sie wußten, daß bunte Bänder nicht billig waren. In diesem Augenblick kamen die beiden Jüngsten, Titus und Marcus herein und sahen mit noch großen verschlafenen Augen in die Gesichter der Anwesenden.

«Habt ihr euch schon gewaschen?» fragte Lucilia Secunda. «Ihr habt ja einen ganzen Sandhaufen in den Augen.»

Darauf gähnten die beiden, ließen sich aber von Tellia ins Bad führen. Als Marcus und Titus eine Weile später aßen und tranken, begann Onkel Tellius: «Also ... Heute morgen finden vor dem Tempel der Großen Mutter auf dem Palatin zu Ehren der Göttin Theateraufführungen statt.»

«Ist denn da ein Theater?» fragte Lucius.

«Nein. Man hat ein provisorisches aus Holz aufgebaut. Aber ...» Er blickte in die Runde. «Also, wenn ihr mich fragt, ich würde euch empfehlen, ins Pompeius-Theater zu gehen ...»

«Warum?» fragte Lucius, den das alles sehr interessierte.

«Weil es dort interessanter ist. Oben, auf dem Palatin, beim Tempel der Großen Mutter, da spielen sie mehr oder weniger fromme Stücke, die alle was mit dem Kult der Göttin zu tun haben, den sowieso kein Römer versteht. Ich glaube, sogar die Priester nicht!» Er lachte. «Aber im Pompeius-Theater! Ha! Da ist immer was los! Ich hätte es kaum geglaubt ...»

«Was?» rief Lucius.

«... wenn ich es nicht selbst gesehen hätte ... vor vier Jahren ... bei der Einweihung des Theaters! Eine ungeheure Pracht wurde entfaltet. In dem Theaterstück, das gegeben wurde, sah man eine endlose Zahl von Maultieren, und im «Troianischen Pferd» des Livius Andronicus[2] gab es dreitausend Mischkrüge, die Gefechte wurden durch Scharen von Fußvolk und Reitern mit verschiedenen Waffen dargestellt. Bei den farbenprächtigen Kostümen der Schauspieler war nicht gespart worden. Reiterschwadronen und ganze Kohorten von Fußvolk jagten hin und her! Und du meintest, es sei alles echt!»

Noch in der Erinnerung an das farbenprächtige Geschehen strahlte er. Ganz anders Lucilia Secunda, seine Frau; sie schürzte einen Augenblick lang die Lippen, dann sagte sie nicht ohne Ironie:

«Also, ich möchte nur wissen, was das noch mit Theater zu tun hatte!»

«Warst du denn dabei?» fragte Lucius sie.

«Ja. Ich gehe gerne ins Theater. Wir alle gehen gerne ins Theater. Aber es muß sich schon lohnen.» Sie wandte sich an ihren Mann: «Du vergißt, daß du damals selbst gesagt hast, daß das ganze Theater im Theater nur veranstaltet wurde, um die Masse des Volkes für Pompeius zu gewinnen.»

«Ja, natürlich ...» Tellius strich sich übers Kinn. «Aber es handelte sich doch um die festliche Einweihung der Anlage. Vergiß es nicht, Lucilia!»

Und Lucilia: «Man hätte es auch mit einem erhabenen Stück einweihen können, das die Leute anrührt. Eines der drei großen Griechen Euripides, Sophokles, Aischylos. Wenn ich aus dem Theater nach Hause gehe, will ich über das, was ich gesehen und gehört habe, noch nachdenken. Aber damals ...»

Sie beendete den Satz nicht, doch die Zuhörer verstanden auch so, was sie meinte. Die Besucher vom Lande konnten ohnehin bei diesem Thema nicht mitreden. So sah sich Onkel Tellius am Ende noch zu einer Art zusammenfassenden Erklärung veranlaßt:

«Also, es ist doch so ... Wenn du heute das Volk für ein neues Stück interessieren willst, dann mußt du es anreichern mit Derbheiten, mit knallharten Späßen, mit Prügelszenen, mit schönen Herrinnen, die verfolgt werden, mit bösen Alten, die es nur auf das Geld der anderen abgesehen haben. Und du mußt dazu noch allerlei von diesem Akrobatengesindel auf die Bühne bringen: Feuerschlucker, Seiltänzer, Zauberer, Wahrsager, Jongleure ...»

«Das ist es ja!» unterbrach ihn Lucilia. «Was hat das noch mit Theater zu tun, he?!»

«Richtig», lenkte Tellius ein, fuhr aber fort: «Früher war das anders, wie mir mein Vater erzählt hat. Früher gingen die Leute brav und regelmäßig ins Theater. Und da gab es nur provisorische Holztheater, die nach den Vorstellungen wieder abgebaut wurden. Aber weißt du auch warum, he?»

Er beugte sich vor und starrte seine Frau an. Die anderen genossen dieses Streitgespräch. Lucilia aber schwieg, und Tellius fuhr fort:

«Weil ... weil ... man darf den Grund dafür nicht etwa in einem ganz besonderen Vergnügen suchen, welches das Volk an ihnen gehabt hätte, sondern einfach darin, daß die Theaterstücke billiger waren als heute und weniger Schwierigkeiten bis zur Aufführung machten!»

Tellius hatte zunehmend leidenschaftlicher gesprochen und unterstrich das Gesagte mit lebhaften Bewegungen der Hände und des Gesichtes.

«Die Tierhetzen und Gladiatorenkämpfe, die aufregenden Rennen des Circus hatten für die große Masse des Publikums eine größere Anziehungskraft als ein Drama! Und es geschah nicht selten – mein Großvater und noch mein Vater haben es selbst erlebt! –, daß das Volk mitten in der Aufführung des Stückes plötzlich von dem Veranstalter Faustkämpfe oder Gladiatorengefechte forderte, die eigentlich erst nach dem Drama an der Reihe waren.»

«Na, das ist doch genau das, was ich beklage», erwiderte Lucilia darauf hartnäckig.

«Ich beklage es genauso wie du», verteidigte sich Tellius. «Aber nun sei doch ehrlich, mein Schatz! Liebst nicht auch du es, vom eitlen Gepränge der Schauspieler mehr angezogen zu werden als vom Drama selbst?»

Doch nun schaltete sich Lucilia, die Mutter von Lucius, ein:

«Also, ich schlage vor, daß wir uns selbst ein Urteil bilden. Ihr könntet euren Zwist bis heute abend verschieben, ja?»

Das hatte sie lachend gesagt, und auch Flavius, der Vater, schmunzelte mit zuckenden Mundwinkeln. Die Kinder waren der Fachsimpelei schweigend, aber mit Anteilnahme gefolgt. Es blieb dabei, man würde ins Pompeius-Theater gehen.

Ad meridiem

Eine Stunde später machten sie sich auf den Weg. Es ging das Argiletum abwärts, zum Zentrum der Stadt hin. Da sie genügend Zeit hatten, blieben Onkel Tellius und Tante Lucilia immer wieder stehen, um die Verwandten auf besonders schöne Auslagen dieses und jenes Ladens hinzuweisen. Besonders die Juweliere weckten das Interesse der Frauen und Mädchen. Wegen des Feiertags wurde heute zwar nicht gearbeitet, aber die Läden waren geöffnet.

Plötzlich war Vater verschwunden. Lucius wollte Onkel Tellius nach seinem Verbleib fragen, doch dieser hielt den Zeigefinger vor den Mund, was bedeutete, daß er schweigen solle. Dann war Vater wieder da! Mit großen Schritten holte er die Gruppe ein.

«Halt! Stehen bleiben!» befahl er wie ein Centurio aus der Armee, und alles hielt an. Dann holte er aus einem kleinen Holzschächtelchen eine Gemme hervor und steckte sie Mutter mit einem scheinheilig verschmitzten Lächeln an ihr Obergewand. Alle traten näher und bewunderten die sehr feine Elfenbeinschnitzerei. Lucius wußte, was jetzt kam:

«Aber Manlius!» stammelte Mutter errötend. «Wie kannst du soviel Geld ausgeben! War das denn nötig?»

«Es war!» behauptete der Vater, und alle grinsten.

Natürlich gefiel der Schmuck, und Lucius wußte, daß Mutter sich etwas ähnliches schon längst gewünscht hatte. Kassandros, der bisher schüchtern im Hintergrund geblieben war, sagte zu Lucius:

«D-d-d-da hat d-d-dein Vater aber das Richtige getroffen! Hast du gesehen, w-w-was darauf geschnitzt ist?»

«Nein.»

«P-P-Penelope! Penelope, die treue Gattin des Odysseus, wie sie am Webstuhl s-s-sitzt und auf die Rückkehr ihres G-g-gatten wartet.»

Lucius verstand: Die Gemme und vor allem das eingeschnitzte Bildnis waren eine versteckte Liebeserklärung des Vaters an die Mutter. Und natürlich hatte sie das sogleich erkannt und war plötzlich errötet wie ein junges Mädchen. Lucius war froh, daß seine Eltern sich so gut verstanden. Das war nicht immer und überall so. Er hatte von schlimmen Verhältnissen gehört, daß Ehen zerstört waren, daß der Mann sich andere Frauen oder Mädchen hielt, oder daß die Frau einen Liebhaber hatte; und daß darunter vor allem die Kinder zu leiden hatten, weil sie nicht wußten, wohin sie gehörten.

Unvermittelt endete die Straße auf einem großen Platz, der sich nach rechts und links vor ihnen erstreckte. Sie hatten das Forum Romanum erreicht, den zentralen Ort der Stadt, ja den Mittelpunkt des Römischen Reiches. Onkel Tellius ging voraus, bis er in etwa die Mitte des Areals erreicht hatte, winkte die anderen heran und erklärte:

«Also, jetzt fangen wir mal da an, von wo wir eben hergekommen sind!» Er wies auf das Argiletum.

«Rechts von der Straße die große Halle ... das ist die Basilica Aemilia ...»

«Was ist eine Basilica?» fragte Lucius.

«Wie? – Ach ja ... Eine Basilica ist eine große Halle, die sowohl geschäftlichen wie auch magistralen Zwecken dient. Das heißt, dort treffen sich Kaufleute, um ihre Geschäfte zu besprechen. Dort können aber auch Versammlungen stattfinden. Vor allem finden dort Prozesse statt, und es ist genügend Platz für interessierte Zuhörer und Zuschauer vorhanden. Am äußeren Rand befinden sich da drüben eine Menge von Tabernen, Geschäftslokale, die man mieten kann. Meist sitzen dort die Geldwechsler. Siehst du sie?»

Lucius nickte. Onkel Tellius wies nun mehr nach links: «Gleich daneben steht ein recht unscheinbares Gebäude ... das mit der großen Tür! So unscheinbar es auch aussieht – dort wird seit Jahrzehnten, seit Jahrhunderten über das Schicksal Roms und seines Reiches entschieden! Es ist ... Na?»

Die Frage ging an die Kinder, und Lucius wußte es als erster:

«Die Curia!»

«*Recte* – Richtig. Dort tritt der Senat zusammen, die Versammlung der Väter aus den großen adligen Familien. Aber auch ehemalige hohe Beamte, gewesene Consuln und Praetoren, gehören ihm an. Zur Zeit treffen sich die Senatoren freilich an anderen Plätzen, zum Beispiel in der großen Halle beim Pompeius-Theater, manchmal auch in einem der großen Tempel.»

«Warum denn?» fragte Lucius.

«Tja, weil vor zwei Jahren die Curia in Brand gesteckt wurde. Damals kam es in der Stadt zu schrecklichen Auseinandersetzungen zwischen den konservativen Anhängern des Senats und den Popularen. So nennen sich die Leute, die behaupten, alles zum Wohle des Volkes, des Populus[1], zu tun. Ihr Anführer war ein gewisser Clodius. Der kam während dieser Wirren, als von beiden Seiten Banden von Sklaven eingesetzt wurden, ums Leben. Seine Anhänger trugen ihn hier in die Curia, stapelten die Bänke aufeinander und verbrannten damit den Leichnam. Dabei ging natürlich das Gebäude, vor allem das Dach, mit in Flammen auf. Caesar läßt die Curia nun auf seine Kosten wieder herrichten.»

Sie sahen, daß Handwerker aus- und eingingen. Und Lucius dachte: Erstaunlich, daß Caesar in Gallien ist und zugleich hier in seinem Namen die Curia instandsetzen läßt. Das war alles sehr kompliziert. Onkel Tellius aber war schon weiter, zeigte nach Westen und erklärte: «Gleich hier vor uns, das ist die Rostra, die Rednertribüne . . .»

«Wieso *Rostra?*» rief Lucius, denn *rostra* bedeutete «Schiffsschnäbel»! Da lächelte Tellius: «Genau! Komm mal näher ran . . .» Sie zwängten sich durch eine Gruppe herumstehender Römer. «Siehst du sie?»

Tatsächlich! Da waren in die Wand der Tribüne die Schnäbel, die Rammsporne von Kriegsschiffen eingebaut, allerdings in Stein. Tellius erklärte dazu: Vor fast dreihundert Jahren hätte Rom einen großen Sieg über seine benachbarten Feinde errungen und ihre Flotten in der Seeschlacht bei Antium vernichtend geschlagen[3]. Zur Erinnerung an diesen endgültigen Sieg über die Latiner[4] habe man die Schnäbel an der Rednerbühne angebracht.

«Später wurden sie dann in Stein nachgebildet. Und sie werden stets sorgsam in guter Ordnung gehalten, wie alles, was an Kämpfe, Siege und Anstrengungen der Vorväter erinnert.»

Von dieser Tribüne hatten schon große Römer zum Volk geredet, Scipio zum Beispiel, der Hannibal besiegte, die Brüder Tiberius und Gaius Gracchus; Sulla, Pompeius, Cicero, Caesar[5].

Sie gingen langsam weiter. Am nordwestlichen Ende des Platzes

standen zwei prächtige Tempel, der eine zu Ehren der Concordia, der Göttin der bürgerlichen Eintracht, der andere für den Gott Saturnus, den Vater des Iupiter[6]. Das Besondere an ihm war, daß in seinen Kellergewölben der Staatsschatz aufbewahrt und natürlich streng bewacht wurde. Der Tempel des Saturnus war einer der ältesten Roms, mehrmals abgebrannt, aber stets wieder neu und prachtvoller aufgebaut.

Neben dem Saturntempel, der Basilica Aemilia gegenüber, stand eine noch größere, prächtigere Halle. Ihr Dach war bekränzt mit zahlreichen Standbildern aus Stein, und Tellius erklärte:

«Caesar hat sie bauen lassen. Und sie trägt auch seinen Namen: Basilica Iulia. Ihr Inneres ist so groß, daß man darin eine Volksversammlung abhalten könnte.»

«Darf man denn da hinein?» fragte Lucius.

«*Certo.* – Sicher. Aber ich denke, wir sollten uns nicht zu lange hier aufhalten, sonst sind die besten Plätze im Theater weg!»

Freilich kam er nicht umhin, den südöstlichen Teil des Platzes kurz zu erläutern. Dort stand der zierliche Rundtempel der Göttin Vesta, der Hüterin des Herdfeuers. Die heilige Flamme im Innern des Tempels durfte nie ausgehen. Und sollte es einmal passieren, mußte sie mit einem Brennglas neu an der Sonne entfacht werden. Dazu ergänzte Onkel Tellius noch dies:

«Ihre Priesterinnen, die Vestalinnen, dürfen nicht heiraten. Mit acht, neun oder zehn Jahren werden sie schon für den Dienst der Göttin bestimmt. Dann müssen sie zehn Jahre lang den Umgang mit der Gottheit und ihrem Kult lernen. Danach werden sie den Dienst im Tempel zehn Jahre lang versehen. Und schließlich werden sie zehn Jahre lang die jüngeren Priesterinnen unterrichten. So sind sie also dreißig Jahre im Dienst der Göttin tätig. Danach ist es ihnen erlaubt zu heiraten, was freilich sehr selten vorkommt. – Aber wehe, wenn sie vor dem Ende ihrer Zeit als Priesterin zu einem Mann ein Liebesverhältnis haben . . .»

«Was würde denn dann geschehen?» fragte nun Flavia, die mit großem Interesse den Ausführungen von Onkel Tellius gefolgt war.

«Nun . . .» Er hüstelte. «Sie würde bei lebendigem Leibe eingemauert werden.»

«Ist das denn schon mal passiert?»

«Gewiß. Aber eben auch sehr selten.»

Lucius, und gewiß auch seine Schwester Flavia, hätten noch eine Menge Fragen an Onkel Tellius gehabt, aber die Zeit drängte. Während sie weitergingen, fügte er noch dies hinzu: «Wie hoch die Vestalinnen im Rang stehen, erkennt ihr daran: Wenn ein zum Tode Verurteilter einer Vestalin begegnet – diese Begegnung muß natürlich Zufall sein –, dann darf er nicht hingerichtet werden.»

«Ist das denn schon mal vorgekommen?» fragte Flavia.

«Ja. Das ist schon öfters in den letzten Jahrhunderten passiert!»

Lucius staunte: «In den letzten Jahrhunderten!» hatte Tellius gesagt. Rechnete man denn in Rom nur in solchen Zeiträumen? Lucius ließ noch einmal seinen Blick über die Tempel, Basiliken, die Curia, die Rostra wandern, und mit einem Mal kam ein Gefühl über ihn, das er in solcher Stärke und Tiefe noch nie erlebt hatte. Er, Lucius Flavius Iustus, war ein freier Bürger dieses Gemeinwesens, dieser res publica, dieser Republik, die niemandem untertan war als sich selbst! Die sich in eigener Hoheit ihre Gesetze gab. Die ihre Angelegenheiten selbst regelte, die sich von niemandem dreinreden ließ. Er war stolz, römischer Bürger zu sein.

«K-k-komm, L-L-Lucius! Sie sind schon w-w-weiter!»

Der brave Kassandros hatte auf ihn gewartet. Lucius nickte. Dann suchte er die Familien, doch er fand sie nicht im Gedränge. Aber Kassandros kannte sicherlich den Weg zum Pompeius-Theater. Mittlerweile hatte das Gedränge der Menschen zugenommen, und Lucius staunte wieder einmal über die Vielfalt der Menschen, die aus allen Gegenden des Erdkreises nach Rom kamen.

«Paß auf d-d-deinen Brustbeutel auf!» ermahnte ihn Kassandros. «Hier w-w-wimmelt es von Dieben! Die genialsten Burschen sind darunter. Sie f-f-fragen dich scheinh-h-h-heilig nach dem Weg und n-n-nehmen dich gleichzeitig aus! Also Vorsicht!»

An der Häufigkeit des Stotterns erkannte Lucius, daß Kassandros aufgeregt war. Also dann, Vorsicht! Während des Gehens musterte er die Menschen, die um ihn herum standen, gingen, bummelten, liefen, humpelten; und viele von ihnen hatten Gesichter, denen er anzusehen glaubte, daß sie mit allen Wassern gewaschen waren. Besonders vor den Jüngeren nahm er sich in acht, denn sie waren flink in ihren Bewegungen, und er wäre ihnen, sollten sie es auf ihn abgesehen haben, nicht gewachsen gewesen. Aber Kassandros war bei ihm. Und Kassandros war stark, schnell und ausdauernd! Er würde es mit jedem von ihnen aufnehmen.

«Nun komm doch! W-w-wo bleibst du denn?» rief Kassandros von vorne. Er zwängte sich durch eine Gruppe von fremd gekleideten älteren Männern, die sehr würdevoll aussahen, und die wie er selbst die Bauwerke rings ums Forum bewunderten.

«Das waren eben Judäer. Nun los! Sie warten da oben!»

Lucius folgte der Handbewegung und erkannte rechts neben dem Concordiatempel eine steil ansteigende Treppe. Am oberen Ende standen die Verwandten und suchten nach ihnen. Lucius winkte, und Flavia winkte zurück. Doch ehe Lucius den Fuß der Treppe erreicht hatte, hielt Kassandros ihn einen Augenblick zurück, wies nach rechts und erklärte:

«Wenn du da mal reingehst, k-k-k-kommst du lebend n-n-nie mehr raus!»

«Wieso?»

«Das ist der Carcer Mamertinus. Das Staatsgefängnis. Darin befindet sich ein tief liegender Raum, ein Gewölbe. Dort werden die zum Tode Verurteilten erdrosselt . . .»

Das unscheinbare Gebäude war schon sehr alt. Es mußte aus den ältesten Zeiten der Stadt stammen. Aber er hatte nicht lange Zeit, darüber nachzudenken, weil die andern oben auf der Treppe warteten. Freilich, was Kassandros dann auf halber Höhe der Treppe zu ihm sagte, ließ dann doch ein Grauen in ihm hochsteigen: «Auf diese Treppe hier w-w-w-werden immer die Leichen der Hingerichteten geworfen. Ein uralter B-b-brauch!»

Einen Augenblick lang sah Lucius das grausige Bild vor sich: Die ganze Treppe lag voller Toten, und die Treppenstufen färbten sich rot von ihrem Blut. Aber das schaurige Bild verschwand sofort wieder, denn er wurde von einem neuen Anblick abgelenkt. Rechts und links voraus erkannte er die mächtigen Baukörper der beiden wichtigsten Heiligtümer der Stadt, und aus den Erzählungen von Vater und Großvater wußte er auch, worum es sich handelte. Links stand der gewaltige Tempel des Iupiter Optimus Maximus, des Besten und Größten. Sein Dach war vergoldet und der Giebel reich mit Statuen geschmückt. Rechts erhob sich der kleinere, elegantere Tempel der Iuno Moneta, der Mahnerin. Als sie die Senke zwischen beiden Erhebungen erreicht hatten, bemerkte Lucius, daß überall rings um die beiden großen Tempel eine Unzahl kleinerer Heiligtümer verteilt waren. Aber Onkel Tellius ließ ihm nicht viel Zeit, denn er erklärte – und es klang Stolz in der Stimme mit: «Nun dreh dich mal um!»

Lucius tat es. Und schaute zurück über das unter ihm liegende Forum Romanum, erkannte all die Gebäude wieder, sah nun auch den Rundtempel der Vesta, dahinter das Haus der Vestalinnen, rechts den Palatinhügel, links den Wirrwarr der Häuser im Zentrum, aus dem sie gekommen waren. Und er wurde ganz still, denn dieser Blick war überwältigend. Auch die andern konnten nicht genug von diesem Panoramablick bekommen. Am Horizont lagen im Dunst die Albaner Berge. Von dort waren sie gestern gekommen.

«So, nun wird's aber höchste Zeit!» mahnte Tellius, und die Gruppe setzte sich wieder in Bewegung. Nicht ganz so steil ging es auf der anderen Seite des Capitolhügels wieder hinab. Dort begann zu Füßen des Capitols die Ebene, die sich bis zum großen Tiberbogen erstreckte: der Campus Martius, das Marsfeld. Es hatte seinen Namen vom Kriegsgott Mars, denn über Jahrhunderte hin wurden auf diesem Gelände die jungen Römer zum Kriegsdienst gemustert.

Unterhalb des Capitolhügels begann die Stadt, mit neuen Häuserzeilen Besitz von dem weiten, flachen Areal zu ergreifen. Die Gebäude sahen noch recht frisch aus. Manche waren bis an den steilen Felssturz des Capitols herangesetzt. Doch schon bald endeten die privaten Grundstücke, und nun folgten in verwirrender Dichte Tempel, Hallen, Säulengänge aufeinander. Dazwischen leuchtete es hier und dort grün. Kleine Parks und gepflegte Rasenanlagen luden zu Spaziergängen ein, und man sah an diesem Morgen zahlreiche Römer flanieren.

Onkel Tellius ließ ihnen aber keine Zeit zu langen Betrachtungen, sondern strebte mit beschleunigtem Schritt weiter. So erreichten sie bald ein Gebäude – nein, einen Gebäudekomplex von riesigen Ausmaßen: ein Rechteck von einigen Hundert Schritten Länge, dessen eine Schmalseite in einem mächtigen Halbkreis abgerundet war[7]. Dort befand sich die *Cavea,* der halbkreisförmig ansteigende Zuschauerraum des Theaters. Das Bühnenhaus mit der Spielfläche nahm die ganze Breite des Rechteckes ein; im Innern aber befand sich ein Park, dessen Längsseiten von Kolonnaden, Säulenhallen, gesäumt wurden. Das andere Ende des Rechtecks war rechtwinklig abgeschlossen, allerdings vom Innenpark durch eine weitere Säulenhalle getrennt. In dem so abgeschiedenen Raum standen vier kleinere Tempel, darunter derjenige der Göttin Fortuna.

Dies alles erkannte Lucius natürlich nicht bei diesem ersten Besuch, denn dann hätte er um die ganze riesige Anlage herumgehen müssen. Aber da war ja Onkel Tellius, der die architektonischen Besonderheiten des *Theatrum Pompeii* sozusagen im Vorbeigehen mit begeisterten Worten erklärte. Das Wichtigere war im Augenblick, einen guten Platz zu bekommen.

«Ich glaube zwar nicht, daß die Cavea voll besetzt ist, aber wie immer sind die besten Plätze gleich weg.»

Scheinbar endlos zog sich die Längsseite hin, und auf eine entsprechende Frage erklärte Tellius, daß die Länge ziemlich genau ein Stadion betrage[8]. Dann folgten sie der Rundung des Zuschauerraumes ein paar Schritte, bis Onkel Tellius in einem der hier aufeinanderfolgenden torgroßen Bögen verschwand. Er führte sie zu einer Treppe, sie stiegen nach oben und betraten das nächste Geschoß des Baus, das dem unteren glich. Lucius warf einen Blick zur Decke: mächtige Tonnengewölbe trugen die darüber aufsteigenden Zuschauertribünen.

Nach ein paar Schritten drang helles Tageslicht in den Gang. Es kam vom Austritt zu den Rängen. Ohne haltzumachen eilte Tellius weiter, hinaus in die *Cavea,* den «Käfig», wie die Römer in jedem Theater das ansteigende Halbrund mit den Plätzen der Zuschauer nannten.

Sie konnten freilich zunächst nicht weiter, denn einer der *dissignatores,* der Platzanweiser, kontrollierte die *tesserae,* die Platzmarken[9]. Danach richtete sich die Einweisung in einen der Sitzblöcke, die durchnumeriert waren. Als das erledigt war, rief Onkel Tellius: «Los, weiter! In unserm Block sind noch gute Plätze frei!»

Er ging den Weg nach rechts, zur Mitte der aufsteigenden Halbkreise und freute sich wie ein Junge, daß dort noch gute Plätze für die beiden Familien frei waren. Lucius sah zu, daß er gleich neben Tellius zu sitzen kam, denn er hatte noch einige Fragen an ihn.

Tante Lucilia und auch Lucilia, des Lucius Mutter, verteilten die kleinen Sitzkissen, die sie mitgebracht hatten. Das war auch angebracht, denn die Sitze bestanden aus Stein und waren auf die Dauer unbequem.

Zunächst schaute sich Lucius in Ruhe einmal gründlich um, und als erstes blieb sein Blick an der riesigen Bühnenwand haften. Wie die Front eines Palastes wirkte sie. Man nannte sie ja auch *scenae frons,* Vorderseite der Bühne. Sie war in mehrere Stockwerke gegliedert, rechts und links von massiveren vorspringenden Gebäudeteilen begrenzt. Alte Geschichten, Sagen, Märchen fielen Lucius ein, in denen Könige in solchen Palästen wohnen; jedenfalls hatte er es sich immer so vorgestellt. Aus einer solchen Geschichte schien die Bühnenwand zu stammen. Sie war unterbrochen von Fenstern, Säulen, Balkonen, geschmückt mit Statuen. Lucius dachte sich, daß die Schauspieler auch von den oberen Stockwerken herab zum Publikum sprechen würden, wenn die Handlung es verlangte.

«Na, was sagst du?!» fragte ihn Onkel Tellius. Und ohne seine Antwort abzuwarten, fuhr er begeistert schon fort: «Weißt du wie breit die Bühnenwand ist? – Fünfhundert Fuß! Fünfhundert!»[10]

Das war allerdings ungeheuer, und Lucius fragte sich, ob man ganz oben die Stimmen der Schauspieler überhaupt noch hören und ihre Worte verstehen konnte.

«Vierzigtausend Menschen faßt die Cavea!» fuhr Tellius fort. «Vierzigtausend! Das sind entschieden mehr als manche Stadt an Einwohnern hat!»

Und dann erklärte er ihm mit wenigen Worten die Anlage: Der Feldherr Pompeius, den man den Großen nannte, habe vor fünf Jahren mit dem Bau begonnen. Damals habe er einen gewaltigen Triumph gefeiert und . . .

«Was ist ein Triumph?» fragte Lucius.

«Wie? – Ach so, ja. Also, ein Triumph, das ist ein festlicher, feierlicher Umzug durch die ganze Stadt, an dem der Sieger eines Krieges mit seinen Soldaten teilnimmt. Der Zug geht vom Forum Boarium durch den Circus Maximus, über die Heilige Straße, das Forum Romanum und schließlich zum Tempel des Iupiter auf dem Capitol. Ganz Rom ist dann auf den Beinen und schaut zu. Ja, und vor fünf Jahren feierte der große Pompeius seinen doppelten Triumph.»

«Worüber hatte er denn gesiegt?»

«Worüber? – Ja, über die Seeräuber! Die waren zu einer schlimmen Plage auf den Meeren geworden. In wenigen Wochen reinigte er von ihnen das Mittlere Meer. Dann über den König Mithridates, der schon zwei frühere Kriege gegen uns vom Zaun gebrochen hatte. Aber Pompeius schlug ihn vernichtend.»

«Und dann hat er dieses Theater bauen lassen?»

«Ja. Dabei mußt du wissen, daß die Stadt vorher noch kein festes Theater besaß, ich meine eins aus Stein. Man baute, wenn man Theater spielen wollte, eine Bühne und die Cavea aus Holz auf und riß sie nach den Darbietungen wieder ab. Allerdings ahnte damals niemand, welch eine gewaltige Anlage hier entstehen würde. Man spricht ja heute schon auf dem ganzen Erdkreis davon.»[11]

Lucius schaute sich nach allen Seiten um und bemerkte allerlei Besonderheiten: so zum Beispiel, daß an verschiedenen Stellen frisches, sauberes Wasser parallel zu den Sitzen in schmalen Rinnen lief; an anderen Stellen purzelte es keck über kleine Stufen neben den Treppen nach unten. Er fragte Onkel Tellius nach dem Sinn, und dieser erklärte: «Kühlung! Wegen der Kühlung! So bleiben die Steine und auch die Luft an heißen Tagen länger kühl.»

Lucius ahnte, daß dafür erhebliche technische Einrichtungen notwendig waren, denn das Wasser mußte zunächst einmal auf die Höhe des obersten Geschosses gebracht werden.

Als er die letzte, die höchste Reihe der Tribüne entlangschaute, fiel ihm auf, daß in der Mitte des Halbrunds ein wunderschöner, zierlicher Tempel stand. Tellius, der seinen fragenden Blick bemerkte, sagte dazu – und er sagte es leicht schmunzelnd: «Es mag schon sein, daß Pompeius diesen Tempel bauen ließ, um die gesamte Anlage vor dem Abriß zu schützen. Ich erinnere mich noch, daß es bei der Einweihung des Theaters hieß, er habe einen Tempel zu Ehren der Venus Victrix errichten lassen, zu dem zahlreiche Treppenstufen hinaufführten ...»[12] Er lachte kurz auf. «Er wollte damit sicher sagen, daß das Theater ihm mehr bedeutete als eben nur ein sonstiges Theater, das man nach Bedarf auf- und abbauen konnte. Offiziell war es bis dahin verboten, ein Steinernes Theater zu bauen.»

Inzwischen setzte im Publikum ein großes Beifallsklatschen und wohlwollendes Fingerpfeifen ein. Lucius suchte den Anlaß und sah, daß da unten ein einzelner dicker, großer Mann über die Bühne ging. Ein Schauspieler also!

«Das ist Publilius Syrus! Schauspieler und Stückeschreiber! Ein ungeheurer Witzbold, der vor nichts und niemandem Respekt hat. Am wenigsten vor den Mächtigen der Stadt. Und das gefällt den Leuten natürlich!»

«Dir auch?»

«*Immo*! – Natürlich!» Nun klatschte auch Tellius.

Wie Onkel Tellius ihm erläuterte, handelte es sich um ein Stück des griechischen Dichters Sophokles, und es ging um die Geschichte des Ödipus, der, ohne zu wissen was er tat, seinen eigenen Vater umbrachte und anschließend seine Mutter heiratete. Als Tellius bemerkte, daß Lucius die Geschichte nicht genau kannte, erzählte er sie ihm, damit er anschließend dem Geschehen unten auf der Bühne besser folgen konnte: «Ödipus war der Sohn des Königs Laios von Theben und der Jokaste. Er wurde aber auf Befehl seines Vaters gleich nach der Geburt in der Wildnis ausgesetzt ...»

«Warum?»

«... weil ein Traum ihm vorhergesagt hatte, daß sein Sohn ihn dereinst umbringen werde. – Mitleidige Hirten des Königs Polybos von Korinth fanden aber den ausgesetzten und jammernden Knaben und brachten ihn der kinderlosen Gemahlin ihres Gebieters. Sie zogen ihn auf wie ihr eigenes Kind. Und Ödipus wuchs zu einem stattlichen jungen Mann heran. Allerdings wurde er von Kameraden gehänselt wegen seiner Abstammung. Und allmählich bekam er selbst Zweifel, ob Polybos sein Vater sei. Um sich in der Frage Gewißheit zu verschaffen, ging er nach Delphi und wandte sich an das Orakel des Apollon. – Ich nehme an, du weißt, wo das ist?»

«Ja, in Griechenland! Großvater hat mir schon mal davon erzählt.»

«Gut. – Also, dort erhielt er von dem Gott zur Antwort: Er solle sein Vaterland meiden, wenn er nicht in große Gefahr kommen wolle. Er werde sonst seinen Vater töten und seine Mutter in großes Unglück stürzen.

Natürlich hielt er Korinth für seine Heimat und den König Polybos für seinen Vater. Also verließ er die Gegend und wollte sich nach Böotien, der benachbarten Provinz, begeben. Auf der Reise dorthin begegnete er in einem Hohlweg dem König Laios ...»

«... seinem richtigen Vater!»

«*Ita'st*! – Ja. Und dieser befahl ihm, den Weg freizugeben. Ödipus aber weigerte sich, und darüber kam es zum Streit zwischen beiden. Bei diesem Kampf aber tötete Ödipus den Laios und dessen Herold, der ihn begleitete. Somit war die erste der Prophezeihungen in schreckliche Erfüllung gegangen, denn ...»

«... er hatte seinen Vater getötet!»

«*Recte*. – Richtig. Einige Zeit später begab er sich nach Theben. Dort löste er, als er an das Stadttor kam, das Rätsel, das ihm die Sphinx stellte. Du weißt doch, was eine Sphinx ist?»

«Ja. Ein Fabelwesen, halb Löwe, halb Mensch.»

«Ja, ein Löwe mit Menschenkopf und Flügeln. Diese Sphinx stellte jedem, der in die Stadt wollte, ein Rätsel. Und jeder, der es nicht lösen konnte, wurde von ihr getötet und gefressen. Darum hatte die Königin von Theben, Jokaste, demjenigen, der die Stadt von dem Ungeheuer befreien würde, ihre Hand versprochen. Außerdem sollte er König werden.

Du ahnst das Ende der Geschichte ...»

«Ja», sagte Lucius. «Er löst das Rätsel, heiratet die Jokaste ... und damit ist der Orakelspruch wirklich erfüllt worden. Aber sag mal, Onkel Tellius: Ödipus kann doch gar nichts dafür, daß er diese furchtbaren Verbrechen begangen hat!»

«Sehr richtig! Kluger Junge! Siehst du, und darüber hat sich auch schon Sophokles, der Dichter, den Kopf zerbrochen! Und das werden wir gleich sehen ...»

Das Stück begann gleich darauf; es spielte in Theben, im Palast des Königs. Und nun wurde die gewaltige Bühnenwand mit Leben erfüllt, so daß die Zuschauer und besonders Lucius meinten, tatsächlich in Theben zu sein und Zeugen des furchtbaren Geschehens zu werden. Das Stück zeigte, wie nach und nach die unheilvolle Vorgeschichte ans Licht kommt, denn in Theben ist die Pest ausgebrochen als Strafe der Götter für die Untaten des Ödipus. Die Schauspieler traten – wie immer in der Tragödie – mit Masken auf und trugen an den Füßen den Kothurn, jenen hohen Schuh, der sie größer und erhabener erscheinen ließ und ihnen einen langsamen Schritt aufzwang. Es war erstaunlich, daß man jedes Wort der Schauspieler, und sei es ganz leise gesprochen, sehr gut verstehen konnte.

In den Pausen zwischen den Akten konnte man von Händlern mit Bauchläden Erfrischungen kaufen, Wasser oder Wein, geröstete Kastanien oder scharf gewürzte Würstchen und saure Gurken.

Da die Geschichte von Ödipus den meisten Besuchern bekannt war, folgten die Leute mit besonderer Aufmerksamkeit der Darstellung durch die Schauspieler, achteten auf die Feinheiten des Vortrags, der Aussprache und Betonung, beurteilten auch kritisch die Ausstattung. Hingerissen lauschte Lucius dem ungeheuren Stück, und er konnte es nicht verstehen, daß manche im Publikum laute Gespräche führten. Doch an den Höhepunkten war es still.

Er wußte nicht, wie lange er so gesessen hatte, es mochten an die zwei Stunden gewesen sein, als das Stück mit dem Sprechgesang des Chors endete:

«O Bewohner Thebens, schauet an, der Ödipus,
Der erforscht' so tiefe Rätsel und verehrt von allen war,
Dessen Los der Bürger niemand ohne Sehnsucht angeschaut,
Nun in welch graunvolles Schicksals Wogen der hinabgeriet!
Drum ihr Erdenmenschen: Keinen preiset ganz beglückt, bevor
Durch das Lebensziel er durchging, ohne daß ihm Leid geschah!»

Nach einer kurzen Pause sollte zur Erheiterung ein lustiges Stück gespielt werden. Es war angekündigt unter dem Titel «Maccus als Soldat». Wie in allen diesen Stücken waren die derben, die meist unanständigen Witze, das Grimassenschneiden, das Schimpfen, Rülpsen, Furzen und Fluchen, vor allem die eingeplanten Prügelszenen wichtiger als die eigentliche Handlung, die ohnehin kümmerlich war. Hinzu kam, daß der Mimus – so nannten sich diese derben Späße – stets ohne Masken gespielt wurde. Die Schauspieler stolzierten auch nicht auf dem hohen Schuh, dem Kothurn. Dadurch war die Möglichkeit zu schnellen Bewegungen, zu Sprüngen, zu Hetzjagden über die gesamte Bühne gegeben, und je toller, je ausgelassener die Schauspieler sich gaben, um so größer war ihr Erfolg. Das Stück hatte etwa die Hälfte hinter sich, als es ganz plötzlich dunkel wurde.

«Da braut sich aber was zusammen!» meinte Lucius' Vater mit einem Blick zum Himmel. Er hatte es kaum gesagt, als es auch schon losging. Zunächst fegten einige wilde Böen durch die Cavea, rissen am Bühnenhaus einen seitlichen Vorhang aus der Verankerung, bildeten einen staubigen Strudel und zerrten an allem, was sich bewegte.

«Los, kommt! In die Kolonnaden!» rief Onkel Tellius, und die Kinder und Erwachsenen der Gruppe standen auf und folgten den anderen Besuchern, die ebenfalls noch vor dem Beginn des Gewitters ins Trockene kommen wollten. Und nun staunte Lucius: Obwohl vielleicht an die dreißigtausend Menschen in der Cavea waren, leerten sich die Ränge geordnet und ohne Hetze. Die Anlage war von vorneherein für einen solchen Fall geplant. Jeder Block hatte seinen eigenen Ein- und Ausgang. Die Besucher kannten ihn von vorherigen Besuchen. Diesen Ausgang erreichte man in wenigen Augenblicken und war zunächst einmal sicher unter den Gewölben.

Sie hatten es gerade geschafft, als es auch schon losbrach. Mit ungeheurem Getöse folgten Blitze und Donnerschläge aufeinander. Sie wurden durch die große Öffnung der Cavea wie in einer steinernen Schüssel verstärkt, daß man meinte, die Blitze schlügen in unmittelbarer Nähe ein. Zugleich begann das Unwetter. Waren es zunächst einzelne große Tropfen, die auf die trockenen Steine fielen und dunkle Flecken hinterließen, so folgten schon bald Hagelkörner, und zwar in solcher Menge, daß die Bänke und Gänge fingerdick mit ihnen bedeckt waren. Einen Augenblick lang dachte Lucius, es sei mitten im Winter. Aber dann ging der Niederschlag in einen Platzregen über, und es goß in solchen Strömen, als wären ganz Flüsse an den Himmel umgeleitet worden, die nun von dort auf die Erde fielen.

Lucius stand neben seinem Vater und Onkel Tellius nahe beim Austritt in die Cavea. Das war möglich, weil der Regen von ihnen fortgeweht wurde. Lucius hatte gesehen, wie die ganz in vornehmes Weiß gekleideten Männer, die unten direkt vor der Bühne gesessen hatten, über die seitlichen Treppen zu den drei Toren der *Scenae Frons* geeilt und dann im Inneren des Gebäudes verschwunden waren. Zugleich waren aus den ersten Reihen des Zuschauerraums ähnlich festlich gekleidete Männer aufgestanden und waren ihnen schnell gefolgt. Lucius hatte sie sich genau angesehen und bemerkt, daß sie zwar das gleiche Gewand – die Toga – trugen, daß aber der purpurrote Streifen am Saum schmaler war. Er fragte Tellius, was das für Leute waren.

«Du meinst die, die in der Orchestra gesessen haben?»

«Orchestra? Meinst du damit den Halbkreis vor der Bühne?»

«Ja, den. Dort sitzen die Senatoren, und zwar nur Senatoren. Es ist ein Ehrenplatz für sie. Und die Männer, die gleich hinter ihnen gesessen haben, mit dem schmaleren roten Streifen am Gewand, das ...»

«... waren Ritter!» rief Lucius. Doch er konnte sich, obwohl er sie an dem Streifen erkannt hatte, nicht viel darunter vorstellen. Trotzdem hatte er das Wort genannt, denn er wollte nicht als der unwissende Bauernsohn vom Lande erscheinen. Er würde zuhause den Vater danach fragen[13].

So standen sie eine Weile, beobachteten den Regen und schwiegen.

«Das hört so bald nicht auf«, bemerkte ein anderer Besucher in ihrer Nähe.

«Glaub' ich auch nicht«, meinte sein Begleiter. «Komm, gehen wir in die Anlagen!»

«Wir auch!» erklärte Tellius. Sie folgten den beiden Römern. Zunächst ging es die Treppen abwärts zum Erdgeschoß. Dann durch einen Gang, der unter dem Bühnenhaus her führte, in das Innere jenes großen ummauerten Rechtecks, das Lucius auf dem Weg hierher gesehen und dessen Größe und Ausdehnung er bewundert hatte. Nach wenigen Schritten im Dunkel fanden sie sich unter einer Säulenhalle am Rande eines parkähnlichen Gartens wieder. Platanen,

Nußbäume, Kastanien wechselten mit blühenden Büschen ab. Überwältigt blieben die Besucher vom Lande stehen und lobten die Schönheit der Architektur, die mit der Natur eine solche Verbindung eingegangen war. Unter dem Dach der Halle folgte in regelmäßigen Abständen eine steinerne Figur der anderen. Es handelte sich, wie Tellius erklärte, um große Helden, Kämpfer, Staatsmänner und Feldherrn aus der Geschichte Roms in den letzten Jahrhunderten.

«Und ... und das alles hat Pompeius bauen lassen und bezahlt?»

«*Certo*. Noch viel mehr! Hinter der Rückwand am anderen Ende befinden sich noch mehrere große Räume und Hallen, und auch hier, hinter dem Bühnenhaus, stehen solche Hallen. Darin tagt, solange die Curia noch nicht wiederhergestellt ist, der Senat. Und die Räume hinter dem Bühnenhaus stehen den Senatoren auch bei einem solchen unvorhergesehenen Unwetter als Aufenthaltsraum zur Verfügung.»

Sie machten, während es immer noch regnete – nicht mehr so stark, aber gleichmäßig und anhaltend –, einen Bummel unter dem Dach der Halle. Sie waren natürlich nicht die einzigen Römer, die dem Pompeius dankbar waren für diese großzügige, elegante Überdachung, und so wurde Tellius immer wieder von Leuten gegrüßt, die wohl seine Kunden waren, wie auch er andere grüßte.

Es regnete länger, als Lucius gedacht hatte. So umrundeten sie alle gemächlich die ganze Anlage und kehrten allmählich zur Rückseite des Bühnenhauses zurück. Schon auf dem letzten Drittel des Weges hatte es aber aufgehört zu regnen, und die Sonne kam wieder zum Vorschein. Die Steine der Cavea würden schnell wieder trocken sein. Also machten sie sich auf den Weg zu ihren Plätzen.

Aber das begonnene Stück hatte durch die Unterbrechung den größten Schwung verloren. Die Schauspieler mühten sich redlich, ernteten aber Mißfallensrufe und Pfiffe. Die meisten Zuschauer gingen vor dem Ende des Stücks.

Während das Publikum die Ränge verließ, blieben die beiden Familien des Tellius und des Flavius sitzen und besprachen den weiteren Verlauf des Tages.

«Also», erklärte Tellius. «Ich habe einen großen Hunger und Durst. Ich lade euch alle zu einer Stärkung bei Ptolemaios ein.»

«Ist der mit dem letzten ägyptischen König verwandt?»[14] fragte Lucius' Vater lachend.

«Das nicht. Aber er ist immerhin Ägypter. Eigentlich hat er einen anderen, freilich unaussprechlichen Namen. Alle nennen ihn nur Ptolemaios.»

Des Ptolemaios Taberne lag ganz in der Nähe des Pompeius-Theaters. Er war natürlich spezialisiert auf ägyptische Rezepte, brachte aber auch römische Gerichte. Da sie sich nicht zu einem großen Gelage niederlassen wollten, gingen sie nicht in eines der vornehm eingerichteten Speisezimmer mit den Clinen, den Liegen, sondern nahmen auf Hockern an Tischen Platz. Wieder registrierte Lucius einen Unterschied zum Landleben: Bei ihnen auf dem Hof gab es mittags nichts zu essen! Darum hatte er um diese Zeit auch keinen großen Hunger. Die Städter waren also dabei, auch die Essenszeiten anders zu regeln als auf dem Lande. Die Bedienung durch mehrere Sklaven war korrekt und auffallend höflich. Dazu erklärte Tellius:

«Das ist auch der Grund, warum ich gerne hierher gehe. Manchmal auch abends, mit Geschäftsfreunden. Ptolemaios legt größten Wert auf Sauberkeit, guten Geschmack, hervorragende Speisen und Getränke und eine äußerst zuvorkommende Bedienung. Sonst könnte er sich auch nicht hier im Zentrum der Stadt lange halten. Die Konkurrenz ist groß. Viele ehemalige Soldaten, die zwanzig Jahre gedient und einen großen Batzen Geld als Abfindung vom Staat bekommen haben, kaufen sich einen Koch und eröffnen an der nächsten Ecke ein Speiselokal.»

«Mit Erfolg?»

«Durchaus! Ja! Alte Kameraden sind die Stammgäste. Das spricht sich schnell herum. Die Jungs wechseln eben nicht gern ihre Gewohnheiten, noch weniger die Gesichter. – Aber es gibt auch die Gegenbeispiele. Viele machen nach einem Jahr pleite. Sind dann gezwungen, zu einem Spottpreis an potente Leute zu verkaufen. Könnte dir da Geschichten erzählen ...»

Er tat es dann auch, und Lucius ahnte, daß das Leben in der Stadt entschieden komplizierter war als auf dem Lande. Die Stadt konnte gewiß mehr zur Unterhaltung bieten, aber die Gefahr, hier unter die Räder zu kommen, war für einen Fremden, einen Zugereisten erheblich. Lucius hatte sehr wohl überall die Bettler bemerkt. Und gewiß waren darunter solche, die einmal vor Jahren mit großen Hoffnungen in die Urbs gekommen waren, um hier das große Glück zu machen. Aber die Göttin des Glücks, Fortuna, war bekannt für ihre Launen und ihre Ungerechtigkeit; blind verteilte sie ihren Segen unter den Menschen.

Dies und anderes ging Lucius durch den Kopf, als er mit Genuß Erbsensuppe mit Speck löffelte und dazu geräucherte Blutwurst aß. Auch seinem Vetter Publius schmeckte es, wie man an seinem Schmatzen hörte. Zum Nachtisch bestellte Onkel Tellius in Honig eingelegte Kirschen und einen Griespudding[15]. Sie waren zwar ziemlich satt, konnten aber diesen Leckereien nicht widerstehen.

De meridie

Nach dem Essen trennten sich die Wege. Die beiden Frauen mit ihren Töchtern bummelten durchs Argiletum und über die Velia, den Ausläufer des Esquilinhügels. Dort hatten die Kupfer-, Silber- und Goldschmiede ihre Läden, aber auch die Aromatarii, die Drogisten, die alles mögliche anboten: Schminkmittel, Toiletten- und Schönheitsmittel, Farben ebenso wie Pülverchen, Medikamente, Drogen und Gifte.

Manlius Flavius und Gaius Tellius, die beiden Väter von Lucius und Publius, würden ebenfalls einen Bummel durch die Stadt machen und irgendwo einen guten Tropfen zu sich nehmen. Die jüngsten Kinder waren ohnehin schon mit den Frauen gegangen. Es war nur noch die Frage, wem sich Kassandros anschließen sollte, den beiden Jungen oder den Männern. Sie überließen die Entscheidung dem Kassandros selbst, meinten aber, es könnte nicht schaden, wenn er sozusagen zur Sicherheit die beiden begleiten würde:

«G-g-ganz meine M-m-meinung, Herr!» erklärte Kassandros, doch glaubte Lucius seinen strahlenden Augen entnehmen zu können, daß er sowieso lieber das Rennen sehen als seinen Herrn begleiten würde.

«Seid bei Sonnenuntergang wieder im Hause des Tellius!» sagte Lucius' Vater. Und Tellius ergänzte mit der Mahnung: «Paßt auf euer Geld auf!»

Die Jungen nickten, versprachen alles und waren froh, als sie endlich mit Kassandros allein waren. Es hatte längst aufgehört zu regnen, aber die Luft blieb schwül. Große Wolkengebirge türmten sich im Osten auf, aber sie zogen fort, stiegen am Gebirge hoch.

Um zum Circus Maximus, dem Größten Circus, zu gelangen, mußten sie wieder quer durch die Innenstadt. Doch Kassandros meinte, es ginge schneller, wenn sie am Tiber entlang gingen. Das war zwar ein Umweg, aber die Straßen und Gassen in der Nähe des Flusses waren längst nicht so verstopft wie die im Zentrum. Beim Pons Fabricius erreichten sie den Tiber und befanden sich genau der Insel gegenüber, auf der das Heiligtum des Aesculapius stand, des Gottes der Heilkunst. Tagsüber sah man immer viele Gebrechliche auf dem Wege dorthin, denn es wurden Wundergeschichten im Volk verbreitet von den Segnungen der Gottheit.

Sie folgten dem Weg am Flußufer, einer schönen Promenade, passierten beim Forum Boarium, dem alten Viehmarkt, die Horrea, die Speicher, und hatten schon die zweite Brücke erreicht, den Pons Aemilius. Gleich neben der Rampe stand der Tempel des Portunus, des Gottes und Beschützers von Hafen und Schiffen. Dort überquerten sie den alten Marktplatz, der größer als das Forum Romanum wirkte, weil er nicht mit einer Fülle von öffentlichen Gebäuden, großen und kleinen Heiligtümern vollgestopft war. Flußabwärts reihten sich von hier ab die Kais aneinander, an denen Kähne, Boote und Schiffe be- oder entladen wurden. Dort, neben den Schiffen, war wieder das lebhafteste Treiben. Menschen aus allen Ländern drängten sich, Kaufleute und Makler, Schiffer und Sackträger, Fuhrknechte und Eseltreiber. Vom Fluß herauf hörten sie die Rufe der Schiffer, die an- oder ablegen wollten, das Geschrei der Sklaven, die die Schiffe an langen Seilen flußaufwärts zogen. Und hier, wie überall, wo die Menschen einer Tätigkeit nachgingen, wo Handel und Wandel, wo bürgerlicher Wohlstand war, hier trieben sich wieder Bettler in großer Zahl herum. Hier am Strom und auf den Brücken machten sie gute Geschäfte. Zum Teil hatten sie ihr Nachtlager auf den Brücken, neben den Rampen, bei den Speichern. Sie schliefen unter freiem Himmel. Eine große Zahl kam morgens von der anderen Seite des Flusses, aus Transtiberim, wo Tausende armer Leute, aber auch viel zwielichtiges Gesindel wohnte[16].

«Ekelhafte Gestalten!» dachte Lucius, der sah, wie sie das Mitleid der Vorübergehenden zu erwecken suchten. Und wenn man ihnen etwas gab, warfen sie dem Geber Kußhändchen nach. Und schon war einer von ihnen heran, denn er hatte an der guten, sauberen, flecken- und flickenlosen Kleidung der Jungen und ihres Sklaven erkannt, daß sie zu den wohlhabenderen Bewohnern der Stadt oder ihrer Umgebung gehörten.

«Erbarmen für einen Schiffbrüchigen! Erbarmen für einen Schiffbrüchigen!» begann er schon zu wimmern, als er noch zwanzig Schritt entfernt war. Er trug ein kurzes, breites Brett vor der Brust, auf dem sich ein Gemälde befand. In dramatischer Weise war der Untergang eines Schiffes im Sturm auf hoher See dargestellt. Man sah in mehreren Episoden den Hergang des Unglücks, bis zum Schluß nur noch ein paar Trümmer, Balken, Bretter im Wasser schwammen. An einer Planke hatte sich eine Gestalt festgeklammert.

«Das bin iiiich!» jammerte der Bettler, dessen Alter sehr schwer zu schätzen war: Er konnte sowohl fünfzig als auch dreißig sein, war aber so schwarz vor Dreck, daß man sich keine Klarheit verschaffen konnte, denn seine Gesichtszüge waren nicht gut zu erkennen. Er erzählte den Jungen die ganze Geschichte des Untergangs, bei dem er seine ganze Familie verloren habe. Ungepflegt hing sein Haar vom Kopf, voller Schmutz und wahrscheinlich Läuse. Ein widerlicher Geruch ging von ihm aus. Als er bemerkte, daß seine Gestalt, sein Aussehen und seine unglaubliche körperliche Verkommenheit abstoßend auf die Jungen wirkte, erklärte er händeringend, er habe ein Gelübde getan:

«Mein Haar soll nicht eher wieder mit der Schere geschnitten und mit dem Messer gekürzt werden, als bis sich das Gelübde erfüllt. Habt also Erbarmen mit einem von den Göttern Geschlagenen! Erbarmen, meine jungen Freunde! Und die Götter sollen es euch danken!»

Lucius war schon geneigt, nach seinem Brustbeutel zu greifen, als er einen warnenden Blick von Kassandros auffing. Der griff nach dem seinen und reichte dem Bettler, auch im Namen der beiden Knaben, zwei As – keinen Sesterzen! Überschwenglich bedankte sich der Mann, warf ihnen Kußhände zu und entfernte sich humpelnd.

«So, den sind wir fürs erste l-l-los. Beim M-M-Mercurius! Gebt ihm nie einen Sesterz!»

«Warum nicht?» fragte Lucius.

«Weil du damit nur andere anlockst. Sie haben dich dann schneller ausgenommen als du bis drei zählen kannst. Nie einen Sesterz. Nur ein, zwei As! Es sei denn, du kennst ihn seit langem. Da-da-dann ist das etwas anderes.»

Sie schauten dem Bettler einen Augenblick nach und sahen, wie er sich bereits unter dem Festtagspublikum das nächste Opfer ausgesucht hatte.

«Im übrigen ...» schloß Kassandros seine Betrachtung, «... haben diese raffinierten B-B-Burschen meist mehr Geld als unsereins. Darauf könnt ihr Gif-f-f-f-t nehmen. – So, und nun weiter! Wir sind bald da.»

Es ging noch durch eine schmale Straße, vorbei an mehreren kleineren Tempeln, und dann stand Lucius vor dem gewaltigen Haupteingang des Circus. Wie ein Stück Stadtmauer mit Zinnen und Türmen ragte er vor ihnen auf. Während Lucius noch überlegte, welche Aufgabe das Gebäude hätte, begann Kassandros schon zu erklären:

«Im Innern dieser gewaltigen Halle bef-f-finden sich die Carceres ...»

«Carceres?» fragte Lucius. «Das heißt doch ‹Gefängnis›!»

«*Certo.* Aber s-s-so nennen sie hier auch die Startplätze der Gespanne. Rechts und links von dem großen T-t-tor da vorne sind je sechs Carceres. Also im ganzen zwölf! Klar?»

«Klar. Aber warum ist das alles so groß, so hoch?»

«Wei-weil in den oberen Geschossen das Personal der Anlage wohnt. Außerdem befinden sich an der Innenseite noch Ehrenlogen für die Spielgeber. Das sind m-m-meistens hohe Beamte, die noch Karriere machen wollen. Sie bezahlen auch einen Teil der S-s-summe, die das alles kostet. Und das kostet weiß Gott viel!»

«Und warum ist da das riesige Tor?»

«Das T-t-tor wird eigentlich n-n-nur benutzt bei der Pompa circensis, für den feierlichen Umzug bei der Eröffnung der Circus-

spiele[17]. Das war aber schon heute morgen in der Frühe, als wir im Theater waren.

Schade! dachte Lucius. Aber man konnte eben nicht alles sehen. Publius jedenfalls versuchte ihm mit begeisterten Worten ein Bild zu malen von diesem festlichen Umzug: «Der Zug ist unheimlich lang, weißt du! Die Wagenlenker, die Reiter und Kämpfer ziehen vorneweg. Hinter ihnen die Waffentänzer! Dann andere Tänzer, in bunten Überwürfen, in Schafspelzen oder Bocksfellen! Wie die Irren springen die da herum! Und dann ... ja dann kommen die Musikanten, Flötenbläser, Trommler und die Chöre, die fromme Gesänge singen. Hinter ihnen die ... die ... die Träger von Opferzeug, Rauchfässer mit Weihrauch und so und heilige Gerätschaften. Zuletzt werden dann die Götterbilder getragen, von Männern werden die getragen, auf Bahren ...»

«Ja», nickte Lucius, «kenne ich. Wird bei uns auf dem Land auch an manchen Festtagen gemacht. Sie tragen die Standbilder der Götter auf stabilen Gestellen, auf Bahren.»

«Siehst du ... Und der ganze Zug gelangt durch dieses große Tor ins Innere des Circus. Da wird er dann mit großem Hallo und Beifall empfangen. Ja, und wenn die dann an der andern Seite die Anlage wieder verlassen haben, dann geht's erst richtig los!»

«Waren denn heute morgen schon Rennen?»

»*Immo*. Natürlich. Den ganzen Tag über fahren sie. Am Abend steht dann das beste Gespann fest.»

«Fahren die denn mehrmals?»

«Ja, einige. Das hängt aber ganz vom Ehrgeiz des Fahrers oder dem Chef seiner Factio ab.»

Verwirrt schaute Lucius seinen Vetter an. Publius lachte: «Also, paß auf, ich erklär dir's drinnen. Laß uns erst mal reingehen.»

Das war aber gar nicht so einfach. Vor den vielen Eingängen an den Längsseiten herrschte lebhaftes Gedränge, denn zum nächsten Rennen wollten alle die besten Plätze bekommen. Und die lagen in der Nähe von Start und Ziel, an der Nordwestecke der Bahn.

Wo viel Publikum war, dort fand sich auch bald das Völkchen der Straßenhändler, der Gaukler, Wahrsager, Akrobaten und Quacksalber ein. Sie machten sich an jeden heran, der sich einem der Eingänge näherte, um ihm abenteuerliche Produkte oder künstlerische Darbietungen zu verkaufen. Da sah man lange Kerle, die Feuer schluckten und ausspien, sich Schwerter in den Rachen, Nägel in den Kopf stießen, alte Schuhe zerkauten und verschlangen. Da balancierte einer eine Stange mit einem schweren Gewicht senkrecht auf seiner Stirn. Jetzt nahm er zwei Kinder und ließ sie an der Stange hochklettern. Danach ließ er sich einen Amboß auf die Brust setzen und mit schweren Hämmern darauf schlagen. Ein anderer machte von einem federnden Brett ungeheure Luftsprünge, überschlug sich dabei, landete schließlich in den Armen eines anderen. Das wurde dann gesteigert, als er durch einen, zwei und schließlich drei brennende Reifen sprang.

Ein anderer balancierte mit vielen Bällen, Ringen und schließlich Dolchen, die er im Kreis durch die Luft bewegte und geschickt wieder auffing. Ein Seiltänzer führte auf dem Seil die gewagtesten Bewegungen durch, kletterte durch Reifen, machte eine Rolle, und je gefährlicher seine Aktionen waren, um so größer der Beifall – und das gespendete Geld.

Ein paar Schritte weiter hatte ein Taschenspieler auf einem Tischchen drei kleine Näpfe aufgestellt. Er versteckte unter ihnen kleine weiße Steinchen und ließ das Publikum raten, wo sie im Augenblick seien. Die Leute rieten natürlich immer falsch, denn bald hatte er sie einzeln versteckt, bald alle unter einem Napf, und schließlich holte er sie aus dem Munde eines Mannes hervor. Zum Schluß verschluckte er sie alle, bat dann den Kassandros zu sich heran und holte sie der Reihe nach aus dessen Ohren und der Nase heraus. Und schon waren sie wieder alle verschwunden.

Ein paar Schritte weiter machte ein Affe allerlei Kunststückchen, setzte sich einen Militärhelm auf, griff nach einem passenden Schild und einem Schwert und kämpfte mit einer Ziege, die ihn angreifen mußte. Danach vollzog er allerlei Übungen mit dem Wurfspieß.

Als sie weitergingen, machten sich herumziehende Arzneiverkäufer und Quacksalber an Kassandros heran und boten ihm Mittel gegen Liebeskummer, Kopfschmerzen, Blähungen, Durchfall ebenso an wie solche gegen Hexerei, den bösen Blick, Amulette und Talismane, aber auch Gifte und Zaubermittel. Als das alles nichts bei Kassandros bewirkte, begann einer der Burschen, der eine fremdländische Tracht anhatte, ihn in den Eingang einer Taberne zu lokken. Diese Tabernen, schmale Räume mit Obergeschossen, liefen an den Längsseiten des Circus entlang. Sie wechselten immer mit einem Eingangstor ab. Allem Anschein nach waren auch die Gewölbe darüber bewohnt. Zu solch einem finsteren Loch wollte der Magier den Kassandros locken, er wies in die Richtung, zeigte auf die locker gekleideten Mädchen, pries ihre Schönheit und Erfahrenheit; außerdem werde er ihm dort seine Zukunft weissagen und – sollte sie schlecht sein, ihm ein Gegenmittel verabreichen, das natürlich unfehlbar war!

Aber bei dem gewitzten Kassandros war er an den Falschen geraten: «Scher dich in den Hades! Laß mich in Frieden oder ich hetze dir die Stadtwache auf den Hals! Halunkenpack elendes!»

Das wirkte, denn der Mann schien mit Leuten wie Kassandros schlechte Erfahrungen gemacht zu haben. Er ließ von ihm ab, wandte sich aber auf der Stelle anderen zu, die in den Circus wollten.

«Ha-ha-halten sich für Apollo selber! Klugscheißer! Kommt! Folgen!»

Und schon waren sie unter dem Gewölbe verschwunden, wurden zwar auch dort wieder von herumlungernden, sitzenden oder liegenden Bettlern belästigt, aber denen konnten sie schnell entkommen. Wie befreit traten sie aus dem Dunkel des Gewölbes in den riesigen Zuschauerraum, der sich rings um die gewaltige Anlage der Rennbahn zog. Mit Kennermiene suchte Kassandros die Reihen ab, nickte und führte die beiden Jungen nach links.

«Warum gehst du nach links, Kassandros?» fragte Publius, der sich hier gut auskannte.

«Weil dort auf ha-ha-halber Höhe noch ausgezeichnete Plätze sind. Die werden auch nicht so schnell besetzt. Die meisten drängen ja nach rechts, zum Ziel, direkt neben den Ca-carceres. Ihr werdet sehen, da-da-daß ich recht habe.»

Er behielt recht. Und sogar Publius staunte über die guten Kenntnisse, die Kassandros von den hiesigen Gepflogenheiten hatte. Von ihren Plätzen aus, die etwa ein Stadion[18] weit von den Carceres entfernt waren, hatten sie einen sehr guten Überblick nach allen Richtungen, konnten sogar über die *Spina* – das «Rückgrat» der Arena, die mittlere Trennungslinie – hinweg auf die Gegenfahrbahn sehen. Langsam ließ Lucius seinen Blick durch die riesige Anlage wandern. Er stellte fest, daß die unteren Sitzreihen aus Stein, die oberen aus Holz waren. Die untersten Plätze wurden durch ein stabiles steinernes Geländer begrenzt. Davor ging es etwa zwölf Fuß[19] senkrecht nach unten bis zum Boden der Arena. So waren die Menschen in jedem Fall geschützt, wenn es während der rasanten Rennen zu Karambolagen kam – und dazu kam es oft.

«Wie viele Plätze hat der Circus?» fragte Lucius, und Publius meinte zögernd: «An die ... hunderttausend, denke ich.»

«Hundertfünfzigtausend!» erklärte Kassandros. «Ich habe mir das alles mal von einem erklären la-la-lassen, der hier jahrelang beim Personal war. Hundertfünfzigtausend! Aber wie ihr seht, ist heute noch nicht die Hälfte davon besetzt.»

«Warum nicht?» fragte Lucius.

«Weil ... weil die besten Rennen erst im Herbst stattfinden, bei den *Römischen Spielen!* Das hier ist eigentlich mehr eine Vorprü ... eine Vorprü ... eine Vorprüfung der Pferde und der Fahrer. Die endgültige Besetzung der Gespanne findet erst nach dem Sommer statt.»

Lucius schaute sich genau den mittleren Streifen an, eine Art langes Podest, gemauert und an den Endpunkten abgerundet. Ihren Plätzen gegenüber begann diese *Spina.* Auf der Mauer befanden sich die seltsamsten Dinge, an den Enden markante Säulen, dann Gestelle mit sieben Eiern und mit sieben Delphinen aus Holz. Auf seine Frage erklärte Publius, daß nach jeder Runde ein Delphin und ein Ei herabgenommen würden. So wisse das Publikum, wieviel Runden noch zu fahren seien. Zur Mitte hin befanden sich überlebensgroße Statuen von Göttern, die mit den Rennen in irgendeiner Beziehung standen. Doch ihn interessierte etwas anderes mehr:

«Jetzt könnt ihr mir erklären, was eine *Factio* ist!»

Zuerst wollte Publius beginnen, doch dann sah er lächelnd den Kassandros an, und dieser begann: «Also gut. Dann schau mal zu den Carceres rüber!» Lucius tat es und sah dort einige Männer mehr oder weniger aufgeregt herumgehen und -laufen, und ihm fiel auf, daß sie recht bunt gekleidet waren, denn Teile ihres Habits leuchteten weiß, rot, grün oder blau.

«Fällt dir was auf?» fragte Kassandros, und Lucius nannte ihm die Farben.

«*Bene.* Also, es ist so: Normalerweise fahren vier Gespanne, so wie heute. Diese Gespanne gehören aber zu verschiedenen Renngesellschaften ...»

«Renngesellschaften? Ich dachte, sie gehörten einem ... dem Fahrer!»

«*Per deos!* Bei den Göttern! Wo denkst du hin?! Wie soll er das denn alles bezahlen!? Zum Personal einer Factio – also das ist jeweils eine solche Gesellschaft – gehören nicht nur die *Agitatores* – so nennen sie nämlich die Fahrer: die Antreiber! –, sondern eine Unmenge von anderem Personal: Viele Sklaven, Freigelassene, Handwerker, Wagner, Schuhmacher, Sattler, Schneider, Ärzte und Tierärzte, Fahrlehrer – meist alte, nun nicht mehr ins Rennen gehende Agitatores –, Boten, Läufer, Kellermeister, Beschließer, Verwalter, Schreiber, Sekretäre ...»

Er hatte das alles ohne einen Fehler und sehr schnell heruntergesprochen, so daß beide Jungen sich erstaunt ansahen. Kassandros aber fuhr fort: «Du weißt, wieviel gestern die beiden gallischen Sklaven gekostet haben. Und die waren nicht besonders auf irgend etwas spe-spe-spezialisiert. Da-da-dann kannst du dir also denken, was es kostet, alle die von m-m-mir genannten Leute anzuschaffen und zu unterhalten. Und von den Pferden haben wir überhaupt noch nicht gesprochen.»

«Und die Farben?» Lucius blieb hartnäckig.

«Ja, jede Factio hat eine eigene Fa-Fa-Farbe. Albata – die Weiße – und Russata – die Rote – sind die beiden ältesten Factiones. Die Roten, das sind die Mitglieder der senatorischen Factio, die Weißen gehören zur plebejischen Factio des Volkes. Darin spiegelt sich also der alte Konflikt zwischen dem Adel und dem Volk. Aber hier fließt kein Blut.»

Währenddessen wurden unten, bei den Carceres, die letzten Vorbereitungen für den Beginn des Rennens getroffen. Publius nannte die Namen der Fahrer. Kassandros kannte zwei davon. Sixtus von den Weißen hatte bereits siebenmal den ersten und achtundzwanzigmal den zweiten Platz errungen; Victor von den Roten dreizehnmal den ersten und fünfundzwanzigmal den zweiten. Die beiden anderen waren unbekannt.

Dann traten sie hinter den Schranken an. Auf das Zeichen des Spielgebers – heute war es einer der Aedilen[20] – warteten Fahrer und Publikum auf den Start. Dann warf er ein weißes Tuch in die Arena. Im gleichen Augenblick schnellten die Schranken beim Start in die Höhe, und die vier Gespanne schossen aus den Carceres hervor. Allen war der Start geglückt.

Sie jagten davon, und schon jetzt suchten sie sich gegenseitig nach außen zu drängen. Die Innenbahn war die kürzere. Sie barg aber auch die größten Gefahren. Denn an den Wendesäulen mußten die Pferde auf engstem Raum herumgelenkt werden. Das setzte hervorragende Dressur und Disziplin voraus. Die Tiere mußten auf die kleinsten Kommandos reagieren. Entscheidend waren die beiden äußeren Pferde, die *funales* – das heißt die nur an der Leine gehenden: Sie liefen eigentlich nur mit, während die beiden inneren, die *intraiugi* – die innen im *iugum,* im Joch gehenden – den Rennwagen zogen.

Da Lucius weder Fahrer noch Pferde kannte, war es ihm gleichgültig, wer von ihnen das Rennen machen würde – so meinte er jedenfalls. Also schaute er sich, während die Gespanne am anderen Ende der Anlage ihre Bahn zogen, in Ruhe um, wandte sich dann nach links, denn soeben hatten sie die erste Wende geschafft. Staubfontänen spritzten in die Höhe. An der roten Farbe erkannte er, daß Victor als erster auf der langen Geraden davonraste. Aber das besagte überhaupt nichts. Noch über sechs Runden waren zu fahren.

Als sie unter ihnen vorbeischossen, schaute er sich die Fahrer genau an. Sie trugen eine kurze Tunica, die am Oberkörper mit zahlreichen Riemen verschnürt war. «Zum Schutz der Rippen bei Stürzen!» erklärte Publius auf seine Frage. Auf dem Kopf hatten sie eine helmartige Kappe, die auch Stirn und Wangen bei möglichen Stürzen schützen sollte. Im Gürtel hatte jeder ein Messer stecken.

«Damit zerschneiden sie die Zügel, wenn sie gestürzt sind. Die Zügel sind nämlich am Gürtel befestigt. Sonst würden die Pferde sie zu Tode schleifen ...»

Die Tunica, das Geschirr der Pferde, die Schale des Rennwagens waren in der Farbe der jeweiligen Factio. Nur die Ärmel der Tunica durften je nach Geschmack bunt sein. Als sie vorbeischossen, sah Lucius, daß die Schwänze der Pferde aufgebunden und gestutzt waren. So wurde vermieden, daß sie sich mit den Riemen der Zügel verwickelten.

Lucius wurde aus seinen Beobachtungen aufgeschreckt, denn plötzlich ging ein dumpfer Aufschrei durchs Publikum. An der Wende war es beinahe zu einem Zusammenstoß gekommen. Und von nun an wetteiferten die Anhänger der verschiedenen Factiones mit anspornendem Geschrei, mit skandierten Sprüchen wie «Scirtus vor! Scirtus vor!» oder «Victor victor!« Das hieß: Victor Sieger! Denn victor bedeutete Sieger.

Obwohl die Bahn immer wieder von Sklaven ausgiebig mit Wasser besprengt wurde, hinterließen die Gespanne Wolken von Sand und Staub, die sich auch auf den Rängen niederließen. Lucius beobachtete, wie erwachsene Männer nahezu besessen dem Geschehen folgten, wie Mädchen und Frauen, die Hand vor dem Mund, aus großen Augen ihren Lieblingen folgten. Und auch Publius war ganz aus dem Häuschen, schlug sich mit der Faust in die Hand, hüpfte herum, schrie, flüsterte dann leise Gebete, und selbst Kassandros schien angesteckt zu sein, denn sein Gesicht hatte sich gerötet.

Lucius aber sah auch etwas anderes. Von Westen kommend waren wieder gewaltige Gewitterwolken aufgezogen. Wie ein dunkles Tuch deckten sie Rom allmählich zu. Sie sahen noch gefährlicher aus als die am Morgen im Pompeius-Theater. Als das Unwetter dann losbrach, geschah es mit solcher Wucht, daß man einen Augenblick lang nicht die gegenüberliegenden Ränge sehen konnte. Und diesmal schlugen die Blitze am Ort ein. Die Spitze des Südturms der großen Eingangshalle wurde getroffen, und zugleich krachte der schrecklichste Donnerschlag, den Lucius je vernommen hatte. Während die Fahrer unten sich nicht darum kümmerten und weiter ihre Bahnen durcheilten, stob die Menge in abergläubischer Furcht auseinander und den Ausgängen zu. Es goß in Strömen, viel schlimmer als am Morgen. Auch Kassandros, Publius und Lucius suchten trockene Räume zu erreichen und schlossen sich den Leuten an, die wie von Sinnen zu den Ausgängen drängten.

In diesem Augenblick schlug ein weiterer ungeheurer Blitz in der Nähe ein. Ob im Circus oder außerhalb, ließ sich nicht sagen. Lucius aber spürte, wie mit den Menschen eine Veränderung vor sich gegangen war: Das war kein normales Drängen zum Ausgang mehr, das war panikartige Flucht! Keiner konnte sich selbst mehr bewegen, er wurde geschoben, gedrängt, gedrückt. Wie in Wellen ging es durch den Leib aus Tausenden Menschen. Blitz auf Blitz zuckte nun vom schwarz gewordenen Himmel. Das Grollen des Donners nahm kein Ende. Als ob die dumpfen Schläge aus dem Erdinnern stiegen, klang es. Der Regen fegte in scharfen Böen über die Ränge. Es stank nach Schweiß und unangenehmen menschlichen Ausdünstungen. Lucius hörte Frauen kreischen, Kinder schreien, Männer fluchen.

Er versuchte, irgendwo einen Halt zu finden. Vergebens. Der Menschenstrom trieb ihn weiter, ohnmächtig schwamm er darin wie ein Stück Holz bei Hochwasser. Dann war der Torbogen erreicht. Er versuchte sich in dessen Nähe zu drängen. Umsonst. Er hörte das Wimmern eines Menschen, auf dem die anderen herumtrampelten. Niemand half ihm. Er suchte Kassandros und Publius. Sie waren nicht zu sehen. Waren sie noch drinnen?

Auch im Innern des Gewölbes war kein Halten. Der Druck von hinten, von den Rängen her, ließ nicht nach. Wer mittendrin steckte, wurde getrieben, und er mußte folgen, sonst wurde er zu Boden gedrückt, und das war tödlich. So ging es über die Treppen abwärts. Es war unwirklich: Manchmal fühlte er sich getragen. Er bewegte die Füße wie in tieferem Wasser, wo er keinen Boden fand. Einen Augenblick lang hatte er das Gefühl des Schwebens. Dann kam eine Wende. Der seitliche Druck stieg. Nahm ihm den Atem. Er bekam Angst. Er wollte schreien. Aber die Luft fehlte. Todesangst stieg in ihm auf: Wenn ich jetzt untergehe, werde ich ertrinken ... ertrinken in den Menschen ... werden sie mich zertreten, zerquetschen, es ist ihnen egal! Dann kam wieder eine Wende. Der Druck ließ einen Augenblick nach. Aber er hatte keine Bodenberührung. Er holte tief Atem. Seine Besinnung kehrte zurück. Er konnte wieder klar denken. Er wußte, was er zu tun hatte: wie zwischen zwei Hölzern auf dem Wasser mußte er sich auf den Menschen rechts und links neben sich aufstützen. Er versuchte es. Es gelang. Sie trugen ihn! Wieder war das irre Bild in ihm: Ich schwimme! Ich schwimme! – Und dann ging alles sehr schnell. Er befand sich draußen. Frische Luft. Tief einatmen. Entspannen. Sich schnell vom Boden abstoßen. Nicht untergehen ...

Er wollte stehen bleiben und sich orientieren. Aber er mußte weiter. Der Menschenstrom quoll ohne Unterbrechung aus den Schlünden der Tore zwischen den Tabernen. Hunderte, Tausende! Und sie wollten fort! Weg von diesem Kessel! Weg von den Blitzen! Die Götter der Unterwelt waren ihnen auf der Spur! Wenn er stehen bliebe, würden sie ihn umrennen. Also weiter. Fort von hier. Irgendwohin. Nur nicht an diesem Ort des Schreckens bleiben. Er bemerkte, daß er zu laufen begonnen hatte, weil auch die anderen liefen. Wohin liefen sie? Egal, er folgte ihnen, wurde zugleich von anderen verfolgt. Jeder suchte sein Heil im Vordermann. Er mußte schon wissen, wohin.

Längst hatte er die Orientierung verloren. Manchmal zuckte ihm die Frage nach Kassandros und Publius durch den Kopf. Aber nur einen Wimpernschlag lang. Er lief ja. Und der Weg war holprig. Da waren Pfützen. Mit einemmal spürte er, daß er naß war. Er hörte, wie das Wasser in seinen Sandalen schwappte, wie das nasse Leder quietschte und quatschte. Sein Haar lag ihm glatt und naß am Kopf. Der Regen rann ihm in die Augen, vermischt mit Schweiß, denn er schmeckte es bittersalzig auf den Lippen.

Der Regen nahm kein Ende. Auch nicht die Böen. Ein furchtbares Unwetter ging über der Stadt nieder. Und immer noch steckte er in der laufenden Masse. Wohin wollen sie? fragte er plötzlich. Er hatte keine Ahnung, in welcher Richtung er und die anderen sich bewegten. Er bemerkte nur schemenhaft rechts und links hohe Gebäude. Dann traten die Mauern zurück. Ein großer freier Platz mußte da sein. Endlich war Raum vorhanden, daß die Menschen sich verteilen konnten. Aber es kamen immer neue. Und immer noch peitschte der Gewittersturm den Regen fast waagerecht über die Stadt. Nun, wo er keine Berührung mehr mit den andern hatte, begann er zu frieren. Die Luft hatte sich stark abgekühlt. Es war auch Hagel gefallen. Also ging er weiter. Und allmählich meinte er sich zu erinnern, daß er schon am Nachmittag über diesen Platz gegangen war. Doch nun sah er verändert aus. Düster, drohend standen die Tempel, als ob die dort wohnenden Götter ihn beobachteten. «Quatsch!» rief er sich selbst tapfer zu. Der kalte Wind fuhr durch seine tropfnasse Tunica. Er begann wieder zu frieren. Aber es hörte nicht auf. Seine Beine und Arme waren naß. Seine Haare klebten am Kopf. Seine Nase tropfte. Seine Zähne schlugen aufeinander, und er hatte keinen Einfluß darauf. Am ganzen Körper begann er zu zittern. Er wußte, wenn er nicht bald ins Trockene, Warme kam, würde er sich eine schwere Erkältung holen. «Verdammt!» fluchte er. Dann mußte er tagelang im Haus bleiben.

Es blieb dunkel. Es regnete ununterbrochen weiter. Nur Blitz und Donner waren nun seltener. Wie spät mochte es sein? Um die elfte, zwölfte Stunde?[21] Dann würde ohnehin gleich die Abenddämmerung einsetzen, und es war sehr schnell finster. Dazu der völlig von Wolken überzogene Himmel! Er würde keine Hand vor Augen sehen können!

Prima vigilia

Lucius verlangsamte seine Schritte, blieb schließlich stehen. Er war zwar bis auf die Haut naß, aber instinktiv suchte er nach einem Ort, wo er sich unterstellen konnte, um die Tunica trocknen zu lassen. Die größeren rechteckigen Tempel waren alle von einer Mauer umgürtet, und die Eingangstore konnten geschlossen sein. Er wandte sich nach links, zum Tiber hin, dort standen große Bäume. Als er sie erreichte, bemerkte er, daß sie keinen Schutz vor dem Regen gewährten; längst drang das Wasser durch die Krone, Zweige und Blätter, auch in der Nähe des Stammes. Also weiter! Nach wenigen Schritten erkannte er die Säulen eines anderen Tempels. Das Heiligtum war vollkommen rund, wie der Vestatempel. War er etwa am Forum? Unmöglich! Seit wann floß der Tiber durchs Forum? Oder war sein Wasser so gewaltig gestiegen, daß schon die ganze Stadt überflutet wurde?

Er zögerte einen Augenblick und starrte durch den Regen hinüber. Im Licht eines jäh aufzuckenden Blitzes erkannte er, daß das Dach kreisförmig war und von weißen Marmorsäulen getragen wurde. Ein Geländer, einen Zaun oder sonst eine Sperre hatte er nicht gesehen. Außerdem hatte er sehr wohl registriert, daß er zur Zeit der einzige Mensch auf diesem großen Areal war. All die vielen tausend Menschen, die eben noch um ihn herum gewesen, zwischen denen er eingekeilt war, hatten sich verlaufen. Und es war ihm einen Augenblick lang, als ob er das alles träumte.

Es regnete immer noch, freilich nicht mehr in wilden Schüben und von scharfen Böen gepeitscht, sondern gleichmäßig und stark. Der Himmel blieb dunkel, ja er meinte, daß es noch finsterer geworden war. Also hatte längst die Dämmerung eingesetzt. Und in diesem Augenblick wurde ihm bewußt, daß er allein den Weg in der dunklen Stadt nicht finden würde. Die Straßen hatten keine Beleuchtung. Er kannte nicht einmal ihre Namen, sofern sie einen hatten. Es war auch niemand mehr unterwegs. Brave Bürger saßen bei einem solchen Wetter in ihren vier Wänden und genossen die trockene Behaglichkeit, froh, nicht in der finsteren kalten Nässe unterwegs zu sein.

Langsam ging Lucius hinüber, langsam, denn er war sich nicht sicher, ob er dort einen Unterschlupf finden würde. Er zweifelte in diesem Augenblick immer mehr, ob er an diesem Abend, in dieser Nacht den Weg nach Hause zurückfinden könnte. Also erschien es ihm im Augenblick wichtiger, erst einmal einen trockenen Platz zu finden, dort eine Stunde zu warten und dann weiter zu sehen. In einer Stunde konnte viel geschehen. Es konnte aufhören zu regnen und wieder etwas heller werden. Wenn nicht, würden doch wohl hier und da Menschen unterwegs sein, und die würde er dann fragen. Aber... aber wenn das Räuber, Diebe, Verbrecher waren!? Hatte nicht Kassandros ihm einmal beiläufig erklärt, kein Römer wage sich nachts allein auf die Straßen, schon gar nicht in der Nähe des Flusses und besonders des Hafens!? Und hier war der Tiber, keinen Steinwurf weit weg! Und dort begann auch der Hafen!

Dies alles ging ihm durch den Kopf, während er sich langsam, vorsichtig dem Rundtempel näherte. Nachdem er den Weg halb zurückgelegt hatte, blieb er stehen. Er starrte hinüber und lauschte. Aber er hörte nur das gleichmäßige Fallen des Regens auf die Bäume, den Platz, auf seine nackten Arme. Er ging weiter, ließ dabei kein Auge von den Säulen und dem Dunkel zwischen ihnen. Aber da war nichts.

Nur leere Finsternis. Trotzdem hatte er das gewisse Gefühl, beobachtet zu werden. Sollte er im Regen stehen bleiben? Unsinn! Der Gedanke war gut, dort unter dem Dach das Ende des Regens abzuwarten, seine Tunica trocknen zu lassen und sich dann auf den Heimweg zu machen. Irgendwann müßte er ankommen. Vielleicht waren Publius und Kassandros ganz in der Nähe. Er konnte sich kaum vorstellen, daß sie ohne ihn nach Hause gegangen waren. Sie würden ihn in der Nähe des Circus suchen. Aber vielleicht in der entgegengesetzten Richtung! Sollte er ihnen entgegengehen?

Noch zehn Schritte, und er hatte die Stufen des Tempels erreicht. Er schalt sich selbst einen Esel, daß er so lange gezögert hatte, denn sogleich spürte er, daß es unter dem Dach trocken war. Er setzte sich auf die vierte Stufe und lehnte sich gegen die Basis der Säule neben sich. Der Stein war noch lauwarm von der Sonne des Nachmittags, und Lucius drückte sich an ihn, als ob es das warme Fell eines Tieres wäre.

So saß er lange, dachte nichts, nahm nur das Geräusch des Regens war, die Wärme des Steins und die Nässe des eigenen Körpers. Wieder begann er zu frieren. Er strich sich mit beiden Händen über den Kopf und streifte das Wasser nach vorne. Mehr konnte er nicht tun. Hunde hatten es besser, wenn sie das Wasser aus ihrem Fell schüttelten. Einen Augenblick lang wünschte er, ein Hund zu sein, dann ... dann würde er auch mit der Nase den Weg nach Hause finden. Er mußte lächeln: Er – und ein Hund! Was für einer? Ein Molosser? Vor dem alle Angst hatten? Oder ...

«Na, Kleiner, wer hat dich denn verloren?»

Zu Tode erschrocken fuhr Lucius herum und sah eine dunkle Gestalt, die sich über ihn beugte. Einzelheiten waren nicht zu erkennen. Aber ein seltsamer Geruch senkte sich auf ihn, ein ... ein widerlich unangenehmer Geruch ... Eine Mischung aus Knoblauch, billigem Wein, Essig, Urin und Schweiß. Instinktiv drückte sich Lucius an den warmen, sauberen, geruchlosen Stein der Säule.

«Brauchst doch keine Angst vor mir zu haben, Kleiner ...»

Die Stimme war nicht unangenehm. Eine entfernte Erinnerung kam in ihm hoch, diese Stimme schon irgendwann einmal ...

«Was machst du denn um die Zeit ganz allein hier, he?»

Die Gestalt ließ sich sachte neben Lucius nieder. So angenehm die Stimme klang, so widerlich waren die Ausdünstungen des Körpers – oder der Kleidung. Langsam, ganz langsam wandte sich Lucius zur Seite. Seine Augen hatten sich an die Düsternis gewöhnt, und er vermochte Einzelheiten zu erkennen. Der Mann – es handelte sich zweifellos um einen Mann! – hatte scharfe Gesichtszüge, tiefe Falten an den Seiten des Mundes, tiefliegende Augen. Auch sein Haar lag nun naß und strähnig am Kopf, hing ihm wirr über den Augen, die nun dunkel und wie aus Höhlen auf ihn blickten. Der Mann trug einen Bart, ebenfalls ungepflegt und zottelig wie die Haare, und darunter hing, von einem Strick um den Hals getragen, ein Brett. Darauf sah man ...

Wieder fuhr Lucius der Schrecken in die Glieder! Sein ganzer Körper versteifte sich im Sitzen. Er wagte keine Bewegung. Weiter zurück konnte er nicht. Er saß starr wie die Säule. Der Bettler aber blickte vor sich in den Regen und schwieg. Wahrscheinlich überlegt er jetzt, wie er es am besten anstellt, an das Geld im Brustbeutel zu kommen! Das wird ganz einfach für ihn sein. Er kann mich ... er kann mich erwürgen! Oder mit einem Stock, einem Stein auf den Schädel schlagen! dann liege ich am Boden, schräg auf den Stufen, und er kann mir bequem den Brustbeutel abstreifen. – Aber ich werde ja sehen, was er vorhat, ich werde ihm entkommen, denn er ist alt und nicht mehr so schnell wie ich. Ich werde ihm einfach weglaufen. Ich werde schreien. Irgend jemand wird das hören! Zugleich aber wußte er, daß niemand ihn hören würde, denn hier, am Fluß, beim Forum Boarium, lagen keine Wohnhäuser, sondern nur Speicher.

Da bewegte sich der Mann, und Lucius fuhr schon in die Höhe, als der Bettler ihm die Hand auf die Schulter legte und ihn sanft wieder zu Boden drückte. Die Hand war stark. Er spürte den Druck der Knochen. Diese Kraft hatte Lucius in dem Mann nicht vermutet. Also stand er auf verlorenem Posten. Er würde ihm nicht entkommen.

«Du zitterst ja, mein Junge!» War das echte Besorgnis? Der Mann erhob sich – mit einer erstaunlichen Behendigkeit – und verschwand im Schatten des Tempels, kramte am Boden und kam mit einem mantelähnlichen Tuch zurück.

«Hier! Häng das um! Das saugt die Feuchtigkeit aus deiner

Tunica. Holst dir sonst was...» Geduldig und vorsichtig legte er Lucius den Mantel um. Lucius spürte den unangenehmen Geruch, der davon ausging, zugleich aber empfand er die Wärme sehr angenehm, und dieses Gefühl war stärker als die Abneigung.

So saßen sie eine ganze Weile schweigend nebeneinander. Dann sagte der Bettler leise:

«Bist einer von den beiden, die mit ihrem Sklaven am Nachmittag hier vorbeikamen, nicht?»

Warum sollte er es leugnen: «Ja.»

«Und nun hast du die beiden im Unwetter verloren, als die Meute wie von Sinnen aus dem Circus drängte!»

Wieder bejahte er die Vermutung des Fremden, wunderte sich zugleich aber über seine sehr schöne Art zu sprechen.

«Und nun willst du hier warten, bis der Regen aufhört. Danach hoffst du den Weg zu finden...» Als Lucius nun schwieg, fuhr er fort: «Du wirst den Weg nie finden!»

Wieder stieg Angst in ihm hoch: Klang das nicht wie eine Drohung?

«Hast du schon was gegessen?»

«Nein.»

Da griff der Bettler nach seinem Leinenbeutel, öffnete ihn und holte nacheinander Brot, Käse und ein Stück Schinken heraus. Mit einem großen spitzen Messer schnitt er vom Käse und vom Schinken ab und reichte die Hälfte davon Lucius, während er sich über die andere hermachte. Schon am Duft erkannte Lucius, daß der Käse von guter Qualität, der Schinken hervorragend und das Brot frisch waren.

«Laß dir's schmecken, mein Junge! Wie heißt du eigentlich?»

«Lucius.» Er kaute mit großem Genuß. «Und du?» wagte er die Frage.

«Marcus Rutilius.»

Sie aßen schweigend weiter.

«Willst du noch was?»

«Danke, ich bin satt.» Er war es wirklich, und es hatte ihm gut geschmeckt wie lange nicht. Während des Essens war ihm klargeworden, daß von diesem Mann keine Gefahr ausging, für den Augenblick jedenfalls nicht. Aber... vielleicht wollte er ihn nur in Sicherheit wiegen. Er konnte ihn ja entführen, irgendwo festsetzen, verstecken, um dann von den Eltern ein hohes Lösegeld zu erpressen.

«Du bist zum erstenmal in der Stadt?»

«Nein, eigentlich nicht. Aber zum erstenmal hier in dieser Gegend ...»

«Hm. Ist doch schön hier – oder nicht?» Er kicherte vor sich hin. Lucius wußte darauf nichts zu erwidern. Aber er konnte unmöglich stumm wie ein Fisch neben dem Mann sitzen. Beim Reden konnte man Zeit gewinnen. Also begann er:

«Sag mal, die ... die Geschichte mit dem Schiffbruch, die du erzählt hast, ist die echt?»

Nach einer langen Weile sagte Marcus Rutilius: «Ja – und nein.»

«Wie meinst du das?»

«Ich habe Schiffbruch erlitten – aber nicht auf dem Meer. Ich ... besaß einmal einen Bauernhof, so wie ihr einen besitzt. Aber nicht so groß ...»

Woher wußte er, daß sie Bauern waren?

«Vielleicht hast du schon mal gehört, wie die Großen die Kleinen kaputtmachen ... Naja, das ist schon lange her. Und da ich für die Armee zu alt war ... Was blieb mir also übrig?»

Er beantwortete die Frage nicht, aber Lucius hatte verstanden. Alle Angst war mit einmal von ihm gewichen. Er fragte: «Wo wohnst du denn, Marcus?»

«Mal hier, mal da. Mal bei einem Kumpel, mal bei niemand, so wie heute.»

«Hast du denn keine Familie?»

«Hm», brummte Marcus, und das konnte «Nein» bedeuten.

Lucius wollte «Warum?» fragen, ließ es aber. Der Mann mußte großes Leid erfahren haben. Vielleicht war seine Frau gestorben. Frauen starben ja oft früh, bei der Geburt des ersten Kindes. Sogar dem großen Caesar war seine Tochter bei der Geburt ihres ersten Sohnes gestorben.

«Hast eben Angst vor mir gehabt, wie?» Wieder kicherte er vor sich hin. «Habe dich heute nachmittag genau beobachtet. Wolltest nach deinem Brustbeutel greifen, und mir zwei, drei Sesterzen geben. Stimmt's?»

«Stimmt.»

«Dein stotternder Freund aber hat dich davon abgehalten?»

«*Ita est.* Ja.»

Wieder kicherte er. Da fragte Lucius: «Hättest du's genommen?»

«*Certo* – Sicher! Ich nehme, was ich kriegen kann.»

«Hättest du's mir auch mit Gewalt genommen?»

Da wandte Marcus Rutilius sich ihm zu und fragte: «Na, was meinst du?»

«Ich ... ich weiß nicht ...» Darauf der Bettler sehr bestimmt:

«Wenn meine Frau krank und meine Mutter im Sterben läge, hätt' ich's genommen!»

Da sagte Lucius tolldreist: «Du kannst es doch jetzt nehmen!»

Sie sahen sich an. Dann ging ein Lächeln über die hageren Züge von Marcus' Gesicht, und der Mann erklärte, während er Lucius die Hand auf den Arm legte: «Wir haben zusammen gegessen. Wir haben beide hier Zuflucht gesucht. Und du hättest mir mehr gegeben, wenn du allein gewesen wärst ... Also, lassen wir das! Nun komm, wir können hier nicht die ganze Nacht sitzen bleiben!»

«Wo willst du denn hin?»

«Nach Hause!»

«Nach Hause? Ich denke, du ...»

«Laß das Denken. Ist überflüssig. Halt dich an das, was du siehst. Und ich sehe und fühle, daß du bis auf die Haut naß bist. Und ich weiß, daß es heute nacht sehr kühl werden wird. Also, jetzt kommst du mit. Wir werden deine feine Tunica trocknen. Dann sehen wir weiter.»

Ohne ein weiteres Wort erhob er sich, hängte sich seinen Beutel um, griff nach seinem langen Stock und schritt voraus. Lucius hielt sich ganz in seiner Nähe. Längst war alle Angst verflogen. Nun fühlte er sich sogar geborgen in der Nähe dieses übelriechenden Mannes.

Zunächst hatte er keine Ahnung, in welche Richtung sie gingen. Dann aber hörte er neben sich den Fluß rauschen. Sie waren auf der Brücke. Also wohnte Marcus Rutilius auf der anderen Seite, in Transtiberim. Schweigend gingen sie nebeneinander her. Es regnete immer noch. Nur die Zahl der Blitze hatte sich stark verringert, das Gewitter hatte die Berge im Osten erreicht. Doch es sah so aus, als ob es die ganze Nacht über regnen würde. Lucius kannte das vom Hof.

Was machte das jetzt noch aus? Er würde es überleben. Dieser Marcus war kein Bösewicht. Er hatte mit ihm, dem Sohn aus guten Verhältnissen, Mitleid gehabt. Vielleicht hatte er selbst einen Sohn und erinnerte sich an dessen Kindheit und Jugend. Lucius hörte, wie der Stock des Bettlers bei jedem Schritt hart den Boden berührte, als ob er ihn schlüge. Und wieder staunte er über die schnelle, kraftvolle Gangart des Mannes, der am Nachmittag noch den Eindruck eines gebrechlichen Greises erweckt hatte.

Gleich nachdem sie die Brücke verlassen hatten, bog der Mann links in eine Seitengasse ab. Stumm folgten sie ihr an die zweihundert Schritt, dann bogen sie in eine andere Gasse ein. Längst wußte Lucius nicht mehr, wo er sich befand. Dann plötzlich Halt!

«Hier... hier bin ich!» sagte der Mann. «Bleib in meiner Nähe! Wenn du nichts siehst, halt' dich an meinem Stock fest!»

Da Lucius nichts, aber auch gar nichts sah außer einem dunklen Toreingang, tastete er nach dem Stock und ließ sich von ihm führen. Er konnte sich nur nach den Geräuschen orientieren, und daran erkannte er, daß sie nach einer Weile den Gang verlassen hatten und sich wieder im Freien, vielleicht auf einem Innenhof befanden. Sie überquerten ihn. Dann blieb Marcus Rutilius wieder stehen, und Lucius hörte, wie er an einem Türschloß hantierte. Das dauerte einige Augenblicke, dann wurde die Tür geöffnet.

«Bleib jetzt dicht hinter mir auf der Treppe!»

Er nickte, obwohl Rutilius das nicht sehen konnte. Sie traten ein, und sofort schlug ihm eine abgestandene, muffige Luft entgegen. Dann, nach ein paar Schritten, die Treppe. Sehr steil führte sie nach oben. Die Stufen knarrten, einige bogen sich durch, sie schienen kurz vor dem Zusammenbrechen zu sein.

Auch die Dielenbretter im Obergeschoß bewegten sich knarrend. Dann erschrak er: Jemand hatte ihm einen feuchten Lappen vors Gesicht gehalten! Er griff abwehrend danach – und berührte Wäschestücke, die im Flur auf einer Leine aufgehängt waren. Er tastete sich vorbei. Rutilius öffnete eine Tür ohne anzuklopfen. Sie quietschte in den Angeln.

«Komm! Komm nur...!» sagte er schnell und flüsternd.

Er sah, daß Rutilius vom Zimmer her schwach beleuchtet wurde.

War da um diese Zeit noch jemand wach?

Lucius näherte sich, trat zögernd über die Schwelle und befand sich in einem Raum von etwa zwölf mal fünfzehn Fuß Ausdehnung. In der Mitte stand ein großer, einfacher Tisch auf vier klotzigen Beinen. Darauf eine Öllampe, deren mattes Licht gerade ausreichte, Einzelheiten zu erkennen. In einer Ecke lagen auf einem Haufen Stroh zwei Gestalten. Es konnten Kinder sein. Auf der andern Seite eine andere Gestalt. Beim Eintritt von Rutilius setzte sie sich aufrecht, rieb sich die Augen und starrte Rutilius an:

«Was soll das denn?» Es klang streng und abweisend. Offensichtlich meinte sie die Tatsache, daß Rutilius den Jungen mitgebracht hatte. Das war also die Frau von Rutilius. Oder nicht? Sie sah erheblich jünger aus. Lucius schätzte sie auf dreißig, und den Rutilius auf etwa sechzig oder zumindest Ende fünfzig.

Die Frau ließ nicht ab von Lucius und erklärte: «Sag mal, weißt du eigentlich, wie spät es ist? Und was soll denn dieser Junge da …?»

Ihr ganzes Gesicht drückte Abneigung aus. Sie war keine Schönheit.

Lucius sah die vorstehende Nase, das auffallend starke Kinn, aber auch die hageren Wangen.

Statt einer Antwort legte Rutilius sich den Zeigefinger auf die Lippen, ging zu ihr hinüber, beugte sich hinunter und flüsterte ihr etwas ins Ohr. Lucius verstand nichts, sah aber, wie die beiden jüngeren Schläfer in der anderen Ecke sich unruhig bewegten und auf die andere Seite legten. So blieben sie liegen und schliefen weiter.

Während Rutilius mit der Frau sprach, schaute sich Lucius im Raum um, sah die alten Lumpen, die an Nägeln an der Wand hingen, das Regal mit ein paar Tellern und Schüsseln. Nichts davon paßte zusammen. Auf dem Tisch Reste einer Mahlzeit. Vier tönerne Becher. Eine zweite, nicht brennende Öllampe. Um den Tisch vier Hocker. In der Ecke eine roh gezimmerte Kiste. Darin lagen wohl die besseren Kleidungsstücke, falls es solche hier überhaupt gab.

Jetzt kam Rutilius herüber. Auch die Frau hatte sich erhoben, näherte sich auf bloßen Füßen und betrachtete ihn neugierig und ganz ohne Scheu, so wie man einen fremden Hund begutachtet, der einem zugelaufen ist. Man schätzt seine Herkunft, seine Rasse, seinen Wert ab und überlegt, ob es besser ist, ihn zu behalten oder zu verkaufen.

Dann kam ohne Übergang die Anordnung: «Zieh das nasse Zeug aus!»

Er leistete sofort Folge, denn er fühlte sich darin äußerst unangenehm. Sie half ihm, denn die nasse Tunica klebte geradezu am Körper. Als er sie endlich abgestreift hatte, deutete sie auf seinen Lendenschurz: «Den auch!»

Ohne zu zögern entkleidete er sich völlig, und er schämte sich nicht vor der fremden Frau. Sie nahm die Kleidungsstücke, ging nach draußen und würde sie wohl auf eine der dort gespannten Leinen hängen. Als sie wiederkam, sagte sie:

«Ist bei Tagesanbruch trocken.» Sie sprach nur in kurzen Sätzen. «Willst was essen?»

«Nein, danke, ich ...»

«Er hat schon gegessen», nickte Rutilius ihr zu. Sie ging noch einmal hinaus, kam aber sogleich mit einem rauh gewobenen Kleidungsstück zurück. «Zieh das an!»

Er streifte sich die Tunica über. Die war sauber. Er hätte es auch kaum über sich gebracht, eine getragene, stinkende Tunica überzuziehen.

«Kannst dich da aufs Stroh legen.» Sie wies in die Ecke, wo schon die beiden schliefen.

Er nickte, sagte «Danke!» und ging hinüber. Doch ehe er sich hinlegte, schüttete sie das Stroh auf und breitete ein sauberes großes Tuch darüber. Auch die Frau und Rutilius legten sich schlafen. Schon kurze Zeit später hörte er ihren gleichmäßigen Atem. Er glaubte, daß es lange dauern würde, bis er einschlief. Die Ereignisse des Tages schwebten an seinem inneren Auge noch einmal vorbei. Und immer wieder kehrten seine Gedanken zum Unwetter zurück, zu Rutilius, wie er ihm geholfen hatte, aber auch zu dem anderen Rutilius, dem gerissenen Bettler, der den Menschen eine tolle Geschichte von einem Schiffbruch erzählte, der seine Ungepflegtheit gewissenhaft «pflegte» – und Lucius mußte lächeln. Und mit diesem Lächeln schlief er unvermittelt ein.

Quarta Vigilia

Er schwamm. Das Wasser stieg, aber er schwamm. Allerdings nahm der Druck des Wassers von den Seiten her zu, und das konnte er sich nicht erklären. «Wieso drückt es von der Seite?» fragte er.

«Weil es so eng ist», erklärte eine Stimme. «Steh auf, dann hast du genug Platz!»

Sofort war er wach, riß die Augen auf und starrte in das Gesicht der Frau. Sie mußte ihn wohl derb am Arm geschüttelt haben. Er blickte an ihr vorbei, ins Zimmer. Es war heller als gestern, aber die Sonne war noch nicht aufgegangen. Zum erstenmal sah er die Frau lächeln, und sie fragte: «Hast du gut geschlafen?»

«Ja. *Certo!* Sicher!» Er stand auf. Sie hatte schon seine Tunica und den Schurz über ihren Unterarm glatt gelegt, reichte ihm alles, und er dankte ihr. Schnell entledigte er sich der anderen Tunica, legte den Schurz an und schlüpfte in seine eigene. Jetzt erst fühlte er sich wieder wohl.

«Hier! Wenn du was essen möchtest ...» Sie wies zum Tisch. Dort lagen ein Stück helles Brot und ein Kanten Käse, daneben ein scharfes Messer, dessen Klinge schon sehr abgenutzt war vom vielen Schleifen. Er setzte sich auf den Hocker und begann zu essen, trank aus dem Becher auch das frische Wasser. Es mußte wohl aus einem Brunnen in der Nähe stammen. Während er kaute, schaute er zu der Lagerstatt in der Ecke, wo er geschlafen hatte. Die beiden anderen Gestalten waren nicht mehr da.

In diesem Augenblick kam Marcus Rutilius herein, und Lucius traute seinen Augen nicht: Er hatte auf einmal kurzes Haar, auch der Bart war weg. Er sah völlig anders aus als gestern, erheblich jünger, wie ein Mann um die vierzig. Als Rutilius sein erstauntes Gesicht sah, zwinkerte er seiner Frau kurz zu. Dann erklärte er: «So, Lucius! Es wird Zeit! Deine Eltern werden in Todesangst um dich sein. Gleich geht die Sonne auf. Ich habe unsere beiden Jungen schon vorausgeschickt, damit sie im Hause des Tellius Bescheid geben, daß du ...»

«Du kennst Tellius?» unterbrach ihn Lucius.

«*Immo.* Natürlich. Den kennt jeder. Macht das beste Geschirr in der Stadt. Bist du fertig?»

«Ja.»

«Dann los!» Er kaute zwar immer noch, aber Rutilius hatte recht. Lucius stand auf, wischte sich mit dem Handrücken über den Mund, ging zu der Frau hinüber und dankte ihr «... für alles!»

«Achwo!» wehrte sie ab. «Man tut, was man kann.» Es war eine Floskel, eine Redensart, die Lucius schon oft gehört hatte, aber diesmal klang sie echt. Denn diese Leute hatten es nicht nötig, ihm zu helfen, denn sie waren arm. Sie hausten hier zu viert auf einem Zimmer in Transtiberim. Und trotzdem halfen sie ihm.

«Ich ... ich werde es meinen Eltern berichten», erklärte er steif, und es stieg so etwas wie Scham in ihm auf. Wer weiß, ob sich seine Eltern umgekehrt so verhalten hätten.

«Wozu?» fragte die Frau. Und diesmal war der Ton wieder der alte, der harte, unnahbare, den er am Abend gehört hatte. Er gab auch auf ihre Frage keine Antwort, denn da war nichts zu antworten: Wozu? Bestenfalls würde Vater dem Bettler ein Geldgeschenk machen, und damit hatte sich's. Die Lebensverhältnisse der proletarischen Familie würden sich dadurch nicht verändern, nicht verbessern.

Also ging er zur Tür, wo Rutilius geduldig auf ihn gewartet hatte. In etwa entsprach alles, was er nun im beginnenden Tageslicht sah, dem Bild, das er sich in der Nacht anhand der Schemen gemacht hatte. Sie überquerten den Innenhof, der von verrotteten Wirtschaftsgebäuden, Schuppen und Werkstätten begrenzt war, gingen durch den Gang zum vorderen Torbogen und waren auf der Straße. Sie war so eng, daß man sich beinahe von Wand zu Wand die Hände reichen konnte.

Lauter kleine Leute hausten hier. Die Tabernen, die es hier auch gab, waren entschieden düsterer, ärmlicher, schmutziger. Auch die Gerüche waren unangenehmer, eindringlicher, stechender. Manchmal stank es geradzu.

«Das sind die Walkereien! An heißen Tagen kannst du's kaum aushalten», erklärte Rutilius. «Das ist der Urin. Sie benutzen Urin zum Walken der Stoffe.»

Schweigend gingen sie weiter. Schon füllten sich die Gassen mit Menschen. Sklavinnen machten die ersten Früheinkäufe, Sklaven erledigten die ersten Botengänge. Esel trugen hoch gestapelte Säcke, und überall lungerten schon die Hunde herum.

Doch sie hielten sich nirgends auf, Marcus Rutilius legte ein straffes Tempo vor, bald hatten sie den Pons Aemilius schon überquert und waren am Forum Boarium. Rutilius wies hinüber zu dem runden Tempel:

«Da hast du gesessen! Am Tempel des Hercules!»

Während sie weitergingen, überlegte Lucius, ob er die Frage, die ihn schon die ganze Zeit beschäftigte, stellen sollte; schließlich tat er es: «Warum ... warum machst du das ... ich meine, warum verkleidest du dich mit so einer häßlichen Perücke und hängst dir einen dreckigen Bart um, Rutilius?»

Da blieb der Mann stehen, wandte sich ihm zu und sagte sehr ernst: «Ich wünsche dir, Lucius, daß du nie in die Lage kommst, mit solchen Mitteln zu ...» Er hustete auf einmal, aber Lucius hatte ihn verstanden. Schweigend eilten sie weiter. Eine knappe Viertelstunde später überquerten sie das Forum. Schon längst hätte Lucius sich allein zurechtgefunden. Aber er wollte es nicht sagen, denn er hatte den Eindruck, als ob Rutilius ihn persönlich bei seinen Eltern und bei Tellius abliefern wollte. Beim Argiletum waren die Buchhändler dabei, ihre Regale vor den Eingängen ihrer Läden aufzubauen, und schon lockten sie erste Kunden an. Nun ging es aufwärts, bald schon hatten sie den Clivus Suburanus erreicht. Und nun mußte Lucius den Marcus Rutilius leiten, denn ganz genau wußte er nicht mehr, wo Tellius sein Haus hatte.

Sie waren gerade in die Seitengasse eingebogen, als von oben der Ruf kam: «Da ist er! Lucius ist da! Lucius ist da!» Das war seine Schwester Flavia. Schon wurde die Haustür aufgerissen, und seine Mutter stürzte mit ausgebreiteten Armen auf die Straße, riß ihn an sich, und er spürte, wie ihr die Tränen der Freude, der Erleichterung, der Entspannung über die Wangen liefen und die seinen benetzten. Lange hielt sie ihn so. Dann waren auch schon die andern da. Alle umarmten ihn. Auch Vater und Onkel Tellius. Dann aber kam ein kleinlauter Kassandros und meinte:

«Ich gl-l-laube, du kommst im richtigen Augenblick, um m-m-m-mich vor dem Galgen zu retten ...» Seine Freude war, nach der mütterlichen, wohl von allen am größten. «Großartig, mein J-j-j-junge! Einfach großartig! Weiter so!»

Nun war Vater an der Reihe. Er ging zu Rutilius hin und sagte sehr freundlich: «Du bist also der Mann, der ihn uns am Leben erhalten hat ...»

«Das mag schon sein», erklärte Rutilius trocken, schwieg aber im übrigen.

«Wie heißt du?» fragte der Vater.

Der Mann nannte seinen Namen. Da stutzte der Vater: «Rutilius ... Ru-ti-lius!? Sag mal, da gab's doch mal einen Bauern bei Aricia, der hieß Rutilius!»

«Ja, mein Vater!»

«Dein Vater? Und ... was ist mit ihm?»

«Schon lange tot. Der Hof auch. Aber das müßtest du wissen, Flavius Iustus.»

Sie schauten sich eine Weile an. Dann nickte der Vater: «Verstehe. Aber nun komm doch erst einmal ins Haus! Da gibt es, wie mir scheint, eine Menge zu erzählen. Ich will sehen, ob man da nicht helfen kann ...»

Die Männer gingen ins Haus, dann auch die Mädchen und die Schwestern Lucilia. Endlich konnten sich Publius und Kassandros an Lucius heranmachen, und Publius fragte mit großen, neugierigen Augen:

«Menschenskind! Das war ja wie im Hades gestern abend! Nun erzähl mal! Weißt du, wir haben die ganze Nacht kein Auge zugetan!»

«N-n-nun übertreibe mal n-n-nicht! Du hast prächtig geschlafen. Aber ich! Ich ... ich ...» Auf einmal stand Kassandros das Wasser in den Augen. Er trat neben Lucius und riß ihn einen Augenblick lang an sich, dabei atmete er mehrmals tief durch, und Lucius ahnte, was er in der vergangenen Nacht durchgemacht hatte: Ihm, dem Sklaven Kassandros, hatten beide Väter ausdrücklich ans Herz gelegt, auf die Jungen aufzupassen!

Um ihm die Sache zu erleichtern, lenkte Lucius ab und fragte beide: «Wißt ihr, wer das eben war?»

«Nein», meinte Publius.

«Dann will ich es euch mal erzählen ...»

Sie gingen ins Haus, und wenn man genau hinhörte, vernahm man in der nächsten Viertelstunde erstaunte Ausrufe wie: «Das ist ja nicht zu fassen! Das ist ja ganz unglaublich! Den hätte ich niemals wiedererkannt!» «Ich auch nicht ...»

Am Nachmittag machte sich die Familie wieder auf die Heimfahrt gen Süden. Und Lucius brannte darauf zu erfahren, was der Vater denn mit Marcus Rutilius gemacht hatte. Auf eine entsprechende Frage hieß es aber nur:

«Wart' es ab! Vielleicht siehst du ihn in ein paar Tagen wieder...»

Lucius beugte sich zur Seite, zum Vater hin, und rief: «Bei uns?»

«Ja, bei uns! – Hüh! Willst du wohl schneller geh'n alter Junge!» Die Peitsche knallte, das Maultier erschrak und begann auf der langen waagerechten Strecke der Via Appia zu traben.

«Für dich...» das galt dem Kassandros – «gibt's in den nächsten Tagen viel zu tun! Du wirst die neuen Sklaven einarbeiten!»

Kassandros nickte nur und meinte: «S-s-sicher, Herr.» Und man sah ihm an, daß seine Welt wieder in Ordnung war.

Kleines Lexikon wichtiger Namen und Begriffe

RÖMISCHE GÖTTER

Die Vorfahren der Römer waren Bauern. Das ist einer der Gründe, warum sie zu allen Zeiten ein nüchternes Verhältnis zu ihren Göttern hatten. Man beobachtete sorgfältig ihre Weisungen durch die Vogelschau, suchte sie durch Opfer, Feste und Gelübde zu besänftigen. Dabei wurde die Gunst der Über- und Unterirdischen ebenso für sich und die Familie wie für das Gemeinwohl (res publica: die gemeinsame, öffentliche Sache) erbeten. «DO UT DES»: Ich gebe (dir, dem mächtigen Gott), damit du (mir und dem Staat dein Wohlwollen) gibst. – Aus diesem Grunde war der Römer, der an sich für die völlige Freiheit der religiösen Betätigung war, in der Verehrung der Staatsgötter sehr empfindlich und hatte kein Verständnis dafür, daß jemand – wie etwa später die Christen – dem Iupiter Optimus Maximus das Opfer verweigerte. – Sehr früh schon kamen die Römer mit den Gottheiten der in Süditalien siedelnden Griechen in Berührung und setzten diese mit den eigenen gleich. Doch anders als die Griechen erwies man den Göttern die schuldigen Ehren immer in der Erwartung, dafür den Anspruch auf göttlichen Schutz zu erwerben.

Aesculapius (griechisch Asklepios): Gott der Heilkunde, wundertätiger Arzt, Sohn des Apollo. In Rom stand sein Heiligtum auf der Tiberinsel (wo sich heute ein großes Hospital befindet). Man opferte dem Aesculapius gewöhnlich einen Hahn.

Apollo, griechischer Gott, von den Römern übernommen. Apollo ist der Gott der Weisheit, der Musik, des Gesangs, Beschützer des Ackerbaus und der Viehzucht. Er wird auch als Sonnengott verehrt. Durch seine immer treffenden Pfeile brachte er den Männern den Tod. Von Apollo empfingen die Seher die Gabe der Weissagung. Er wurde auch als Heilgott verehrt.

Concordia, die Gottheit der Eintracht. Im Unterschied zu den Griechen liebten es die Römer, unanschauliche Begriffe zu göttlichen Gestalten zu personifizieren. Der Concordiatempel stand am Fuße des Capitols auf dem Forum Romanum.

Fortuna. Schicksals- und Glücksgöttin (fors = Geschick, Zufall). Man stellte sie sich bald als gute, bald als böse, als verlockende, zweifelhafte, unstete oder auch beständige, kurz als launige Schicksalsmacht vor. Ihr Symbol war das Füllhorn voller Gaben.

Iupiter Optimus Maximus (der Beste und Größte Iupiter). Als höchster Himmelsgott wurde er dem griechischen Zeus gleichgesetzt. Beide Namen haben den gleichen Ursprung: diés = Licht; davon griechisch theos (Gott) = Zeus. Verkürzt im Lateinischen: diu-piter, iu-piter, iu-pater, also: Vater des Lichts, Herr des hellen, lichten Tages. Er wurde auf den Bergeshöhen verehrt. Darum stand sein Heiligtum in Rom auf dem Capitolshügel. Von Iupiter kommen alle Himmelserscheinungen wie das Licht, der Blitz, der Donner, der Regen, der Sturm. Seine Gefährtin ist Iuno.

Iuno (griechisch Hera), Gemahlin des Iupiter, Schutzgöttin der Frauen und Symbol alles Weiblichen. Der Monat Juni war ihr heilig. Sie segnete die Hochzeiten und schützte die Ehe. Ihr Tempel befand sich nicht weit von dem des Iupiter auf dem Capitol. (Heute steht dort die Kirche S. Maria in Aracoeli.)

Kybele, auch Magna Mater (Große Mutter) genannt. Kybele ist eine uralte Muttergottheit, deren Kult bis weit in die Steinzeit zurückreicht. Ursprünglich war sie lediglich ein Fetisch (ein zum Gott erklärter Gegenstand), ein Meteorstein in der kleinasiatischen Stadt Pessinus. Dann wurde sie menschlich gedacht, als Große Mutter allen Lebens (griechisch Mégale Méter, lateinisch Magna Mater). Zu ihrem Kult gehörten wilde, ekstatische Tänze mit verwirrender Musik. Der Löwe war ihr heilig. Im Jahre 204 v. Chr. holten die Römer den Stein in der Not des Zweiten Punischen Krieges aus Pessinus nach Rom.

Mercurius, griechisch Hermes, der Gott des Handels und des Verkehrs. Er besaß auch Geltung als Gott der Erfindungsgabe und der Anmut. Man hielt ihn für klug, listig, gewandt, einfallsreich und verschlagen. Er ist der Götterbote, «der Stürmende, Eilende» und wird darum immer an Hut und Sandalen geflügelt dargestellt. An Wegen und Plätzen standen viereckige Säulen mit seinem Kopf, die «Hermen». Am Lebensende geleitet er die Verstorbenen in die Unterwelt.

Saturnus, uralter Saat- und Erntegott. Unter seiner weisen Weltregierung dachte man sich das Goldene Zeitalter. Später wurde er dem griechischen Kronos gleichgesetzt und dadurch zum Vater des Iupiter bzw. des Zeus.

Venus, Göttin der Lebenskraft, der Liebe, des Glücks und der Siege. Eine uralte italische Göttin, die für das Ackerland und die Gärten sowie für die Jungtiere sorgte. Schon sehr früh wurde sie der griechischen Aphrodite gleichgesetzt. Ihr Kult gewann für die Römer zunehmende Bedeutung, weil es ihr Sohn *Aeneas* war, der sich nach dem Untergang Trojas in Italien (in Latium) niederließ. Von Aeneas stammte über seinen Sohn Iulus (oder Ascanius) das Geschlecht der Iulier – Caesar, Augustus und deren Nachfolger – ab.

Vesta, die Göttin des Herdes und des Herdfeuers, Beschützerin der Familie und des geordneten Gemeinwesens. In Rom wurde sie unter dem Symbol des Herdfeuers verehrt, das in ihrem Rundtempel am Forum Romanum nie verlöschen durfte. Es war der Obhut ihrer Priesterinnen, der Vestalinnen, anvertraut. Ein Erlöschen der Flamme galt als Vorzeichen größten Unglücks für den Staat. Dargestellt wurde die Göttin als ehrwürdige Matrone mit Fackel und Zepter.

DER STAAT UND SEINE ÄMTER

Senat (von senex = Greis). Staatsrat und bestimmendes Verwaltungsorgan in Rom. Ursprünglich nur Vertretern aus den Adelshäusern zugänglich, konnten ab 312 v. Chr. auch Nichtadlige über die Staatsämter – falls sie vom Volk gewählt wurden – Mitglied werden. Einen solchen Emporkömmling nannte man *homo novus* = neuer Mann. Die Berufung galt auf Lebenszeit. Daher war trotz jährlichem Wechsel der höheren Staats-

beamten (Praetoren, Consuln) die Beständigkeit der Politik gewährleistet. Der Senat war zuständig für auswärtige Gesandtschaften, Staatsverträge, Truppenaushebung, Staatseinnahmen und -ausgaben, Provinzverwaltung und nahm Einfluß auf die Amtsführung der Consuln.
Man konnte sich um ein höheres Amt nicht bewerben, wenn man nicht vorher die in der *Ämterlaufbahn* (cursus honorum = Ehrenlauf) vorgeordneten Ämter verwaltet hatte. Die Reihenfolge der Ämter war: Quaestur – Aedilität – Praetur – Consulat.

Lictoren waren niedere Beamte, die den Consuln, Praetoren oder dem Dictator die in den Rutenbündeln (fasces) steckenden Beile voraustrugen, als Zeichen dafür, daß der Beamte mit den Ruten schlagen und mit den Beilen enthaupten lassen konnte.

Römische Staatsämter:

Bezeichnung	Zuständigkeit	Mindestalter	Amtsdauer
Quaestor	Erste Stufe zu den höheren Staatsämtern. Verwalter der Staatskasse oder der Kriegskasse. Archivierung der Senatsbeschlüsse im Tempel des Saturn.	31 Jahre	1 Jahr
Aedil	Zuständig für Markt- und Straßenaufsicht, Wegebau, Überwachung der öffentlichen und privaten Bauten und der Tempel. Einrichtung der öffentlichen Spiele, Feuerlöschwesen.	40 Jahre	1 Jahr
Praetor	Höchster Richter. Als *Praetor urbanus* zuständig für Prozesse zwischen Römern, als *Praetor peregrinus* für Rechtsfälle zwischen Römern und Fremden (peregrini = Fremde). 6 Lictoren schritten ihm voraus.	40 Jahre	1 Jahr
Consul	(von consulere = beraten). In der Republik die beiden höchsten Staatsbeamten, die Träger der vollziehenden Gewalt. Ausgestattet mit besonderen Ehrenrechten: Sitz im Curulischen Stuhl vor dem Senat, Begleitung von 12 Lictoren, Bezeichnung des Jahres nach ihrem Namen. Im Kriege hatten die Consuln den Oberbefehl und lösten einander im Oberkommando täglich ab.	43 Jahre	1 Jahr

Censor	Zwei Beamten, meist ehemaligen Consuln, oblag alle 5 Jahre die Registrierung der Bürger und die Prüfung der steuerpflichtigen Vermögen. Sie übten zugleich das Amt des Sittenrichters aus und beaufsichtigten die Staatsbauten.	44 Jahre	5 Jahre
Dictator	In Notzeiten oder bei Ausfall beider Consuln übertrug der Senat einem Dictator die gesamte Staatsmacht in absoluter Form für ein halbes Jahr. Danach trat der Dictator von seinem Amt zurück. Im Gegensatz zu den Consuln konnte er für seine Entscheidungen nicht zur Rechenschaft gezogen werden. – Er ernannte sich mit dem *magister equitum* (Reiteroberst) einen Stellvertreter, der mit ihm zurücktrat.	keine genauen Angaben	½ Jahr
Volkstribun	Vom Volk zum Schutze des Volkes vor Willkürbeschlüssen des Senats gewählte Vertreter, die Einspruchsrecht (veto = ich erhebe Einspruch) gegen alle Amtshandlungen sowie auch Senatsbeschlüsse besaßen. Sie hatten das Recht, den Senat einzuberufen. Ihr Amt und damit die Person galt als unverletzlich und geheiligt.	keine Angaben	1 Jahr

Triumph. Nach einem siegreichen Feldzug marschierte der Feldherr in einem langen Festzug vom Marsfeld über das Forum Boarium und durch den Circus Maximus zum Forum Romanum, dann über die Sacra Via (Heilige Straße) zum Tempel des Iupiter auf dem Capitol. Voraus schritten Senat und Magistrate. Darauf folgte die Kriegsbeute (Waffen, Feldzeichen, Schätze). Vor dem Triumphwagen des Feldherrn gingen die vornehmsten Gefangenen. Der Prunkwagen wurde von 4 Schimmeln gezogen. Auf ihm stand in goldbesticktem Purpurgewand der Triumphator, auf dem Kopf den Lorbeerkranz. Ihm folgte das siegreiche Heer. Dem Opfer für Iupiter schloß sich ein Festmahl mit Geschenken für Volk und Heer an.

Ritter. In der frühen Republik waren die *Equites* (= Reiter) vermögend genug, sich Pferd und Rüstung auf eigene Kosten anzuschaffen. Daher stammt der Name. Später werden wie zum römischen Geldadel, der sich nach dem Verbot von Geldgeschäften für Senatoren (218 v. Chr.) als mächtiger Zweiter Stand zwischen Amtsadel und Volk einschob. Die Equites waren durch den schmalen Purpurstreifen an der Toga gekennzeichnet. In der Kaiserzeit stiegen sie zu hohen und höchsten Verwaltungsposten in Rom und in den Provinzen auf. Um Ritter zu werden, mußte man den Besitz von 400 000 Sesterzen nachweisen.

Proletarier. Das waren die römischen Bürger mit dem niedrigsten Einkommen. Ihr ganzer Besitz bestand in einer großen Kinderschar (proles).

Sklaven. Die Sklaverei war die Grundlage der antiken Wirtschaft. Es handelte sich um die völlige Abhängigkeit und Dienstuntertänigkeit eines Menschen unter einen andern. Dem Gesetz nach war der Sklave eine Sache, konnte gekauft oder verkauft werden wie eine Ware. Neben einzelnen Menschen wurden ganze Gruppen, Stadtbevölkerungen und Stämme mit Frauen und Kindern versklavt (z. B. durch Caesar in Gallien). Allerdings war in Rom die Behandlung der Sklaven gesetzlich geregelt und verglichen mit anderen Völkern der Zeit milder. Ein Sklave wurde in die Familie seines Herrn aufgenommen, er fand Verwendung als Erzieher und Lehrer der Kinder, als Diener, Sekretär, Hausmeister. Der Freigelassene *(libertus)* erhielt freilich nicht das volle römische Bürgerrecht. Erst seine frei geborenen Kinder bekamen es und wurden Vollbürger.

GROSSE PERSÖNLICHKEITEN

Horatier und Curiatier. Nach der altrömischen Sage wurde der Streit, ob Rom oder Alba Longa die Vorherrschaft in Latium haben sollten, durch einen Kampf von zwei Drillingspaaren entschieden, den römischen Horatiern und den albanischen Curiatiern. Zwei der Römer fielen, der letzte besiegte dann aber die drei verwundeten Gegner. Als er in Rom einzog, begegnete ihm die Schwester, die mit einem der Curiatier verlobt war. Sie erblickte den Bruder mit dem blutigen Mantel des Toten und brach in Klagen aus. Da durchbohrte sie der Sieger mit dem Schwert und rief: «So soll jede Römerin sterben, die um einen Feind weint!» Die Volksversammlung erließ ihm die Strafe des Schwestermordes.

Scipio Nasica. Er entstammte dem berühmten Geschlecht der Cornelier, einem der ältesten patrizischen Häuser Roms, das sich in mehrere Familien verzweigte. Die berühmtesten Cornelier sind die Scipionen. Gaius Cornelius Scipio Nasica wurde im Jahre 204 v. Chr. erwählt, die aus Kleinasien nach Rom geholte Magna Mater zu empfangen. Er wurde später noch Praetor und Consul.

Cato maior (der Ältere; 234–149 v. Chr.) war Ur- und Vorbild des alten Römertums, denn er besaß Eigenschaften, die immer wieder als nachahmenswert empfunden und empfohlen wurden: Beharrlichkeit, Mut, Treue, Einfachheit des Lebens, Verantwortungsgefühl für das Gemeinwohl, Durchsetzungsvermögen. Sein Leben lang kämpfte er gegen Luxus und Verweichlichung, die er durch den Einfluß der Griechen gegeben sah. Er war Bauer, Feldherr, Staatsmann (184 Censor, daher sein Beiname Censorius), Redner, Historiker und Fachschriftsteller. Noch heute lesen wir mit Interesse sein

Buch «De agri cultura» (Über den Ackerbau), das zugleich eines der ersten auf Latein geschriebenen Prosawerke und eine hervorragende Geschichtsquelle für seine Zeit ist. Von seinem Hauptwerk «Origines» (Ursprünge, Urgeschichte) sind nur Fragmente erhalten; darin hat er die Geschichte Roms von den Anfängen und die Geschichte der übrigen italischen Stämme im Zusammenhang dargestellt. – Berühmt und sprichwörtlich geworden ist sein Ausspruch: «Ceterum censeo Karthaginem esse delendam» (Im übrigen bin ich der Meinung, daß Karthago zerstört werden muß). Er pflegte mit diesem Satz jede Rede im Senat oder vor dem Volk zu beenden. Es zeigt seine absolute Kompromißlosigkeit gegenüber dem großen Feind Karthago. Die Stadt wurde dann auch kurze Zeit später erobert und zerstört.

Die Gracchen. Mit diesem Namen meint man immer die beiden Brüder *Tiberius* und *Gaius Sempronius Gracchus*, die am Ende des 2. Jh. v. Chr. versucht haben, der niederen und verarmten Bevölkerung zu helfen. **Tiberius Sempronius Gracchus:** Er setzte sich 133 v. Chr. dafür ein, daß niemand mehr als 500 Joch (Morgen) an Staatsland (agger publicus) erwerben dürfe. Es war dies Land, das Rom den besiegten Feinden abgenommen hatte, meist ein Drittel der Äcker. Jeder Bürger konnte darauf eine bestimmte Stückzahl Vieh halten. Nach und nach aber war es dazu gekommen, daß reiche Patrizier es gegen geringen Pachtzins für sich übernahmen. Dadurch entstanden die großen Güter (Latifundien). Dagegen wandte sich Tiberius Gracchus als Volkstribun. Das Land sollte unter die Ärmeren in kleinen Gütern von 30 Joch (7,5 ha) verteilt und ihnen in Erbpacht überlassen werden. Die betroffenen Patrizier bekämpften diese Politik auf das äußerste. Bei dem Versuch, seine Wahl als Volkstribun auch für das folgende Jahr durchzusetzen, wurde Tiberius mit 300 seiner Anhänger erschlagen. – **Gaius Sempronius Gracchus:** Zehn Jahre später (123 v. Chr.) nahm der neun Jahre jüngere Gaius die Pläne seines Bruders wieder auf und kämpfte mit überlegener Beredsamkeit, kühler Berechnung und politischer Klugheit für deren Verwirklichung. Er ging noch weiter, schlug die Ansiedlung der Bürger in Übersee (Nord-Afrika) vor und stellte den Antrag, den italischen Bundesgenossen das römische Bürgerrecht zu verleihen. Außerdem setzte er durch, daß die Geschworenengerichte vom Adel auf die Ritter übertragen wurden. Wie zur Zeit seines Bruders wurde dadurch der Haß der Patrizier geschürt, und Gaius Gracchus wurde 121 v. Chr. ermordet.

Sulla. Lucius Cornelius Sulla (138–78 v. Chr.) kam in den Wirren der Bürgerkriege zu Beginn des ersten Jahrhunderts v. Chr. an die Macht als Führer der konservativen Senatspartei. Nach seinem Sieg über Marius rächte er sich furchtbar an seinen Gegnern. Sie wurden von ihrem Besitz vertrieben und für vogelfrei erklärt. Unter den Bundesgenossen wurden ganze Stämme, die gegen Rom gekämpft hatten, fast ausgerottet. Das Ackerland erhielten Sullas Soldaten. Im Jahre 79 legte er die Dictatur nieder und zog sich ganz aus der Politik zurück. Ein Jahr später starb er.

Pompeius. Gnaeus Pompeius Magnus (106–48 v. Chr.), römischer Feldherr und Politiker. Schon in jungen Jahren erwarb er sich durch seine Siege über die Anhänger des Marius in Sizilien, Afrika und Spanien und über die aufständischen Sklaven unter Spartacus (71 v. Chr.) großes Ansehen. Danach räumte er durch eine hervorragend organisierte Unternehmung in wenigen Wochen mit dem Seeräuberunwesen im gesamten Mittelmeer auf (67 v. Chr.) und schlug endgültig den gefährlichsten Gegner Roms im Osten, Mithridates VI. von Pontos. Daraufhin ordnete er die territorialen und dynastischen Verhältnisse in Asia neu. Nach seiner Rückkehr führte er im sogenannten ersten Triumvirat (Drei-Männer-Bund) zusammen mit Caesar und Crassus die Staatsgeschäfte. Nach dem Tode des Crassus (53 v. Chr.) spitzte sich das Verhältnis mit Caesar zu. Es kam zum Bürgerkrieg. Nach der verlorenen Schlacht von Pharsalos (48 v. Chr.) floh er nach Ägypten, wo er ermordet wurde.

Vercingetorix. Führer des gallischen Aufstandes gegen Caesar. Vercingetorix hielt sich lange in Alesia (52 v. Chr.), wurde von Caesar schließlich bezwungen und 46 v. Chr. in Rom im Mamertinischen Kerker hingerichtet.

Caesar. Gaius Iulius Caesar (100–44 v. Chr.), aus altem patrizischem Hause, das seinen Ursprung von Iulus, dem Sohn des Aeneas, herleitete und darum in Venus seine Schutzgottheit verehrte. Im ersten Jahrhundert vor Christus galt die Familie als sehr vornehm, aber nicht wohlhabend. Hochbegabt und zielstrebig, von besten Lehrern erzogen, schlug Caesar die politische Ämterlaufbahn ein und wurde Quaestor (68), Aedil (65), Praetor (62). Er gewann, nicht zuletzt wegen der prunkvollen Ausstattung der Spiele als Aedil, großes Ansehen beim Volk. Er verbündete sich 60 v. Chr. mit Pompeius und Crassus und errang 59 das Consulat. Von 58 bis 51 eroberte er Gallien, wobei er zweimal über den Rhein ging (erste Rheinbrücke!) und zweimal nach Britannien übersetzte. Darüber schrieb er seinen Rechenschaftsbericht «Commentarii de bello Gallico» (Über den Gallischen Krieg). – Da man ihm sein Kommando nicht verlängerte und seine Kandidatur zum zweiten Consulat in Abwesenheit verweigerte, überschritt er am 10. Januar 49 den Rubico, den Grenzfluß seiner Provinz. Nach harten Kämpfen im folgenden Bürgerkrieg schaltete er den auf der Seite des Senats kämpfenden Pompeius und andere Gegner aus und wurde so zum Alleinherrscher des Imperiums. Schließlich wurde ihm die Dictatur auf Lebenszeit übertragen. Er verfügte über den Oberbefehl der Armee, über den Staatsschatz, die Münzprägung, durfte jederzeit den Lorbeerkranz tragen und konnte in den Provinzen göttliche Ehren beanspruchen. Als in Rom das Gerücht aufkam, er strebe nach der Königswürde, geriet er damit aus der überkommenen republikanischen Ordnung. Es gelang einer adligen Verschwörergruppe unter Führung des Iunius Brutus, ihn an den Iden des März – am 15. März 44 v. Chr. – während einer Senatssitzung in der Halle des Pompeiustheaters zu ermorden. – Sein Name lebt fort in *Kaiser* und *Zar*.

Cicero. Marcus Tullius Cicero (106–43 v. Chr.), römischer Staatsmann, Redner und Schriftsteller. Er ist die einzige große Persönlichkeit des Altertums, die uns als Mensch und Schriftsteller klar vor Augen steht. Hunderte seiner privaten und sehr persönlichen Briefe, besonders aus den fünfziger und vierziger Jahren, sind auf uns gekommen. – Nach sorgfältiger Jugendbildung wurde Cicero in Rom als Anwalt tätig und gewann – obwohl nicht adliger Herkunft – aufgrund seiner ungewöhnlichen Beredsamkeit und erstaunlichen Arbeitskraft den Zugang zu den höchsten Staatsämtern. Den Höhepunkt seiner politischen Laufbahn erreichte er, als er 63 v. Chr. als Consul die Verschwörung Catilinas unterdrückte. Er stand als angesehener Senator auf des Pompeius Seite und wurde nach dessen Sturz vom siegreichen Caesar begnadigt. Nach Caesars Ermordung 44 v. Chr. strebte er die Wiedererrichtung der alten republikanischen Ordnung an, wurde aber 43 v. Chr. auf Veranlassung des Marcus Antonius ermordet. Sein umfangreiches schriftstellerisches Werk hat bis in unsere Zeit gewirkt.

Die sieben Hügel: man zählte in Rom Quirinalis, Viminalis, Esquilinus, Capitolium, Palatinus, Caelius und Aventinus. Die Ausläufer des Esquilinus, Cispius und Oppius, wurden bisweilen als eigene Hügel gezählt. Das Capitol war der heilige Berg Roms mit den Staatstempeln des Iupiter Optimus Maximus und der Iuno.

Forum Romanum. Dieser große Platz war mit seinen öffentlichen Gebäuden, den Wandel- und Kaufhallen, Tempeln, Rednertribünen und Triumphbögen der politische und religiöse Mittelpunkt der Stadt. Alle Mächtigen der Republik und des Kaiserreichs sorgten für weiteren architektonischen Schmuck des Areals. Seit Caesar wurden im Norden neue Foren angeschlossen, weil das alte zu eng geworden war. Doch es blieb Kern der antiken Stadt.

Die Mauern. Die ältere umlaufende Stadtmauer hieß zwar *murus Servii Tullii,* Servianische Mauer, weil man annahm, Servius Tullius, der 6. König von Rom, habe sie gebaut; in Wirklichkeit aber wurde sie erst nach dem Einfall der Gallier um 390 v. Chr. errichtet. Mit 11,5 km Länge umfaßte sie die genannten sieben Hügel. Im ersten Jh. v. Chr. war nur noch der Ostteil in verteidigungsmäßigem Zustand. Längst war die Stadt im Westen über den alten Befestigungsring hinausgewachsen. Kaiser Aurelianus (270–275) baute jene gewaltige Befestigungsanlage, die heute noch steht: 17 m hoch, 4 m breit, 18 km lang, ausgestattet mit 18 Toren und 381 Türmen. Noch 1870 verteidigte sich das päpstliche Rom hinter der Mauer gegen die königlich-italienischen Truppen.

Stadtteile und Besiedlung. Nordwestlich des Forums bildete die *Subura* oder *Suburana* als dichtbesiedeltes Viertel mit Geschäften und Werkstätten der Gold- und Silberschmiede, der Tischler, Töpfer, Korbmacher, Färber, Barbiere und Schumacher das gewerbliche Zentrum der Stadt. In den meist engen Gassen folgten Läden, Tabernen, Kneipen, Bordelle und Eßlokale aufeinander, und Tausende von Passanten, Kauflustigen, Vergnügungssuchenden, Schaulustigen, Einheimische wie Fremde, drängten sich hier. Und gerade in diesem Viertel hat Caesar seine Kindheits- und Jugendjahre verbracht, ebenso eine Generation vor ihm Sulla. Im *Velabrum,* der Senke zwischen Capitol und Palatin, hatten vor allem die Lebensmittelhändler ihre Läden. Am *Marsfeld* – heute die pittoreske Altstadt Roms – ließen sich seit dem ersten Jh. v. Chr. wohlhabende Familien nieder, und hier lagen auch die teuren Luxusgeschäfte jeder Art. Ansonsten zogen sich die vornehmen Römer auf *die Höhen der Hügel* zurück, außer dem Aventin, der damals mit mehrstöckigen Mietskasernen überbaut war. (Heute dagegen ist er eine vornehme und ruhige Wohngegend.)

Wasserversorgung. Schon 312 v. Chr. baute derselbe Appius Claudius, der die Via Appia in Auftrag gab, die *Aqua Appia,* den ersten Aquädukt (aqua = Wasser, ductus = geführt). Große Probleme der Vermessungs- und Bautechnik mußten bewältigt werden: wasserdichter Unterbau, verdeckter Wasserlauf (Sauberkeit!), gleichmäßiges Gefälle. Dazu waren Umwege notwendig, um das Wasser aus 11 km Entfernung nach Rom zu leiten; der Kanal wurde 16,5 km lang. Mit der Zunahme der Bevölkerung wurden weitere Aquädukte gebaut: Anio vetus (272 v. Chr.), Aqua Marcia (114 v. Chr.), Aqua Tepula (125 v. Chr.), Aqua Iulia (33 v. Chr.), Aqua Virgo (19 v. Chr.), Aqua Claudia (47 n. Chr.), Anio novus (52 n. Chr.). Das bedeutete schließlich für die 1 Million Einwohner einen Prokopfverbrauch von ca. 350 m^3 im Jahr. (Zum Vergleich die Zahlen für Deutschland im Jahr 1971: 300 m^3 pro Kopf; allerdings ist in dieser Menge der Verbrauch durch die Industrie mitenthalten.)

DAS ALLTAGSLEBEN

Zeiteinteilung. Die *Jahre* wurden in Rom *ab urbe condita,* d. h. von der sagenhaften Gründung der Stadt an (753 v. Chr.) gezählt. Die einzelnen Jahre erhielten die Namen der jeweils amtierenden Consuln, z. B.: «Marco Tullio Cicerone Gaio Antonio Consulibus» = «Unter dem Consulat des Marcus Tullius Cicero und des Gaius Antonius» (also 63 v. Chr.). – Die *Monate* hatten die gleichen Namen wie heute, außer dem Quinctilius (der Fünfte) und Sextilis (der Sechste), die erst später nach Caesar und Augustus in Iulius (Juli) und Augustus (August) umbenannt wurden. Bis zum Jahre 153 v. Chr. begann das römische Jahr mit dem Martius (März), dem Monat des Mars, der nicht nur Kriegsgott, sondern auch segenspendender Gott der Äcker und Gärten war. – Unter orientalischem und christlichem Einfluß gingen die Römer in der Kaiserzeit zur siebentägigen *Woche* über, weil es im Alltag praktischer ist, mit kleinen und übersichtlichen Zeiteinheiten zu rechnen. – Der *Tag* war grundsätzlich in zwei Hälften geteilt, den lichten Tag und die dunkle Nacht. Militärische Bedürfnisse erforderten die Einteilung der Nacht in 4 Nachtwachen (vigiliae) von Sonnenuntergang bis Sonnenaufgang. Entsprechend wurde auch der Tag in 4 große Abschnitte geteilt: *Mane* (Morgen), *Ad Meridiem* (Vormittag), *De Meridie* (Nachmittag), *Suprema* (Abend). Jeder dieser Teile der Nacht und des Tages umfaßte 3 Stunden (horae). Die Länge der Tages- und Nachtstunden veränderte sich infolge der dauernden Verschiebung von Tag- und Nachtlängen in den Jahreszeiten. Am kürzesten Tag des Jahres hatte eine Tagesstunde nur 44 Minuten, am längsten 75 Minuten. An den Tag- und Nachtgleichen im Sommer und Herbst waren sie gleich und entsprachen den unsrigen. – Minuten und Sekunden kannte die Antike nicht, man gab nur ungefähre Zeitangaben wie «Ich komme in einer Viertelstunde» oder «Eine halbe Stunde später». Das aber bedeutet, daß die Römer ein ganz anderes Verhältnis zur Zeit, zur Pünktlichkeit und zu genauen zeitlichen Absprachen hatten als wir.

Römische Längenmaße
1 *Fuß* (pes) = 29,6 cm. 1 *Stadion* = 178,6 m. 1 *Römische Meile* (milia passuum = 1000 Doppelschritte) = 1,48 km.

Römische Hohlmaße
1 culleus = 536 Liter. 1 medimnos = 52,4 Liter. 1 modius (Scheffel) = 8,73 Liter.

Römische Münzen. Die Münznamen sind eigentlich Gewichtsnamen. So hat das römische *As* ein Gewicht von ursprünglich 327 g, war ein Kupferstück, dessen Wert immer mehr sank – bis auf 27,3 g.

Denar (denarius): er entsprach ursprünglich 10 Bronze-Assen, später im Gewicht von 3,89 g. *Sesterz* (sestertius): 2,5 Asse, kleinste römische Silbermünze. *Aureus:* Goldmünze, am Ende der Republik Einheit der römischen Goldprägung im Werte von 25 Denaren und 100 Sesterzen.
Die Umrechnung der Münzwerte in moderne Währungen ist kompliziert und wenig sinnvoll, denn die errechneten Zahlen sagen nichts über die Kaufkraft aus. Man muß vielmehr von Fall zu Fall wissen, was etwa Brot, Eier, Schuhe, was Haareschneiden und Zahnziehen usw. kosteten, was für den Bau eines Hauses oder den Unterhalt einer Legion ausgegeben wurde.

Mahlzeiten. Die Römer kannten drei Mahlzeiten; freilich wurden die beiden ersten kaum eingehalten.
ientaculum (Frühstück): Zwischen 7^{00} und 9^{00}. Es bestand aus einem Becher Wasser oder Wein, einem Stück Brot, bestreut mit Knoblauch, evtl. etwas hartem Käse, etwas Honig oder einigen Datteln.
prandium (Zweites Frühstück): Gegen 12^{00}. Dazu gab es kalte Speisen, Gemüse, Fisch, Obst und Reste der Hauptmahlzeit vom Vortag.
cena (Hauptmahlzeit): Zwischen 14^{00} und 15^{00}. Je nach Vermögen und Art des Haushalts verschieden. Die cena enthielt mehrere Gänge, etwa Salate, Lauch, Fisch, gehackte Eier, heißen Grünkohl, Würstchen, Bohnen mit Speck, getrocknete Trauben, Birnen, geröstete Kastanien, kandierte Kirschen.
Außerdem gab es natürlich *abendliche Festessen* aus besonderen Anlässen.

Römische Rezepte (nach dem Kochbuch des *Apicius*):
Farcimina – Würste: Mische gekochte Weizengrütze oder Grieß mit grob gehacktem Fleisch, das zuvor mit Pfeffer, Liquamen und Pinienkernen zusammengestampft wurde. Stopfe die Masse in eine Wursthaut und koche sie. Dann grille die Wurst mit Salz und serviere sie mit Senf; oder serviere sie einfach so, in Stücke geschnitten, auf einer runden Platte.
Pullum elixum ex iure suo – Gekochtes Huhn (im eigenen Saft): Stampfe Pfeffer, Kümmel, etwas Thymian, Fenchelsamen, Minze, Raute, Laserwurzel; befeuchte mit Essig, füge Jerichodatteln hinzu und stampfe nochmals. Mische mit Honig, Liquamen und Öl. Gieße diese Sauce über das kalte und abgetrocknete Huhn und serviere.
Dulcia domestica – Hausgemachte Süßspeise: Entsteine Datteln und stopfe sie mit Nüssen, Pinienkernen oder gemahlenem Pfeffer. Wälze sie in Salz, brate sie in aufgekochtem Honig und serviere.
Liquamen oder *garum* (nach einem antiken Rezept): «Wenn man garum schnell herstellen will: Bereite Salzlake in einer Stärke, daß ein rohes Ei darauf schwimmt. Dann wirf den Fisch hinein (z. B. kleine Sardellen), dazu Oreganum und koche dies, bis die Flüssigkeit eingekocht ist.» Dann soll man eingedickten Most zufügen und die erkaltete Flüssigkeit solange durchsieben, bis man eine völlig klare Flüssigkeit erhält. Liquamen/garum gleicht im Geschmack etwas der Worcestersauce.

Kleidung. Im Unterschied zu den schnell wechselnden Moden der Neuzeit blieb das Grundmuster der Kleidung im griechisch-römischen Altertum gleich: Man trug im Hause nur ein Hemd (Tunica), auf der Straße darüber ein großes Umschlagetuch (Toga) oder einen weiten Mantel (Palla). – Die *Tunica* war das Hauptunterkleid beider Geschlechter. Die Männer trugen sie kurz, die Frauen lang bis zum Boden. Männer-

und Frauenkleidung wichen also nicht so sehr voneinander ab wie heute. – Die *Toga* war das feierliche Obergewand des römischen Bürgers, ein äußeres Zeichen seiner Würde und darum pfleglich behandelt. Die Toga war meist von weißer Wolle, ein großes Tuch, ellipsenförmig zugeschnitten, und so um den Körper gelegt, daß es kunstvolle Falten bildete. – Die Frau trug außer Hauses über der Tunica die *Palla*, einen weiten Mantel in den verschiedensten Stoffen und Farben. – Knaben trugen die *Toga praetexta* mit einem breiten Purpurstreifen und durften erst mit dem 16. Lebensjahr die weiße Männertoga anlegen. – Den breiten Purpurstreifen zu tragen blieb auch das Vorrecht der Senatoren und höheren Priester. Den Rittern war nur der schmale Purpurstreifen erlaubt. – Als Mantel diente den Männern die *Lacerna* aus festem Wollstoff, mit einer Kapuze, die bei Regen und Kälte wie bei einer Mönchskutte über den Kopf gezogen wurde. – Fußbekleidung: Im Hause trug man Sandalen, eine einfache Ledersohle, die mit Riemen am Knöchel befestigt wurde. Zum Ausgehen zog der wohlhabende Römer feste Schuhe an, die den Rang des Trägers spiegelten. Sklaven durften sie nicht tragen. Senatoren trugen Schuhe aus rotem Leder. Die Soldaten trugen nagelbeschlagene Stiefel. – Kopfbedeckungen benutzte man kaum, allenfalls den breitrandigen *petasus* als Reise- und Sonnenhut.

Namengebung Der männliche römische Name bestand aus drei verschiedenen Angaben: Lucius Flavius Iustus

1. praenomen (Vorname): Lucius
2. nomen gentile (erblicher Geschlechtsname): Flavius
3. cognomen (Beiname): Iustus

Es gab nur 16 römische Vornamen. Daran sieht man, daß Familie und Sippe wichtiger waren als der einzelne Mensch. Um nun Verwechslungen von Trägern gleicher Namen zu vermeiden, erhielten die Männer schon früh einen dritten Namen, das cognomen. Dieser Beiname drückte meist eine körperliche oder charakterliche Besonderheit aus. So heißt unser Lucius am Ende Iustus, das heißt der «Gerechte». Einer seiner Vorfahren muß sich diesen lobenden Beinamen irgendwann erworben haben. Die cognomina waren erblich, darum heißt auch Lucius «der Gerechte»: Iustus. – Große Eroberer und Feldherrn erhielten oft den Ehrennamen des Volkes, der Stadt oder des Landes, das sie besiegt hatten. So hießen viele aus der Sippe der Scipionen *Africanus*, und ein Enkel des Kaisers Augustus durfte sich *Germanicus* nennen. – Freilich konnte man auch Rufus (der Rothaarige), Crassus (der Fette), Longus (der Lange), Naso (der mit der großen Nase) heißen, ohne daß man im Äußeren mit der Bezeichnung übereinstimmte, die sich einmal ein Vorfahr erworben hatte.

Die 16 männlichen Vornamen lauten:

A.	=	AULUS	Mam.	=	MAMERCUS
Ap.	=	APPIUS	P.	=	PUBLIUS
C.	=	GAIUS	Q.	=	QUINTUS
Cn.	=	GNAEUS	Ser.	=	SERVIUS
D.	=	DECIMUS	Sex.	=	SEXTUS
L.	=	LUCIUS	Sp.	=	SPURIUS
M.	=	MARCUS	T.	=	TITUS
M^{I}.	=	MANIUS (oder: MANLIUS)	Ti.	=	TIBERIUS

Die Namen wurden meist abgekürzt geschrieben. Dabei ist die Schreibung mit C eine altertümliche Form, die so nur in den Abkürzungen auftaucht. Ausgeschrieben heißt es immer Gnaeus und Gaius. – Frauen und Mädchen erhielten keinen individuellen Vornamen. Sie trugen immer den Geschlechtsnamen (des Vaters oder der Mutter) mit der Femininendung -a. So hieß etwa Ciceros Tochter nach dem Gentilnamen des Vaters (Tullius) TULLIA, Caesars Tochter (nach Iulius) IULIA; und des Lucius Mutter und Tante heißen beide nach ihrem Vater (Lucilius) LUCILIA.

Ärzte. Der *medicus* in Rom war gewöhnlich ein Fremder, meist ein Grieche, der davon lebte, daß er allen, die sich an ihn wendeten, seinen Beistand leistete. Reiche Leute hielten sich oft einen gelehrten Sklaven als Hausarzt, der nur für sie, nicht für das Publikum zuständig war.

Rechtsprechung. Die Römer sind die ersten gewesen, die in der Rechtsprechung schon früh die Trennung von *Kriminal- und Zivilprozeß* durchgeführt haben. Auch die präzise Aufklärung des Tatbestandes sowie das Bemessen der gerechten Strafe wurde mit größter Genauigkeit betrieben. Dabei kannte Rom nicht wie wir den Staatsanwalt, sondern der Kläger mußte seine Sache selbst vor Gericht vertreten. Der vorsitzende Richter, meist ein Praetor, leitete den Prozeß. Ihm zur Seite saßen Geschworene (Senatoren und Ritter). In der Kaiserzeit wurde das Richteramt zu einer Staatsbehörde, die Richter waren beamtete Fachleute, Juristen, und die Parteien (Kläger, Verteidiger) hatten keinen Einfluß auf ihre Wahl. Vieles ist später in die Rechtsvorstellungen der europäischen Völker eingegangen, so z. B.: «In dubio pro reo» (Im Zweifel für den Angeklagten), «Ne bis in idem crimen iudicetur» (Daß nicht zweimal wegen ein und desselben Verbrechens geurteilt werde, d. h. niemand kann für eine Sache zweimal bestraft werden).

Schreiben, Schreibgerät. Als Beschreibstoffe dienten mit Wachs überzogene Holztafeln oder Papyrus. Das Schreiben auf Pergament war sehr teuer und nur bei besonders wichtigen Texten üblich. Auf der Wachstafel ritzte man mit dem *stilus* (Griffel) die Buchstaben ein. Nach Gebrauch konnte man das Wachs mit dem flachen Ende des Griffels wieder glätten. Die Papyrusblätter wurden aus den Fasern der Papyrusstaude hergestellt. Darauf schrieb man meistens mit dem *kalamos* (Rohrfeder); er war federförmig zugeschnitten, mit oder ohne Spalt. Mit Blei (daher Bleistift) zog man die Linien. Die Tinte (aqua tincta = gefärbtes Wasser) war eine Tusche aus Ruß (z. B. Ofenruß) und Gummiwasser, dazu kamen Harz, Leim, Kupfervitriol, Eisen und Trester (= Rückstände bei der Weinherstellung).

Spiele. Unter dem Wort *ludi* (= Spiele) faßten die Römer die verschiedensten Veranstaltungen zusammen wie Pferderennen im Circus, dramatische Theateraufführungen und Tierhetzen. Im übrigen war der *ludus* auch der Name für die Elementarschule.

Drama (griechisch drama = Handlung). Das Bühnenschauspiel, die großartige Schöpfung der Griechen, ist religiösen Ursprungs und war zunächst die Handlung des Gottesdienstes für den Gott Dionysos.

Tragödie Der deutsche Begriff Trauerspiel gibt das Wesen der Tragödie nur mangelhaft wieder, denn sie will nicht bloß Mitleid, Grauen und Trauer erregen, sondern sie soll die menschliche Kraft und Größe im Kampf mit schicksalhaften Mächten zur Anschauung bringen.

Komödie In ihr wurden die Schwächen der Menschen dargestellt, übertrieben und lächerlich gemacht: der lebenslustige junge Herr; das schöne unschuldige Mädchen; der verständnislose, polternde Vater; der Geizkragen; die eitle Alte; der pfiffige Sklave u. a. m.

Aischylos (um 525–456 v. Chr.), der älteste unter den griechischen Klassikern des Theaters. Er gab der Tragödie die Gestalt, die sie über die Jahrhunderte beibehielt. Er fügte dem bis dahin einzigen Schauspieler – der nacheinander alle Rollen mit der jeweiligen Maske spielen mußte – einen zweiten hinzu. Er beschränkte den Anteil des Chores und erhöhte die Bedeutung der Sprechpartien. Er soll 90 Tragödien geschrieben haben, von denen 79 bekannt und 7 Stücke erhalten sind.

Sophokles (497–406 v. Chr.) der zweite große Tragiker Athens. Er besetzte die Dramen mit einem dritten Schauspieler, so daß nun ein Wechselgespräch zwischen drei Personen möglich wurde. Von seinen 133 Stücken sind 7 erhalten. Seine Themen nahm er aus den großen griechischen Sagenkreisen, so z. B. Ödipus, Antigone und Elektra, die für ihn keine Mythen (Sagen), sondern historische Ereignisse waren.

Euripides (485/480–406 v. Chr.) stellte in seinen 78 Dramen (von denen 19 erhalten sind) die alte Religion in Frage und zeigt seine Helden in ausweglosen Situationen voller Leidenschaft und Zweifel. «Ohne Kunst kein Leben!» hat der alternde Dichter geschrieben.

Livius Andronicus, römischer Dichter, kam um 240 v. Chr. als Kriegsgefangener nach Rom. Er übersetzte Homers Odyssee in die lateinische Sprache und bearbeitete griechische Dramen. Damit öffnete er in Rom das Tor für die griechische Literatur und regte einheimische Schriftsteller zu eigenen Werken an.

Plautus, Titus Maccius Plautus (ca. 254–184 v. Chr.), der bedeutendste römische Komödiendichter. Von ihm sind 21 Komödien überliefert. Sie sind die ältesten vollständig erhaltenen Werke der römischen Literatur.

Ennius. Quintus Ennius (239–169 v. Chr.) kam während des Zweiten Punischen Krieges im Jahre 204 nach Rom. Er wurde vom patrizischen Hause der Scipionen gefördert. Sein Lebenswerk waren die «Annales» (Jahrbücher), in denen er die römische Geschichte von Aeneas bis auf seine Zeit in lateinischer Sprache darstellte. Außerdem bearbeitete er griechische Tragödien und Komödien für das römische Publikum. Von seinen Satiren sind nur Reste erhalten.

Erster Tag: Auf dem Hof

1 Mit *iugum* (Joch) ist eigentlich das Krummholz auf dem Nacken der Zugtiere, meist Ochsen, gemeint. Davon abgeleitet *iugerum*, «Joch», ein Stück Land, das man an einem Tag mit einem Gespann Ochsen pflügen kann. Es wurde in Deutschland dem «Morgen» (= ¼ Hektar) gleichgesetzt.

2 *Gallien* hieß im Altertum das heutige Frankreich. Dazu rechnete man auch Oberitalien (Po-Ebene), das die Römer Gallia Cisalpina (Gallien diesseits der Alpen) nannten. *Belger:* ein großer keltischer Volksstamm im Norden Galliens.

3 *Vercingetorix*, gallischer Freiheitskämpfer, vgl. Lexikon.

4 *Kelten.* Ein großes indogermanisches Volk, das sich seit dem 6. Jh. v. Chr. über ganz Mitteleuropa und darüber hinaus ausbreitete, so in Süddeutschland, Österreich, Norditalien, Gallien, Spanien, England.

5 *Mithridates VI.* (120–63 v. Chr.), König von Pontos (im Norden der heutigen Türkei).

6 *Asia* ist das Gebiet der heutigen Türkei.

7 *Rhodos*, griechische Insel im Mittelmeer.

8 *Theben*, Stadt in Thessalien in Mittelgriechenland.

9 *Makedonien*, nordgriechische Landschaft, grenzt im Osten an Thrakien, im Süden an Thessalien.

10 *Numider* («Nomaden»), nordafrikanisches Volk im Gebiet der heutigen Staaten Tunesien und Algerien.

11 Der *Lendenschurz* entsprach in etwa unserer heutigen kurzen Unterhose.

12 Der *Centurio* war Befehlshaber einer «Hundertschaft» (centum = 100). Die Legion (6000 Mann) hatte 60 Centuriones.

13 Die *Knabentoga* entspricht der Männertoga und ist ein weites, festliches Gewand, das in kunstvolle Falten gelegt wurde. Vom ersten Jh. an wurde sie nur noch bei festlichen Anlässen getragen.

14 Der Name stammt ursprünglich aus dem Persischen. Man nannte die Sandale auch *solea*. Daher unser Wort Sohle.

15 *Codex:* ein Schreibbuch aus zusammengebundenen einzelnen Blättern oder mit Wachs überzogenen Holztäfelchen, unserem Ringbuch vergleichbar.

16 Der Römer kennt nicht unser «Ja»; er muß es umschreiben.

17 *Aricia* war eine bedeutende Latinerstadt in den Albaner Bergen, die bis ins 7. Jahrhundert v. Chr. zurückreicht. Heute Ariccia.

18 *1 Meile* = 1,5 Kilometer.

19 *Papyrus* war der feine antike Schreibstoff, der aus der Papyrusstaude gewonnen wurde. Der beste Papyrus kam aus Ägypten.

20 *Koben:* der Käfig oder Verschlag für die Gänse.

21 *Mago der Punier:* Karthager, lebte im 2. Jahrhundert v. Chr. und verfaßte ein Fachwerk in 28 Büchern über die Landwirtschaft, das auf Anordnung des römischen Senats ins Lateinische übersetzt wurde.

22 *Marcus Terentius Varro* (116–27 v. Chr.) war der größte Gelehrte seiner Zeit und schrieb auf vielen Gebieten; so auch über die Landwirtschaft drei Bücher (rerum rusticarum libri tres).

23 Im Jahre 387 v. Chr. wurde Rom durch die Gallier geplündert. Nur der Burgberg, das Capitol, wurde dank der wachsamen Gänse nicht bezwungen.

24 *Polenta:* gekochte Gerstengraupen.

25 Das *Schreibgerät* war nicht immer aus Vogelfedern gefertigt, sondern meist aus einem dünnen Rohr. Die *Tinte* wurde aus Ruß und Wasser hergestellt.

26 *Tiberius* und *Gaius Gracchus:* siehe im Lexikon unter *Gracchen*.

27 *Latium* heißt bis heute die Landschaft Mittelitaliens südlich und nördlich von Rom.

28 *Spartacus* stammte aus Thrakien und hatte wahrscheinlich in der römischen Armee Dienst getan. Warum er in die Sklaverei geriet, ist nicht bekannt.

29 Zu *Senatoren* siehe im Lexikon.

30 Zu *Toga* siehe im Lexikon unter *Kleidung.*

31 Siehe im Lexikon unter *Namengebung.*

32 Die *Ärzte* waren in Rom meist Griechen.

33 Zu *Aesculapius* siehe im Lexikon unter *Römische Götter.*

34 *Bovillae* war ein bedeutender latinischer Ort in den Albaner Bergen an der Via Appia. Reiche Römer bauten sich dort ihre Villen.

35 *Tibur,* heute Tivoli, alte Latinerstadt am linken Ufer des Anio, der hier in mehreren Wasserfällen aus den Sabiner Bergen in die Ebene Latiums austritt.

36 Der *starke Wein* wurde fast immer mit Wasser verdünnt.

37 *triclinium:* Speisezimmer mit 3 (tres) Clinen.

38 *Proletarier* nannte man die Leute, die außer ihren Kindern keinen Reichtum kannten.

39 *Cato der Ältere:* siehe Lexikon.

40 *gallinarius* (Hühnerwächter), von gallina = Huhn.

41 21^{00} Uhr oder kurz danach.

Zweiter Tag: Rom

1 Wörtlich: Es geschehe!

2 Die *Via Appia* war die erste große römische Militärstraße, 312 v. Chr. von *Appius Claudius* begonnen – von Rom bis Capua –, später über Beneventum bis Brundisium verlängert.

3 Siehe im Lexikon unter *Horatier.*

4 *Urbs* hieß ursprünglich die «größere Stadt». Schließlich nannte man nur noch Rom *Urbs,* die Hauptstadt. Davon abgeleitet unser Wort *urban* – städtisch.

5 *clivus* = steil ansteigende Straße.

6 *insula:* ein Haus oder eine Gruppe zusammenstoßender Häuser mit einem freien Raum um das Ganze; wie eine Insel im Meer.

7 Es lag im Erdgeschoß gleich dem Eingang gegenüber.

8 Siehe im Lexikon unter *Wasserversorgung* Roms.

9 Siehe im Lexikon unter *Römische Ämter.*

10 Siehe im Lexikon unter *Römische Rechtsprechung.*

11 *Hades* heißt die Unterwelt, das Reich der Toten.

12 Seit 58 v. Chr.

13 *Alesia,* in dem sich Vercingetorix mit den verbündeten Galliern festgesetzt hatte, wurde von Caesar 52 v. Chr. durch umfangreiche Belagerungswälle eingeschlossen und erobert.

14 Dieser Name ist Fiktion; aber der Brauch war durchaus so.

15 *Forum Romanum:* der zentrale, große Platz Roms, wo Volksversammlungen stattfanden, wo man Geschäfte abschloß oder sich mit Freunden traf.

16 Beim *Argiletum,* das zwischen der Curia und der Basilica Aemilia aufs Forum mündete, hatten die Buchhändler ihre Läden.

17 Auf der *Heiligen Straße* zog der siegreiche Feldherr beim Triumphzug zum Tempel des Iupiter auf dem Capitol.

18 *Marcus Tullius Cicero* (106–43 v. Chr.), Staatsmann und berühmter Redner.

19 Göttin des heiligen Herdfeuers.

20 Das Gebiet im großen Tiberbogen (heutige Altstadt).

21 Siehe im Lexikon unter *Geld.*

22 *Crassus (M. Licinius),* römischer Politiker, der reichste Römer seiner Zeit.

23 *Homer* (8. Jh. v. Chr.), der Dichter der Ilias und der Odyssee.

[24] *Hesiod* (um 700 v. Chr.), griechischer Dichter.
[25] *Mercurius*, römischer Gott des Handels und der Diebe.
[26] 1 Fuß = 29,6 Zentimeter.
[27] *Amphora:* Großes Vorratsgefäß, schmal und hoch, unten spitz zulaufend; stand meist in einem metallenen Ständer.
[28] *Via Labicana:* alle Straßen, die von Rom abgehen, bekommen einen Namen (heute noch im Gebrauch).
[29] *Manufactura:* Handwerklicher Großbetrieb mit weitgehender Spezialisierung der Tätigkeiten, in dem vor allem Sklaven beschäftigt sind (von: *manus* = Hand, *factum* = Tat, Handlung, Werk).
[30] Die *Einwohnerzahl Roms* wird für die Mitte des 1. Jh. v. Chr. auf etwa 700 000 bis 800 000 geschätzt. Sie stieg in der Kaiserzeit auf weit über eine Million.
[31] *Agger Vaticanus*, im Gebiet der heutigen Peterskirche.
[32] Heute bewegt der Töpfer seine Scheibe mit dem Fuß (oder dem Elektromotor), damals mit der Hand.
[33] *Narbo* = Narbonne, *Nemausus* = Nîmes in Südfrankreich.
[34] *Arretium:* Stadt im östlichen Etrurien im Quellgebiet des Arno, heute *Arezzo*.
[35] So genannt nach der Unterwelt. Im Mittelalter nannte man die Kammer «*Hölle*».
[36] Wir wissen es heute.
[37] Die *Sibyllinischen Bücher* waren eine Sammlung von zukunftsweisenden Sprüchen (Orakel) sowie von Vorschriften für Opfer und Riten, durch die sich ein Mensch den Schutz einer bestimmten Gottheit sichern konnte.
[38] *Magna Mater*, die *Große Mutter*, nannte man die Göttin *Kybele*. Siehe auch im Lexikon unter *Römische Götter*.
[39] *Attalos I. Soter*, ein Freund der Römer. Er regierte von 241 bis 197 v. Chr.
[40] *Delphi*, die berühmteste Orakelstätte der Antike, dem *Apollon* heilig; in 600 m Höhe an der Südflanke des Parnaß gelegen.
[41] Wahrscheinlich war es ein dunkler Meteoritenstein.
[42] Es war *Scipio Nasica*, 204 v. Chr. Im Jahre 191 wurde er Consul.
[43] Das ist der 10. April.
[44] Vergleiche Lexikon *Römische Götter*.
[45] *Titus Maccius Plautus* (ca. 254–184 v. Chr.), der bedeutendste römische Komödiendichter. – *Quintus Ennius* (239–169 v. Chr.), schrieb eine römische Geschichte (annales = Jahrbücher) und bearbeitete griechische Theaterstücke.
[46] Siehe *Römische Rezepte* im Lexikon.
[47] Siehe *Ritter* im Lexikon.
[48] Etwa 22^{30} Uhr.

Dritter Tag: Die Spiele

[1] Bis nach Mitternacht.
[2] *Livius Andronicus:* siehe im Lexikon.
[3] 338 v. Chr.
[4] *Latiner:* die Bewohner von Latium, die sich durch ihre Sprache von den übrigen italischen Stämmen unterschieden. Dazu gehörten auch die Römer.
[5] Zu *Gracchen, Sulla, Pompeius, Cicero, Caesar* siehe unter den jeweiligen Stichwörtern im Lexikon.
[6] Siehe auch im Lexikon unter *Römische Götter*.
[7] 260 mal 135 Meter.
[8] 180 Meter, ohne das Theater.
[9] *tessera:* eine Marke oder ein Bon («Gutschein»), den bei gewissen Gelegenheiten die

Beamten armen Leuten gaben, wofür diese Brot, Korn, Wein, Öl oder Geld eintauschen konnten. Hier handelt es sich aber um «Eintrittskarten», die verhinderten, daß sich Unbefugte auf die besseren Plätze setzten.

[10] 150 Meter.

[11] Man dachte sich die Erde als runde Scheibe, als *orbis* (Kreis, Erdkreis). Nur Hochgebildete, wie Cicero, nahmen schon die Kugelgestalt der Erde an.

[12] *Venus,* Göttin der Schönheit und Liebe. Siehe Lexikon *Römische Götter.*

[13] Zu *Senatoren* und *Ritter* siehe im Lexikon.

[14] Die letzten Könige Ägyptens hießen alle *Ptolemaios.*

[15] *Rezepte* siehe im Lexikon.

[16] *Transtiberim* (= Jenseits des Tibers), der Stadtteil auf dem rechten Flußufer (heute Trastevere).

[17] Die *Pompa Circensis* ist verwandt mit dem festlichen Triumphzug eines siegreichen Feldherrn.

[18] 178 Meter.

[19] 4 Meter.

[20] Siehe im Lexikon unter *Römische Staatsämter.*

[21] Also zwischen 17^{00} und 18^{00} Uhr.

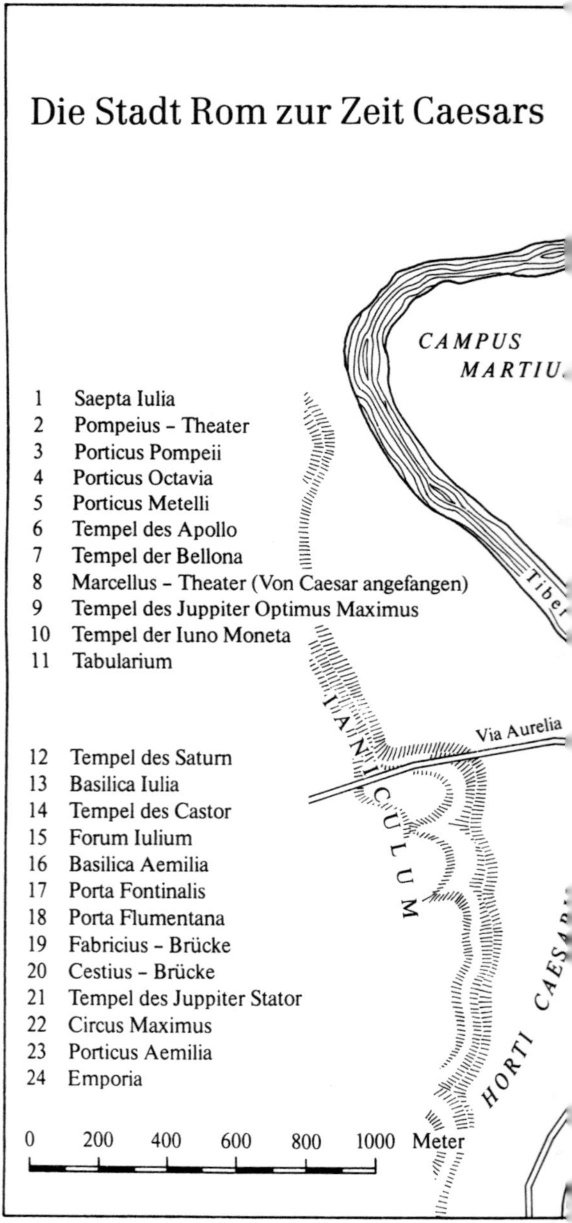

Karte aus Christian Meier: Caesar mit freundlicher Genehmigung des Siedler Verlages Berlin

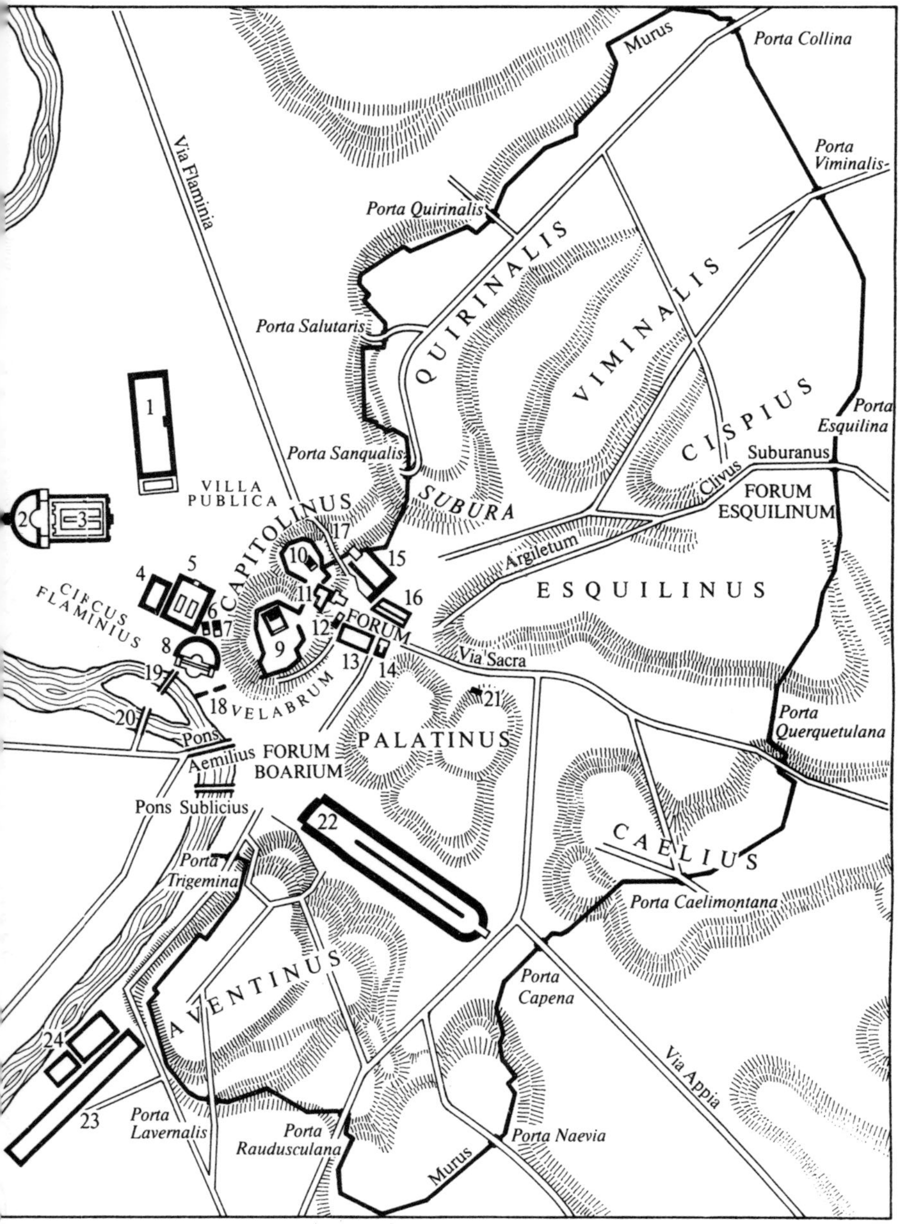
Murus
Porta Collina
Via Flaminia
Porta Viminalis
Porta Quirinalis
QUIRINALIS
VIMINALIS
Porta Salutaris
CISPIUS
Porta Esquilina
Porta Sanqualis
Clivus Suburanus
VILLA PUBLICA
CAPITOLINUS
SUBURA
FORUM ESQUILINUM
Argiletum
ESQUILINUS
CIRCUS FLAMINIUS
FORUM
Via Sacra
VELABRUM
PALATINUS
Porta Querquetulana
Pons Aemilius
FORUM BOARIUM
Pons Sublicius
Porta Trigemina
CAELIUS
Porta Caelimontana
AVENTINUS
Porta Capena
Via Appia
Porta Lavernalis
Porta Raudusculana
Porta Naevia
Murus
1
2
3
4
5
6
7
8
9
10
11
12
13
14
15
16
17
18
19
20
21
22
23
24

Ein weiteres Artemis–Jugendsachbuch

Das Meer wurde vom Volk der alten Griechen als Segen und Fluch erlebt. In neun kompetent geschriebenen Kapiteln sowie anhand vieler Illustrationen von Hans-Herbert Römer wird ein fesselndes Panorama entworfen: die große Fahrt der Argonauten, die Schiffbrüche des Odysseus, das Unwesen der Piraten, die griechische Mittelmeer-Kolonisation, der Schiffsbau, die berühmten Seeschlachten, das Abenteuer der modernen Unterwasser-Archäologie.

Laminierter Pappband, 220 Seiten